Dorothea Tanning

Dorothea Tanning

Detrás de la puerta, invisible, otra puerta

Para un museo como el Reina Sofía, con un proyecto de reformulación y reactivación del legado de la modernidad, dedicar una exposición retrospectiva a la obra de Dorothea Tanning es toda una declaración de intenciones. Si Tanning, sin duda una de las artistas más polifacéticas del siglo XX, ha quedado adscrita al surrealismo es ante todo por su producción de la década de 1940, con la que aportó un nuevo empuje al movimiento en un momento en el que la capitalidad cultural del mundo se trasladaba desde París hasta Nueva York y Estados Unidos se nutría de la esencia de la intelectualidad europea. Surgieron entonces nuevas propuestas artísticas que, desde muchos puntos de vista, desafiaban ciertas rutinas de la vanguardia, como por ejemplo el eurocentrismo o el componente casi exclusivamente masculino de sus formaciones iniciales. En ese sentido, es paradigmático el caso de Tanning al infundir una nueva energía a ese momento de madurez del surrealismo y, lejos de toda tentación nostálgica, mantener vivo su legado en las décadas siguientes con la constante renovación de su lenguaje a lo largo de una extensa y prolífica carrera, que repartió entre Estados Unidos y Francia desde finales de los años treinta hasta su muerte, en 2012.

La exposición presenta más de ciento cincuenta obras creadas entre 1930 y 1997, que subrayan la versátil personalidad de una artista que, además de la pintura, investigó otros medios como la escultura con materiales textiles, la instalación, el diseño de escenografías y vestuarios para ballet, la poesía y el relato. *Dorothea Tanning. Detrás de la puerta, invisible, otra puerta*, nos habla de un proyecto siempre inconcluso: el del autoconocimiento y la definición del propio ser. Sus obras son una invitación constante a adentrarnos en un espacio que oculta y revela lo que el ojo no puede ver. El de Tanning es un arte que, parafraseando a André Breton, queda "entreabierto, como una puerta" que nos seduce y anima a entrar. Pero una vez dentro descubrimos que detrás de las puertas no hay nada más que otras puertas. La puerta no es solo umbral, sino una invitación a aventurarse más allá de lo real y entrar en un mundo de sueños y miedos.

Esa idea de trascendencia es central en su trabajo: atravesar el propio cuerpo, franquear los límites de la imaginación, del género o de la identidad desde un aparente caos y desde una curiosidad arriesgada por definición. Un proyecto artístico cuyo objetivo, en palabras de la artista, era "guiar el ojo hacia espacios que se ocultaran, revelaran, transformaran todos a la vez y donde hubiera imágenes nunca antes vistas, como si hubiesen aparecido sin mi ayuda". Sin desvincularse del surrealismo, Tanning empleó en su obra una serie de metáforas espaciales para explorar lo que ella describía como los "estados desconocidos pero cognoscibles", dejando al descubierto un espacio situado más allá de las definiciones claustrofóbicas y, al igual que otros artistas actuales comprometidos con el legado surrealista, negándose a encerrarse dentro de sus límites.

Desde el fallecimiento de Dorothea Tanning, esta es la primera retrospectiva de su obra que se presenta "sin su ayuda". Para afrontar este desafío, el Museo Reina Sofía, organizador de la exposición, ha contado con la extensa investigación de la comisaria Alyce Mahon, la colaboración de la Tate Modern y el apoyo de The Destina Foundation; tienen todo nuestro agradecimiento. Ojalá este modelo de cooperación entre instituciones se mantenga a lo largo del tiempo en futuras actividades.

José Guirao Cabrera
Ministro de Cultura y Deporte

Es conocido el axioma de Walter Benjamin según el cual el surrealismo supuso el último destello de la inteligencia europea. Pero del mismo modo que el pensador berlinés no pudo atestiguar el desarrollo del trabajo de sus compañeros de la Escuela de Frankfurt al otro lado del océano tras la Segunda Guerra Mundial, tampoco contó con tiempo suficiente para dar testimonio del momento en que el surrealismo traspasó fronteras, cruzó el Atlántico a causa de la migración forzada y propagó y enriqueció su discurso revolucionario en otras latitudes, expuesto a otros influjos. Tal salto no fue solo geográfico, sino que significó el trastoque de gran parte de los valores que lo habían definido y sobre los que se sustentaba: uno de ellos acaso sea el de su fundamento en un discurso en buena medida europeo y masculino. La aparición de Dorothea Tanning en los años cuarenta, en un momento crítico para el movimiento, supuso una savia nueva que trasciende el tópico de un mero recambio generacional. Más bien al contrario, significa, en muchos sentidos, la zozobra de aquello que había configurado aquel "último destello".

En cierta pintura surrealista, la mujer había cumplido el papel de la imagen apotropaica de raíz simbolista, el gran talismán mudo de mirada petrificante: un ser, en definitiva, silenciado, que habla solo por su cuerpo desde una pretendida irracionalidad. En ese contexto ya forjado en la mentalidad surrealista a la altura de la década de 1940, la aportación de Tanning va más allá de la incorporación de una mirada "femenina" y el obligado catecismo de la artista mujer hacia el gesto sutil o la apelación a una sexualidad otra, lo que se concebía propio de su género siguiendo los postulados del psicoanálisis y la concepción freudiana del eros femenino como "la zona oscura". Al contrario, Tanning puso en marcha un proyecto definitivamente más disruptivo: la contestación radical de los modelos de identidad, de origen burgués, decadentista, que el propio surrealismo europeo había aprovechado y potenciado. Ella buscó un espacio fuera de las limitaciones de la identidad y de la claustrofobia del género, en línea precisamente con lo opuesto: la agorafobia del desierto de Sedona como metáfora, las ilimitadas posibilidades de los espacios interiores donde, como en el mundo de lo onírico, unas puertas se abren a nuevos espacios más prometedores, abismales y "desconocidos pero cognoscibles", según sus propias palabras. En ese sentido, resulta interesante recordar cómo en ese proceso de búsqueda Tanning consigue zafarse también de toda asunción de su naturaleza de "mujer artista" al afirmar: "No existe nada (ni nadie) que se pueda definir así. Es una contradicción tan evidente como 'hombre artista' o 'elefante artista'".

En ese sentido, la exposición avanza sobre la idea de la apelación a la propia biografía como modo de huir de ella (como quiso la propia Dorothea Tanning), de superar la narración vital asociada a la noción de registro civil, a la memoria burocrática del ser humano, la que recoge los hechos considerados convencionalmente relevantes y los engarza al discurso artístico de manera automática y teleológica. La mitología individual contesta ese "biografismo" basado en vivencias concretas, cuantificables o demostrables desde el documento y se expande hacia otros territorios o se instala en un terreno acotado y paradójicamente fecundo: el de la habitación. Sin duda Tanning debió de tener presente el paradigma de la Virginia Woolf de *Una habitación propia* (publicado en 1929) a la hora de concebir todo lo que ese espacio de lo íntimo era capaz de generar, los relatos alternativos que de él podían emerger. Así, esta muestra enlaza con la sección que coronaba el proyecto *Formas biográficas. Construcción y mitología individual* presentado en el Museo Reina Sofía entre 2013 y 2014, en el cual también se exhibió obra de esta artista estadounidense. Entonces, como ahora, entraba en escena el psicoanálisis, la disciplina que nace con el siglo y empapa hasta la actualidad la percepción que de sí mismo atesora o construye cada sujeto, el modo en el que cada cual se cuenta su historia. Sigmund Freud partió del mito y de la biografía relatada en primera persona y halló el cruce entre ambas; y artistas como Tanning supieron recoger aquel arriesgado guante y construir, con herramientas plásticas o literarias, narraciones simbólicas del yo sostenidas por una mitología individual, sin caer en la tentación de crear un nuevo discurso totalizador acerca de la vida, sino partiendo, al contrario, del recuerdo, la evocación y el fragmento.

De ese modo, en la obra de Tanning asistimos a la definitiva constatación de la autorrepresentación como forma de emancipación; a la subversión del espacio doméstico burgués, devenido lugar de indagación en la propia psique, en los propios temores y deseos, donde la desnudez es un despojamiento del subconsciente y supone por tanto la propuesta de una obscenidad mental, acaso más insurrecta que la literal; donde el cuerpo no normativo y los fantasmas de la imperfección ocupan su espacio desde sus esculturas textiles e instalaciones; donde los oscuros impulsos se iluminan a través de esas voces interiores, esas identidades en convivencia que son las puertas, tropo central de toda su pintura y su literatura. En esa insistencia en el espacio habitable, el ritual doméstico, los lugares de una semiintimidad, hay algo mucho más relevante que la reaccionaria distinción entre el espacio público y el espacio privado: esto es, la eliminación de todo límite, sea este la piel o la pared de una casa. En sus palabras: "pintaba desde este lado del espejo –el espejo para mí es una puerta–, pero creo que lo he atravesado, y he llegado a un lugar donde las identidades han desaparecido por completo". El cuerpo no es por tanto más que una de las puertas, tras la que aparece, como reza el título de la exposición, *invisible, otra puerta.*

La propuesta de una exposición antológica de Dorothea Tanning llega por tanto en el momento en que triunfa una nueva concepción líquida de las identidades, que siempre ha existido pero jamás se ha fraguado como debiera, cuando las minorías se abren camino no porque se les conceda voz, sino porque la poseen como dimensión inalienable de su estructura. Su obra, vista en conjunto, resulta de una considerable complejidad discursiva, apoyada además por una longevidad y una extraordinaria fruición creativa que la convierten en una artista que, aunque nacida en 1910, se diría que transita tres siglos: el simbolismo finisecular a través de su contestación de aquellos modelos y su interés por la subversión de cierta iconografía victoriana (véase su atención a la literatura de Lewis Carroll); el siglo XX, y todo el ciclo de la modernidad y posmodernidad; y un nuevo cambio de siglo y de paradigma hasta su fallecimiento en 2012.

El trabajo de Tanning se inserta así en las líneas de investigación del Museo Reina Sofía desde diversos puntos de vista, además de los antes citados. La extraordinaria profusión de medios la sitúa en ese espacio *entremedios* donde se conjugan lo performativo con la literatura, la pintura-pintura con la contestación de los límites de la escultura mediante la instalación o el uso de materiales considerados anómalos en el contexto histórico en que trabajó. Asimismo supone un valioso contrapunto al esfuerzo realizado en los últimos años desde la Colección del Museo Reina Sofía para recuperar la obra de artistas españolas que son también mujeres, silenciadas por su adscripción generacional, como Remedios Varo, Maruja Mallo o Ángeles Santos. La revisión de la modernidad que plantea buena parte de la programación del Museo queda enriquecida por una imagen más poliédrica, más rica, como un complejo diagrama o una casa inaprensible de puertas abiertas y otras por abrir, como las que brinda Dorothea Tanning.

Manuel Borja-Villel
Director del Museo Nacional Centro de Arte Reina Sofía

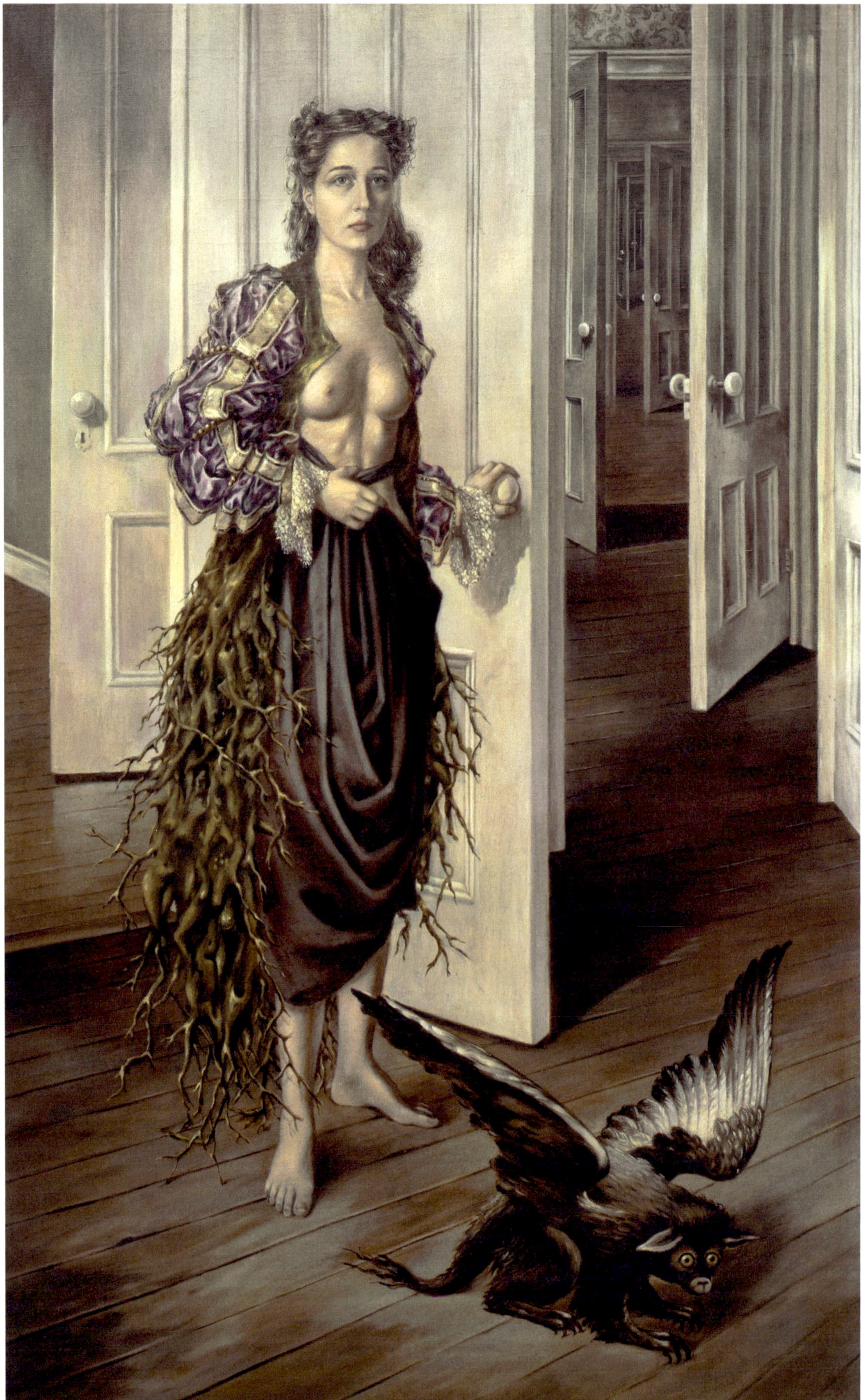

Alyce Mahon

Dorothea Tanning
Detrás de la puerta, invisible, otra puerta

En sus memorias, *Between Lives: An Artist and Her World* (2001), Dorothea Tanning explicaba que, con sus pinturas, había querido "llevar al observador hasta un espacio donde todo se oculta, se revela, se transforma súbita y simultáneamente; donde se pueda contemplar una imagen nunca vista hasta ahora que parezca haberse materializado sin mi ayuda"[1]. Esta ambición marcaría una carrera larga y prolífica que se extiende desde la década de 1930 hasta el fin de la de 1990, pues sus pinturas, sus diseños, sus esculturas blandas y sus obras literarias nos permiten acceder a espacios desconocidos en los que reinan el cuerpo y los sentidos. Parece que sus composiciones se encuentran en un estado de metamorfosis permanente, tanto cuando recurre a las pinceladas precisas y contenidas como cuando pinta con manchas atrevidas y expresivas. Sus figuras son muy variadas, desde las niñas con vestidos victorianos hasta los bucólicos desnudos barrocos, y esa variedad también se refleja en los paisajes, desde los interiores domésticos hasta las rocas rojizas del desierto o las flores aterciopeladas. Entre el lienzo y el espectador encontramos una invitación a adentrarnos en un espacio que oculta y revela lo que el ojo no puede ver. El de Tanning es un arte que, parafraseando a André Breton, se queda "entreabierto, como una puerta", pues la artista seduce al espectador y lo anima a entrar[2]. Pero una vez dentro, descubrimos que detrás de las puertas no hay nada más que otras puertas, pues Tanning insiste en mostrarnos una experiencia vertiginosa: "Todo está en movimiento. Detrás de la puerta invisible, hay otra puerta [...] Nunca se llega a revelar quién es uno *en realidad*"[3].

La pintura *Birthday* [Cumpleaños, 1942] refleja a la perfección su postura artística y su capacidad para seducir al observador. Una figura femenina abre una de las numerosas puertas que aparecen en el cuadro. En la figura podemos reconocer a la propia Tanning, pero la obra trasciende el género del autorretrato: la mujer es un tótem que simboliza el poder de la imaginación. La mirada segura, los pechos descubiertos, el vestido shakespeariano con un enjambre de figuras liliputienses, que bulle entre los zarcillos sedosos y la quimera postrada a sus pies, la convierten en una figura dotada de cierto poder de transformación, alquímico. La artista explicaba que, para ella, la puerta abierta era "un talismán para defenderse de las cosas que le sucedían" en su vida[4]. Y, sin embargo, también es un talismán que activa el poder que ejerce el arte sobre el espectador, pues Tanning pensaba que debemos dejar "abierta la puerta

Birthday [Cumpleaños], 1942

que conduce a la imaginación. Te das cuenta de que lo enigmático es una cosa muy saludable, porque anima al espectador a mirar más allá de lo obvio y lo vulgar"[5].

La puerta abierta

El motivo de la puerta abierta aparece en numerosas ocasiones en los diferentes medios que Tanning cultivó en los sesenta años de su carrera, una carrera que la llevó de Chicago a Nueva York en la década de 1930; a Sedona, Arizona, a mediados de los cuarenta; a París, Huismes y Seillans, en la Provenza, desde los años cincuenta hasta la muerte de Max Ernst en 1976; y después de vuelta a Nueva York en 1980. La puerta se representa, en un primer momento, en *The Magic Flower Game* [El juego de la flor mágica, 1941] y *Children's Games* [Juegos de niños, 1942], por ejemplo, como un portal que permite acceder a un curioso "País de las Maravillas" de sueños y metamorfosis. Pero después se convierte en un símbolo de sus nuevas aventuras personales, en *Beautiful Girl* [Niña guapa, 1945] y *A Very Happy Picture* [Un cuadro muy feliz, 1947]. Muchos de los elementos arquitectónicos que encontramos en esta última obra (la entrada, las cajas de madera, la estación, las bóvedas, un pórtico de madera) son alusiones directas a su nuevo hogar en Sedona, la casa que Ernst y Tanning bautizarían con el nombre de Capricorn Hill. Sedona era un pueblo muy pequeño, de apenas quinientos habitantes, y la gente "no se parecía en nada a los sofisticados neoyorquinos. No había más que vaqueros increíbles o artistas", recordaba Ernst[6].

La pareja que aparece en el plano medio de *A Very Happy Picture* da una sensación de aventura, y lo mismo se puede decir del rojo intenso del ramo de flores que sostiene la mujer desnuda, que evoca además una fuerza o una unión alquímica. En el diario que llevó entre 1947 y 1949, Tanning observaba que "algunos pintores retratan los sentimientos que les provoca la luz, la oscuridad, los fenómenos científicos, los fenómenos naturales, alquimias de todo tipo: la alquimia de las formas, de los colores o incluso de la pintura [...] Pero se limitan a representar, sea cual sea la forma que adopten, una idea o una imagen ficticia del tema en cuestión. Creo que todavía hay mucho que decir de este tipo de representación"[7].

El motivo de la puerta también hace referencia a la gran pasión que sentía Tanning por la literatura alemana, francesa e inglesa, sobre todo por *Alicia en el país de las maravillas* (1865) de Lewis Carroll. Muchos surrealistas, tanto hombres como mujeres, sentían una enorme admiración por la niña de siete años que protagoniza esta novela[8]. En *Lettre d'Amour* [Carta de amor, 1948] una figura femenina desaparece dentro de un libro cuya cubierta es una puerta de madera, y a la derecha de la composición vemos otro libro abierto. En una de sus páginas hay un reloj, una cama, una cabellera y un texto en el que se distingue el nombre de la persona a la que está dedicado este lienzo: "Max Ernst". Como observaba Alain Jouffroy en un ensayo que escribió en 1977, estas pinturas van más allá del simple erotismo, y "establecen una relación morfológica con el deseo, con los vehementes pormenores del amor"[9].

En otras obras posteriores, Tanning utilizó puertas reales: la puerta de la cocina de su casa de Seillans en su escultura blanda *Ouvre-toi* [Ábrete Sésamo, 1970], y una puerta con el número "202" en la instalación de tamaño natural *Chambre 202, Hôtel du Pavot* [Habitación 202, Hôtel du Pavot, 1970-1973], una pieza que creó para su primera exposición retrospectiva en París en el año 1974. En las instalaciones escultóricas de Tanning, la materialidad de la puerta aporta un contrapunto teatral y sensual al rosa pálido y a las extremidades de piel sintética cosida de sus esculturas blandas. En realidad, los títulos de estas dos obras escultóricas están inspirados en textos ajenos: *Ouvre-toi*, en el cuento de Alí Babá y los cuarenta ladrones, perteneciente a *Las mil y una noches*, y *Chambre 202, Hôtel du Pavot,* en una canción popular dedicada a Kitty Kane, la mujer de un gánster que se suicidó envenenándose en la habitación 202 de un hotel de Chicago en 1893. En ambas historias, la puerta se comporta como si estuviera poseída, en un espacio demoníaco: en el primer caso, deja encerrado en la cueva al hermano de Alí Babá, y en el segundo, impide el rescate de la víctima de un gánster, oculta tras la puerta. Sin embargo, Tanning destaca el simbolismo erótico de la puerta y su capacidad para aislar el espacio privado del espacio público y controlarlo. Los cuerpos se entrelazan y se arquean, se apoyan contra la puerta, o salen de dentro de un mueble o de una pared, y no evitan el deseo, sino que se dejan llevar por él.

En *Door 84* [Puerta 84, 1984], Tanning también utilizó una puerta encontrada y la colocó de tal manera que sobresalía por completo del marco pictórico. En esta pintura combinada, la puerta divide el lienzo en dos paneles en los que unas manchas desaforadas de color rojo, amarillo y naranja cargan de energía y enmarcan los elásticos cuerpos de dos niñas. Esta obra podría compararse con *Porte: 11 Rue Larrey* [Puerta: 11 rue Larrey, 1927] de Marcel Duchamp, un *ready-made* que el artista rescató de su propio apartamento, donde estuvo un tiempo instalado entre el dormitorio y el cuarto de baño[10]. La pieza consistía en una puerta que podía dejarse abierta y cerrada al mismo tiempo, y que sugería de esta manera que la sexualidad no es solo una forma de actuar, sino también una forma de ver. Como afirma Mary Ann Caws en *The Surrealist Look: An Erotics of Encounter* (1997), Tanning compartía con Duchamp el interés por la "fuerza de atracción y de posibilidad" del motivo de la puerta[11].

Las puertas reales que aparecen en la obra de Tanning pueden interpretarse también como un guiño a la última pieza que creó Duchamp, *Étant donnés: 1º la Chute d'eau, 2º Le Gaz d'éclairage...* (1946-1966), una instalación en la que se presenta una figura femenina de escayola con la cara cubierta con una peluca rubia en un lecho de hojas y ramitas. La escena solo puede contemplarse a través de dos agujeros practicados en una puerta antigua que el artista había encontrado en España[12]. Pero, a diferencia de Duchamp, Tanning da prioridad a la perspectiva femenina: mientras que en *Étant donnés* el cuerpo desnudo yace tumbado como un cadáver, las figuras femeninas de *Hôtel du Pavot* y *Door 84* siembran el caos en los espacios en los que se encuentran, y sus extremidades se retuercen para desafiar la mirada del *voyeur* en lugar de complacerla.

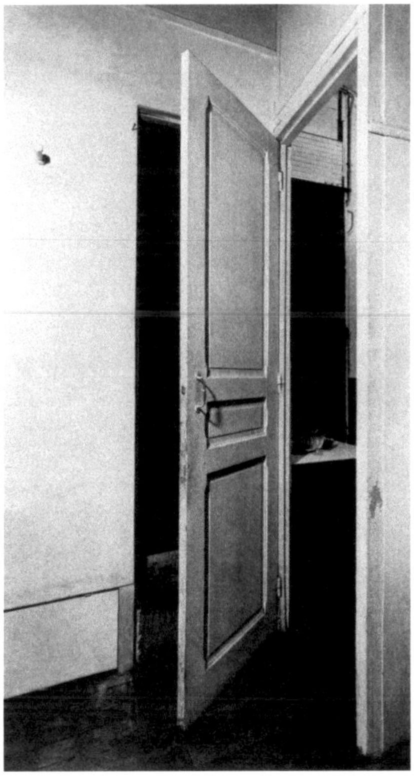

Marcel Duchamp, *Porte: 11, Rue Larrey* [Puerta: 11, Rue Larrey], 1927

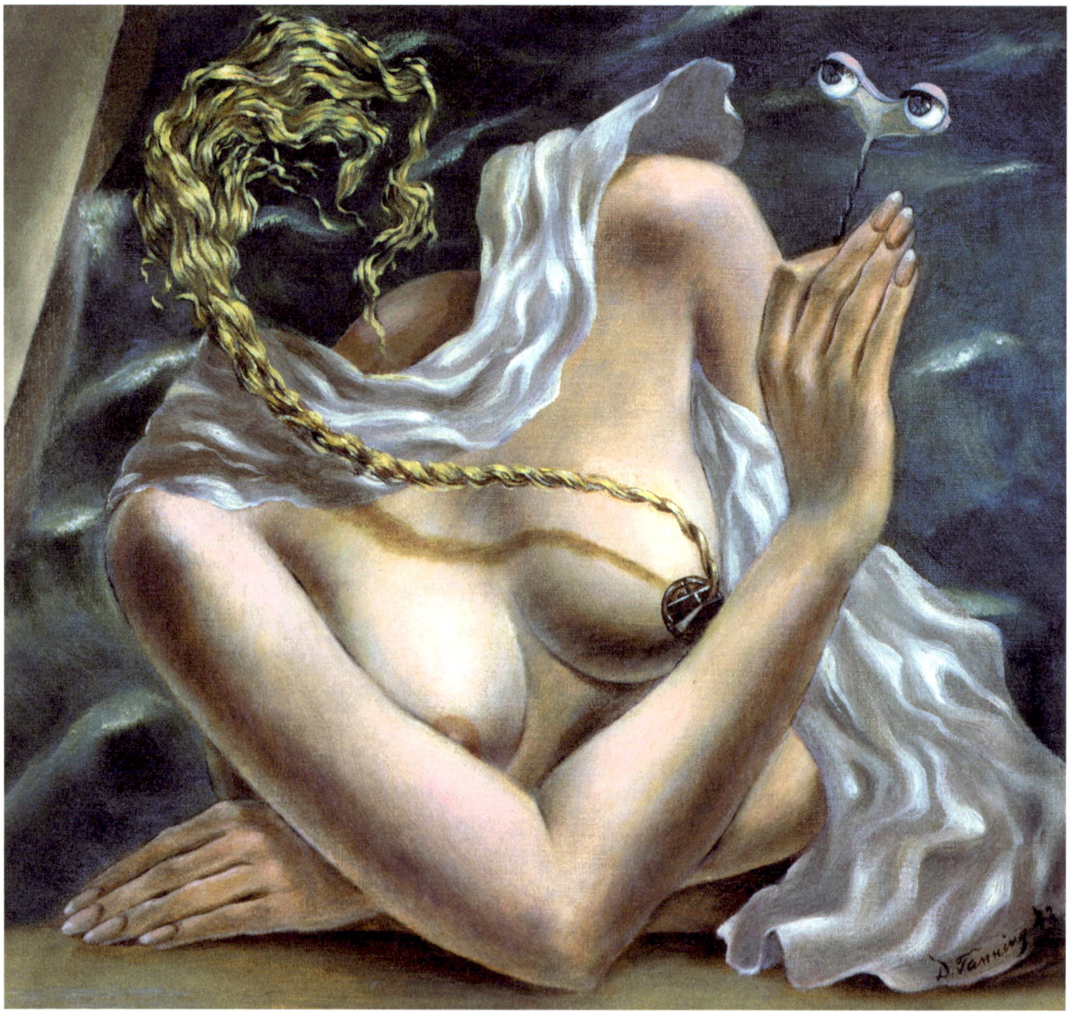

Voltage [Voltaje], 1942

Entre vidas

Tanning se sintió atraída por el surrealismo después de asistir a la revolucionaria exposición de Alfred H. Barr *Fantastic Art, Dada, Surrealism* (1936) en el Museum of Modern Art (MoMA) de Nueva York. En el prefacio que escribió para el catálogo de la exposición, Barr presentaba el surrealismo como “una filosofía, una forma de vida, una causa a la que se han entregado algunos de los pintores y poetas más brillantes de nuestra época con una devoción desenfrenada”[13]. En la muestra, a la que asistieron más de 50.000 personas, se exhibieron entre otras obras *Bicycle Wheel* [Rueda de bicicleta, 1913] de Duchamp, *Two Children Threatened by a Nightingale* [Dos niños amenazados por un ruiseñor, 1924] de Ernst, la caja expositora de Joseph Cornell *Object (Soap Bubble Set)* [Objeto (Juego de burbujas de jabón), 1936] y *Objet (Déjeuner en fourrure)* [Objeto (Juego de desayuno en piel), 1936] de Meret Oppenheim. Para Tanning, la exposición revelaba “la ampliación sin límites de la POSIBILIDAD”, y las obras expuestas eran para ella “postes indicadores, tan apremiantes, tan cargados de significado y, sí, tan perversos”[14]. Tres años después, en julio de 1939, se embarcó en el *Nieuw Amsterdam* y partió con rumbo a Francia desde el puerto de Nueva York, con los bolsillos “llenos de cartas de recomendación para los artistas [Yves] Tanguy, Max Ernst [...] y también [Pablo] Picasso (y poca cosa más)”[15]. Aunque tuvo que acortar su estancia cuando estalló la Segunda Guerra Mundial, en septiembre de ese mismo año, las pinturas que creó a su regreso a Nueva York, por ejemplo, *Voltage* [Voltaje, 1942], ya revelaban un sesgo marcadamente surrealista que, en este caso, la llevó a deconstruir a la musa femenina en sus elementos fetichistas: pechos, ojos y cabello. En esta pintura también se inspiró en la cultura de consumo, como demuestran las manos de maniquí

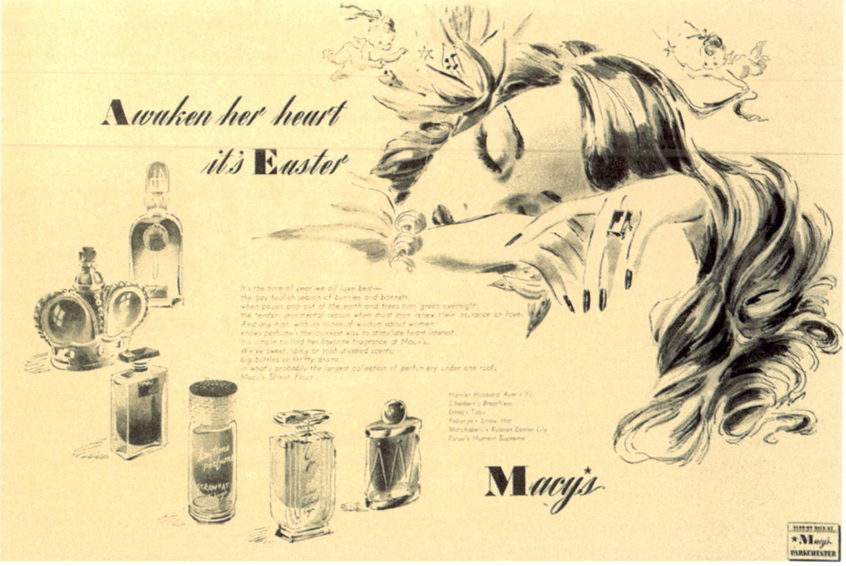

Anuncio para Macy's en *The New York Times*, 19 de marzo de 1942

de la figura femenina, que recuerdan a los anuncios que la propia Tanning diseñó en esta misma época para los grandes almacenes Macy's, por ejemplo[16].

Tanning no había retirado aún su pintura *Birthday* del caballete cuando conoció por fin a Max Ernst, en diciembre de 1942. Ernst estaba asesorando a su tercera esposa, Peggy Guggenheim, con quien había contraído matrimonio en diciembre de 1941, sobre las artistas que podía incluir en una importante exposición sobre mujeres que tenía planeado organizar en su nueva galería, Art of This Century, situada en el número 30 de la Calle 57 Oeste de Nueva York[17]. Siguiendo los consejos del galerista Julien Levy, Ernst visitó el pequeño estudio en el que trabajaba Tanning en su apartamento del centro de Manhattan y no solo se quedó impresionado con *Birthday*, una obra que seleccionó para la exposición a pesar de que todavía no estaba terminada, sino que fue él mismo quien le sugirió ese título. Aunque la artista había pintado el cuadro coincidiendo con su cumpleaños, el título reflejaría además la idea de renacimiento, la muerte de lo real y el nacimiento de lo surreal. Los demás miembros del jurado que asesoraba a Guggenheim –Alfred H. Barr, André Breton, Marcel Duchamp, Jimmy Ernst, Howard Putzel, James Thrall Soby y James Sweeney– quedaron igual de impresionados. *Birthday* y *Children's Game* se incluyeron en la *Exhibition by 31 Women* (5 de enero-6 febrero de 1943), una exposición que pretendía demostrar "que la habilidad creativa de la mujer no está restringida ni mucho menos al estilo decorativo, como se puede deducir de la historia del arte creado por mujeres desde tiempos inmemoriales. El espíritu de la joven esposa que en la Grecia antigua dibujó en la ventana la silueta de su amado después de que se marchara a la guerra aún persiste en estas mujeres"[18].

Tanning compartió cartel con otras pioneras de la vanguardia, como Leonora Carrington, Leonor Fini, Frida Kahlo, Meret Oppenheim, Kay Sage y Sonja Sekula. La única mujer que se negó a participar en la muestra fue Georgia O'Keeffe. Como recordaba Jimmy Ernst en sus memorias, O'Keeffe entró en la galería y "le espetó a Peggy: 'yo no soy una mujer pintora'. Peggy se quedó de piedra"[19]. Más adelante Tanning adoptaría una postura similar, sobre todo a partir de los años setenta, cuando los historiadores del arte y los comisarios de exposiciones cambiaron de planteamiento y empezaron a utilizar a las mujeres artistas como reclamo. "Mujeres artistas", observaba Tanning en una entrevista de los años noventa. "No existe nada (ni nadie) que se pueda definir así. Es una contradicción tan evidente como 'hombre artista' o 'elefante artista'. Puedes ser mujer y ser artista; pero lo primero no lo puedes evitar y lo segundo es lo que eres en realidad"[20].

Evidentemente, la importancia de esta exposición de treinta y una artistas emergentes no radicaba únicamente en el género de sus protagonistas, y se convirtió en un hito fundamental de la vanguardia durante la guerra. La acogida de la crítica reflejaba esta realidad, pero también cierta hostilidad tanto contra las mujeres artistas como contra los surrealistas, pues ambos representaban una amenaza al orden establecido. En la reseña que escribió Henry McBride para el *New York Sun*, por ejemplo, afirmaba que "a grandes rasgos, se puede decir que el surrealismo está compuesto por un 70 por ciento de histeria, un 20 por ciento de literatura, un 5 por ciento de buenas pinturas y otro 5 por ciento de artistas que solo pretenden burlarse del público inocente [...] las mujeres tienen que sobresalir a la fuerza entre los surrealistas"[21]. Tanning era una de las figuras más destacadas entre las mujeres artistas que intentaban abrirse paso a

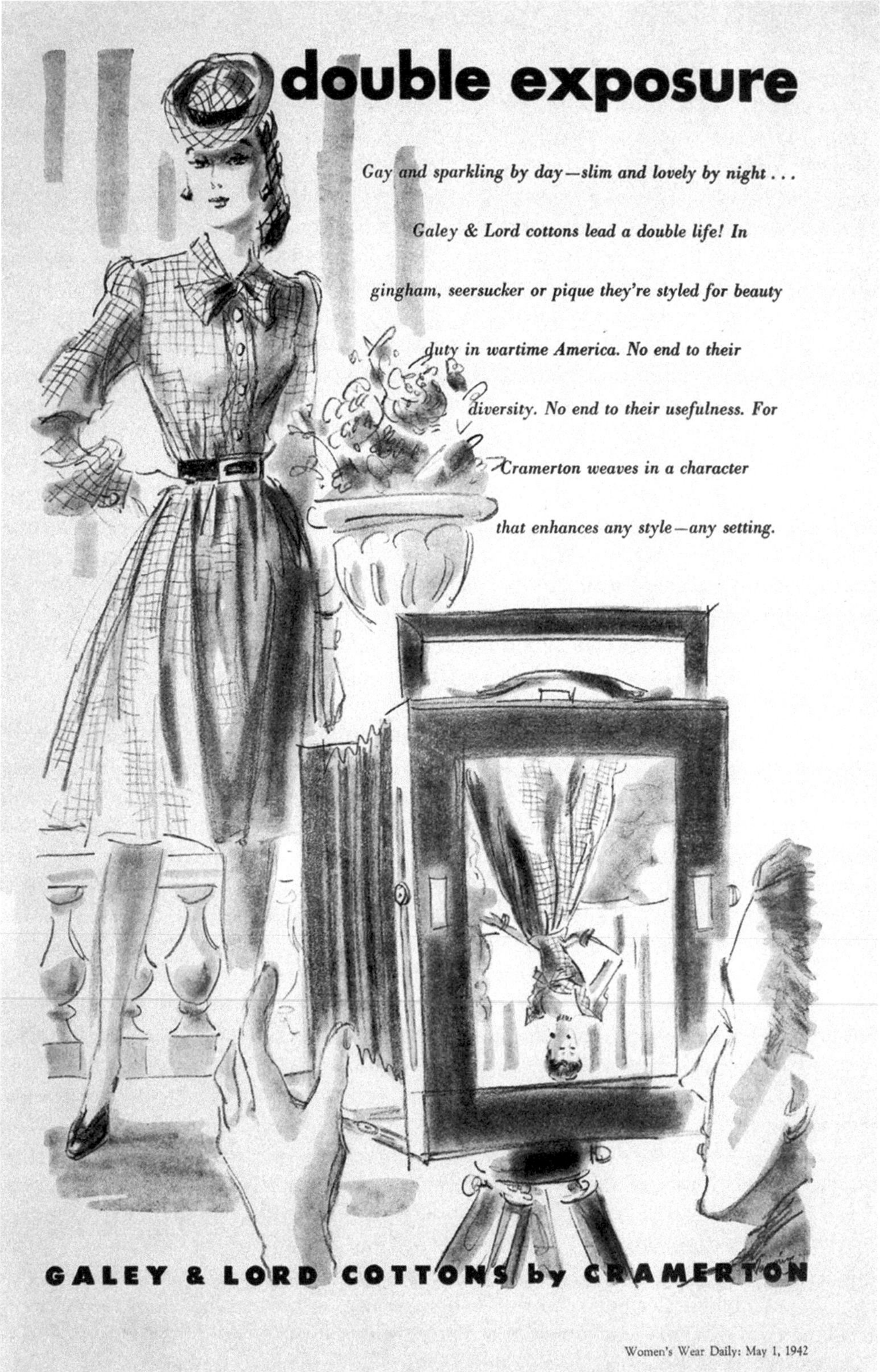

Anuncio para Galey & Lord Cottons en *Women's Wear Daily*, 1 de mayo de 1942

través de esta senda tortuosa que se apartaba de las ideas preconcebidas relacionadas con el género y el talento. Estaba decidida a construir una identidad artística propia en un círculo surrealista que, según una parte considerable de la crítica, asignaba a las mujeres un papel pasivo.

Tanning apareció en el número de marzo de 1943 de la nueva revista surrealista *VVV*, que no tardó en publicar reproducciones de *Birthday* y *Children's Games*, junto a su relato breve "Blind Date" [Cita a ciegas, 1943]. En este cuento, que se puede enmarcar dentro de literatura del absurdo, una joven persigue a una máquina de coser que huye por unas calles lluviosas y a través de una extraña casa en la que "la puerta se abre y cruzamos el umbral [...] Las habitaciones están vacías, las puertas entreabiertas"[22]. La decisión de escribir un relato sobre un aparato doméstico y la alusión a un paraguas en una ciudad en la que no para de arreciar "una lluvia gris y constante, que cala hasta los huesos" hace pensar en la famosa frase del conde de Lautréamont, que hacía las delicias de los surrealistas por sus connotaciones violentas, eróticas: "Tan hermoso como un encuentro fortuito, sobre una mesa de disección, de una máquina de coser y un paraguas"[23]. Sin embargo, una vez más, la artista se apropia de una imagen surrealista por excelencia y la reconduce para crear una obra con una protagonista femenina activa, proponiendo, de este modo, una visión diferente de la de sus compañeros masculinos. Como Ernst observaba acertadamente en el ensayo que escribió para el catálogo de la primera exposición individual de Tanning en la Julien Levy Gallery, inaugurada en abril de 1944, "el dominio de lo maravilloso es su patria", pero "ella se niega a jurar lealtad a las exigencias de un surrealismo ortodoxo"[24].

En *Endgame* [Fin del juego, 1944], una pintura que presentó en la exposición *The Imagery of Chess*, que tuvo lugar en la Julien Levy Gallery de Nueva York (12 de diciembre de 1944-31 de enero de 1945), Tanning también proponía una fascinante variación sobre algunos temas surrealistas tradicionales. En el cartel que diseñó Marcel Duchamp para la exposición se anunciaba que la intención de la muestra era presentar "nuevos diseños de piezas de ajedrez", acompañados por obras inspiradas en este tema y juegos de ajedrez creados por treinta y dos artistas, entre ellos Max Ernst, Marcel Duchamp, André Breton, Alexander Calder, Carol Janeway, Roberto Matta, Man Ray, Robert Motherwell, Isamu Noguchi, Kay Sage, Muriel Streeter, Yves Tanguy y Ossip Zadkine. En *Endgame*, Tanning pintó la cuadrícula de un tablero de ajedrez en el que la reina (representada por un zapato de satén blanco) domina tanto al alfil (representado por una mitra), en el centro de la imagen, como a las cuatro torres de la esquina superior derecha, para las cuales la artista ha trazado hábilmente un camino triunfal, una línea de puntos blancos. La parte izquierda del lienzo es de un rojo ardiente; la derecha, de un verde dorado y apagado; y tanto las burbujas que salen de la "trampa" de la reina como el paisaje montañoso que asoma a través de un desgarrón en la parte inferior del lienzo pueden ser un reflejo de las tensiones matrimoniales que Tanning y Ernst estaban experimentando en esa época. Ella se había divorciado del escritor Homer Shannon en 1942, después de una precaria relación que se había prolongado durante ocho años, y Ernst ya estaba separado de Peggy Guggenheim, si bien no se divorciaría de ella hasta 1946. Huyendo del calor y de las habladurías de Nueva York, se habían refugiado en una casa que habían alquilado a medias con Julien Levy y su mujer, la artista Muriel Streeter, en la caleta de Great River, en Long Island. Puede que Tanning utilizara el ajedrez para representar la "trampa" de la institución del matrimonio, pero lo cierto es que en esta composición la reina era la figura crucial del juego.

En *Max in a Blue Boat* [Max en un bote azul, 1947] Tanning recurre una vez más a los motivos de la puerta y del ajedrez como símbolos de su relación con Ernst, con quien contrajo matrimonio el 24 de octubre de 1946 en una ceremonia conjunta con Man Ray y Juliet Browner. A la izquierda, vemos una construcción que se sale del plano pictórico, con una especie de nichos con figuras que parecen muñecas. Una barca se desliza a través del plano medio. Ernst aparece representado en un bote de remos, caracterizado como un mago, en consonancia con la condición de mago-alquimista que detentaba dentro del movimiento surrealista[25]. Dirige la mirada hacia el observador y delante de él se sienta una mujer que parece ser Tanning.

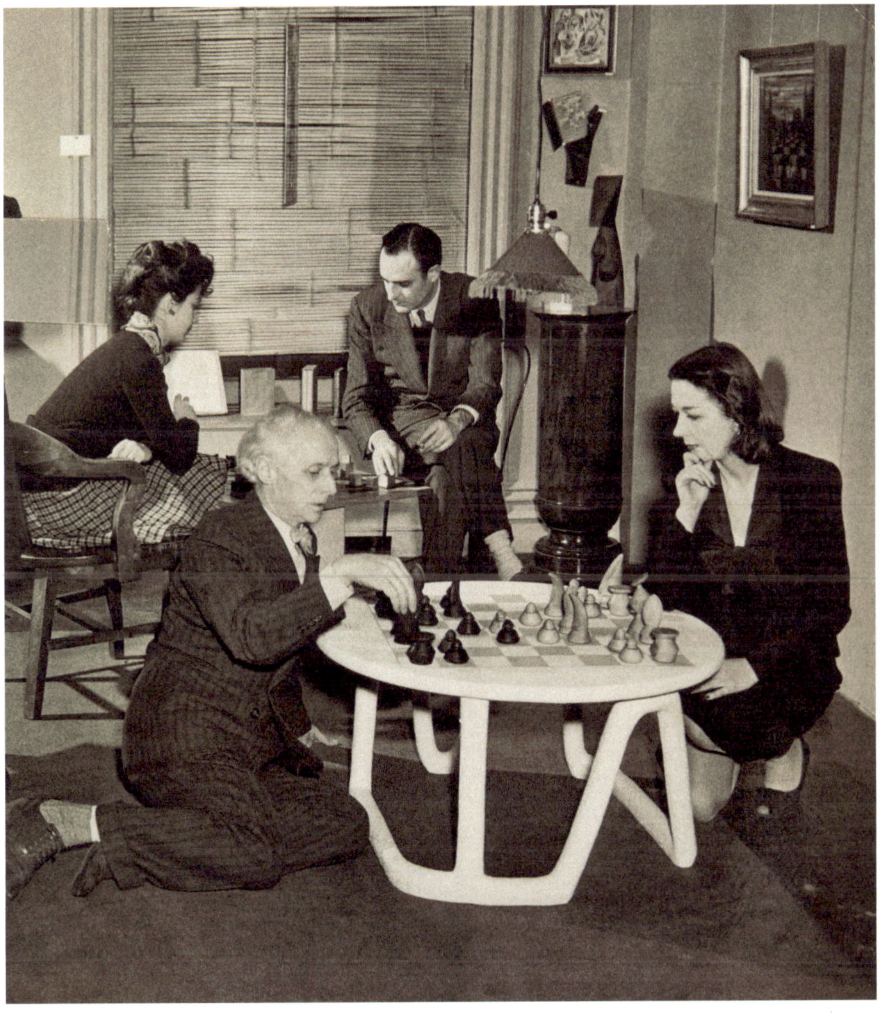

De izquierda a derecha: Max Ernst, Muriel Streeter, Julien Levy y Dorothea Tanning
en *The Imagery of Chess*, Julien Levy Gallery, Nueva York
12 de diciembre de 1944-31 de enero de 1945

En una mano, Ernst sostiene el fuego, y la tela de su chaleco está decorada con la luna y las estrellas, detalles que hacen referencia a la unión de los elementos opuestos: el sol y la luna, el fuego y el agua. Sentados ante un tablero de ajedrez sin fichas, Ernst y Tanning son el rey y la reina, y la criatura fantástica del pájaro blanco que se transforma ante la mirada del observador simboliza la unión de los dos. Pero esta obra también tiene algo de recuerdo, pues la artista reflexiona sobre la pasión compartida de la pareja, el ajedrez, y rememora aquel glorioso verano que habían pasado en compañía de Levy y de Streeter en Long Island, donde también les visitaron André Breton, Jacqueline Lamba y otros. En sus memorias, Tanning rememoraba aquel ambiente social distendido y creativo, y mencionaba un pequeño bote de remos: "Al final de una verde pradera alargada, preparada para jugar al croquet, se encuentra el estrecho de Long Island, cuyas aguas azotan perezosamente los costados de un pequeño bote de remos, un *bateau ivre* que espera en vano el rumor intermitente de los remos y las voces"[26].

En esa época, Tanning también colaboró con Ernst y con otros surrealistas en la película de Hans Richter *Dreams That Money Can Buy* [Sueños que el dinero puede comprar, 1947] y exhibió *Eine Kleine Nachtmusik* (1943), *Guardian Angels* [Ángeles de la guarda, 1946] y *Maternity* [Maternidad, 1946-1947] en la Exposición

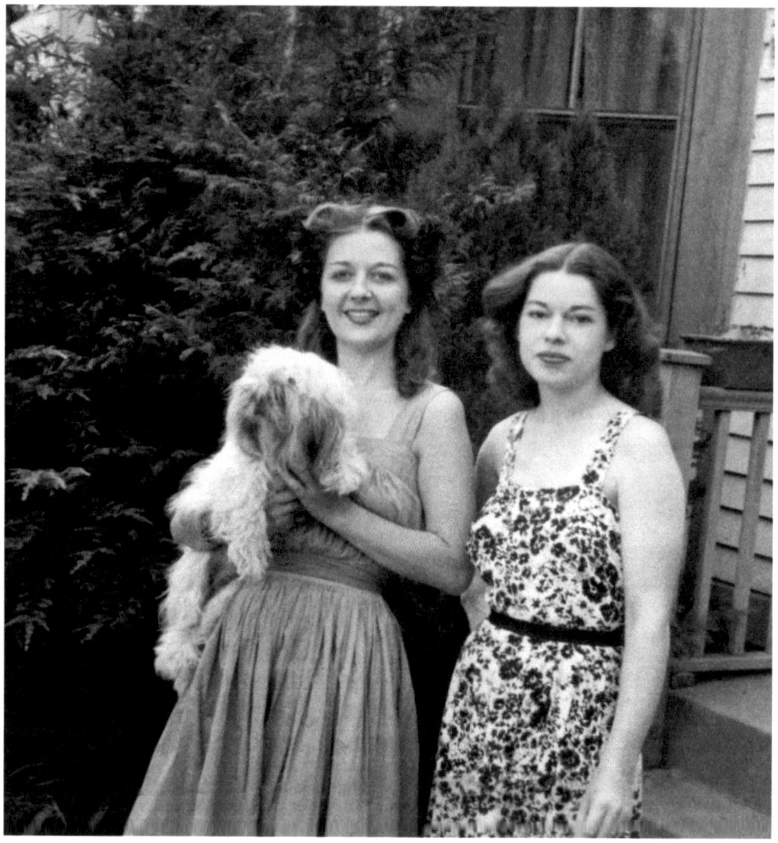

Dorothea Tanning y Muriel Streeter, Long Island, Nueva York, 1944

Internacional de Surrealismo que tuvo lugar en la Galerie Maeght de París en 1947, la primera muestra importante de arte surrealista que se organizó después de la guerra. En el catálogo de esta muestra también se incluyó el exquisito grabado de una mujer inclinada hacia delante con la forma del ojo de una cerradura, que la propia Tanning describiría como "una lámina de cobre grabada con una imagen que representa un auténtico símbolo para los surrealistas: la borla, el pelo, el ojo de la cerradura"[27].

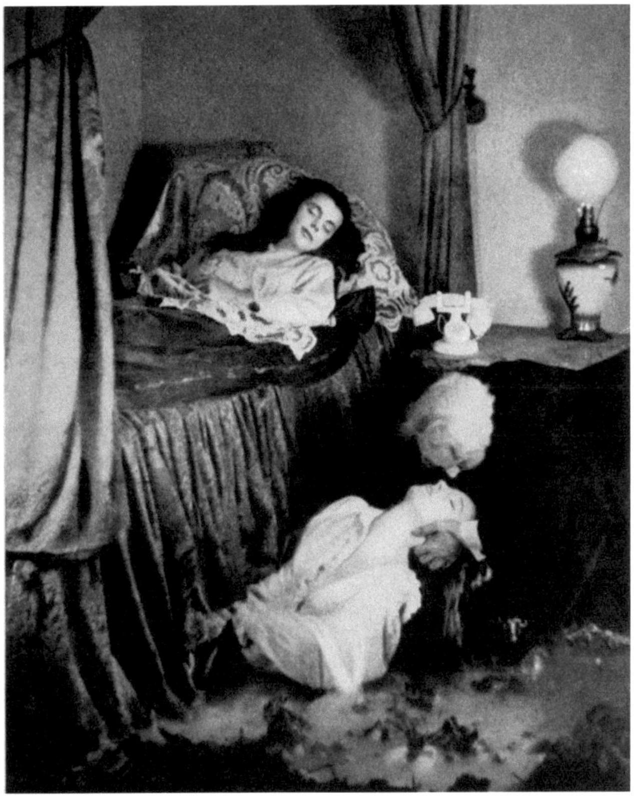

Aunque la iconografía hace hincapié en el tropo literario romántico de la castidad femenina, que se representa como la "cerradura" de una puerta mientras que la "llave" encarnaría al macho deseoso sería, la definición de romanticismo que manejaba la propia Tanning en esta época también está presente en esta imagen: "Romanticismo, no como una visión esperanzadora del perfeccionamiento en el mundo real, ni como la perfección terrenal del hombre, sino como la vida que se aparta de lo real y la visión de una experiencia mística que escapa al poder de la percepción sensorial"[28]. En esos años, Tanning también gozó de una considerable atención de la crítica en los Estados Unidos. Además de las exposiciones individuales que organizó en la Julien Levy Gallery en 1944 y 1948, su obra se incluyó en las muestras anuales del Carnegie Institute en 1941, 1944, 1945, 1946 y 1948, y *A Very Happy Picture* se exhibió en la *Fifty-Eight Annual American Exhibition* del Art Institute of Chicago (6 de noviembre de 1947-11 de enero de 1948)[29].

Destina

En una entrevista que concedió en 1989, Tanning declaraba que "en los años cuarenta se apoderó de mí una especie de sentimiento gótico. Una disposición al desplazamiento, de añoranza de otra época, de otro lugar. Me gustaba leer novelas góticas, en aquel entonces. Novelas envueltas en la bruma misteriosa e impredecible de unos lugares desconocidos para mí"[30]. Es indudable que ese sentimiento gótico está presente en sus cuadros de niñas, pero los vestidos y las casas de madera que habitan también se basaban en sus recuerdos de infancia. Dorothea era una de las tres hijas de Amanda y Andrew Tanning, emigrantes suecos luteranos que se instalaron en la pequeña localidad de Galesburg, Illinois, en el Medio Oeste norteamericano. En *Eine Kleine Nachtmusik* (1943), un inmenso girasol rompe la calma de la imagen de dos

Dorothea Tanning, Max Ernst y Jo Fontaine-Maison en la película de Hans Richter *Dreams that money can buy*, 1947 niñas sonámbulas que se encuentran en un oscuro pasillo con puertas numeradas. En 1946, el crítico inglés Robert Melville afirmaba que esta pintura era una composición "eléctrica" en la que "la conmoción de un deseo insaciable ha dado lugar a la inexplicable actividad de un espíritu burlón"[31]. Cuarenta años después, la historiadora del arte Whitney Chadwick interpretaba el lienzo de Tanning desde un punto de vista similar, y observaba que las niñas se encuentran "atrapadas en un momento de transformación extática. Sus cuerpos infantiles reaccionan a unas fuerzas invisibles que atraviesan la habitación, mueven las cortinas y les tiran del pelo"[32].

Cuando la imaginería nocturna y la referencia a "la pequeña serenata" mozartiana de 1787 de *Eine kleine Nacthmusik* se reconsideran a la luz de la historia de Destina Meridian, la niña de siete años que protagoniza la novela de Tanning *Chasm* (2004) –una nueva versión de "Abismo", un relato breve publicado en 1949, y de la novela homónima de 1977–, el girasol y la paleta de colores amarillos de esta pintura adquieren una relevancia simbólica[33]. La novela se desarrolla en una casa llamada Windcote, que se encuentra en un paisaje desértico cuya similitud con el desierto de Arizona es evidente. Destina vive recluida en una habitación de la tercera planta que proyecta "una esquirla de luz amarilla" sobre el oscuro pasillo exterior[34]. En aquel espacio, el mayor tesoro de Destina es su "caja de los recuerdos", donde guarda "pelo de animal, garras y colas de monstruos de Gila, pieles de reptil, huevos moteados e incluso algunos tarritos con ojos flotando"[35]. En una carta que escribió en 1999, Tanning analizaba *Eine Kleine Nachtmusik* y explicaba que el girasol es "la flor más agresiva de todas"[36]. Por tanto, al invocar la forma y el color del girasol infunde ese mismo espíritu agresivo a las niñas que aparecen su obra artística y literaria[37].

Su interés por las niñas en obras como *Eine Kleine Nachtmusik, Interior with Sudden Joy* [Interior con placer inesperado, 1951] y *The Guest Room* [La habitación de invitados, 1950-1952] aportaría una nueva dimensión a la obsesión de los surrealistas por la mujer-niña, la *femme-enfant.* Tanning la representa como una figura dotada de curiosidad sexual, más parecida a Lolita que a Alicia. De hecho, en sus memorias afirma que Vladimir Nabokov es "un gran hombre: una de las personas que me encantaría conocer"[38]. Aunque en su libro *Arcano 17* (1944) André Breton había animado a los artistas a seguir el ejemplo de la mujer para encontrar un nuevo camino que les permitiera superar los horrores de la guerra, parece ser que Tanning insistía en que la clave de la iluminación residía en la *femme-enfant*, que aún no se encontraba sometida a la represión provocada por las expectativas y los códigos morales de la sociedad[39]. Sus figuras femeninas poseen una capacidad de transformación poética y no sienten miedo ni repugnancia. En una carta que escribió a Joseph Cornell en 1948 le explicaba:

> Te parecerá una estupidez, pero creo que todo se reduce a poesía o repugnancia. Me gustaría invocar la poesía y evitar la repugnancia. De todas las personas que conozco, creo que tú eres el único que lo ha conseguido, en cierto sentido. ¿Cómo lo haces, Joseph? Me gustaría ser menos consciente de lo que hace el resto de la gente[40].

Retrato de familia

En su autobiografía, Jimmy Ernst escribió que, para él, era evidente que su padre y Tanning "estaban hechos el uno para el otro"[41]. Sin embargo, curiosamente, las imágenes de la vida familiar de Tanning en la década posterior a que contrajera matrimonio con Ernst no son ni mucho menos idílicas, lo cual demuestra que su arte no era un simple reflejo de su vida cotidiana. A propósito de la pintura al óleo *Some Roses and Their Phantoms* [Algunas rosas y sus fantasmas, 1952], la artista escribió que las rosas de esta composición iban adquiriendo su propia apariencia lúgubre, fantasmagórica, a medida que las iba pintando, y que ella trató de conferirles un aspecto de "naturaleza muerta", además de captar las marcadas arrugas del mantel blanco que les servía de contrapunto[42]. Ese mismo mantel aparece en otra obra posterior, *Notes for an Apocalypse* [Notas para un apocalipsis, 1978]. Lo pintó pensando en una mesa que había en la casa de su familia cuando ella era una niña, "una larga mesa de comedor que los domingos, sobre todo cuando venía a cenar el pastor, se cubría primero con un hule, y después con el enorme mantel blanco y reluciente. Lo sacudían y lo extendían, y después alisaban las arrugas, que dejaban una cuadrícula apenas perceptible que se extendía de punta a punta. Estoy segura de que la cuadrícula se quedó en aquella casa"[43]. En *Portrait de famille* [Retrato de familia, 1954], vuelve a recurrir a la cuadrícula y a la escala para definir las figuras familiares –un padre descomunal, que preside la escena, una esposa inmóvil y una minúscula criada– y ofrece una crítica subversiva de lo que más adelante describiría como "la jerarquía que se impone dentro de la sacrosanta *familia*"[44].

En muchas de sus pinturas también aparece un personaje que podría describirse como una figura maternal monstruosa. En *Maternity*, por ejemplo, una joven con un camisón de encaje blanco, hecho jirones, se aferra a un bebé que también va vestido de blanco, mientras un perro (pintado a imagen y semejanza de *Katchina*, el perro de la raza Lhasa Apso de Ernst y Tanning) descansa al lado: un perro blanco, también, con una expresión similar a la de un niño. La blancura de estos personajes contrasta con las oscuras nubes de la tormenta que se está formando en el cielo y con la fantasmagórica criatura blanca que se puede distinguir en el horizonte, una criatura sin cabeza, pero con unos pechos y un vientre bulbosos.

Renée Riese Hubert ha sugerido que esta pintura debe interpretarse como una "condena de la maternidad, que conduce al aislamiento, a la miseria y a la falta de realización"[45]. Esta interpretación podría justificarse con ayuda de un poema que escribió Ernst en esta misma época titulado "*Maternité* (cuadro pintado por d.t)", en honor a la pintura de Tanning, en el que equipara la maternidad con las "lágrimas putrefactas" y la "deprimente fertilidad", y termina con el verso "a través de la puerta, impasiblemente", como si afirmara que el portal que aparece en la pintura representa las recompensas muy superiores que brinda la creatividad artística[46]. En otras obras posteriores sobre el mismo tema, como el pastel al óleo *Maternity* [Maternidad, 1977] y la pintura al óleo *Maternity V* [Maternidad V, 1980], Tanning representa a una voluptuosa mujer desnuda que lanza un bebé por los aires. Aquí, la artista continúa con su asalto a las imágenes tradicionales de la maternidad, además de invocar un sentimiento de crisis existencial. Dado que ambas pinturas fueron creadas después de la muerte de Ernst, se podría considerar que la artista intenta superar la pérdida con estas composiciones orgiásticas, aunque los colores de la amenazante tormenta gris hayan regresado de nuevo.

Vidas de tango

Los gestos retóricos recorren toda la obra de Tanning y un dinamismo propio del ballet se refleja en los lienzos que pintó a partir de mediados de los años cincuenta. Esto no resulta sorprendente si tenemos en cuenta los vestuarios y escenografías para ballet que creó en esta época, en particular los que concibió para las obras de George Balanchine *Night Shadow* (1946), *The Witch* (1950, con John Cranko) y *Bayou* (1952), y también para *Judith* (1961) de Jean-Louis Barrault. Para el baile de máscaras del principio de *Night Shadow* diseñó una serie de vistosos tocados con forma de animales y de barcos. La escenografía, por su parte, consistía en unos grandes arcos que dejaban ver un paisaje vasto e inhóspito.

Para los personajes protagonistas –el Poeta y la Sonámbula, que sienten una atracción mutua tan profunda que acabará con la vida del primero– Tanning creó un vestuario romántico que parecía sacado de una novela gótica. Diseñó unos pantalones y una levita para el Poeta (interpretado por Frederic Franklin) y un camisón blanco para la Sonámbula (interpretada por Alexandra Danilova), que les permitía fundirse en un tango íntimo, en lugar de un *pas de deux* más clásico y contenido. Además, ideó una escenografía macabra, "una especie de castillo", en palabras de Franklin[47].

Estos diseños para ballet ayudan a explicar el giro de la pintura de Tanning en los años cincuenta, cuando se produce una fragmentación de la forma y las extremidades de sus figuras adquieren una mayor movilidad. En *Musical Chairs* [Sillas musicales, 1951], una niña con un traje típico sueco se cae de una silla y hunde los brazos y las piernas en las paredes y en la alfombra, con la mirada perdida. En *Insomnies* [Insomnios, 1957], la figura de la niña se pierde y se multiplica en los pliegues de la tela y en las capas

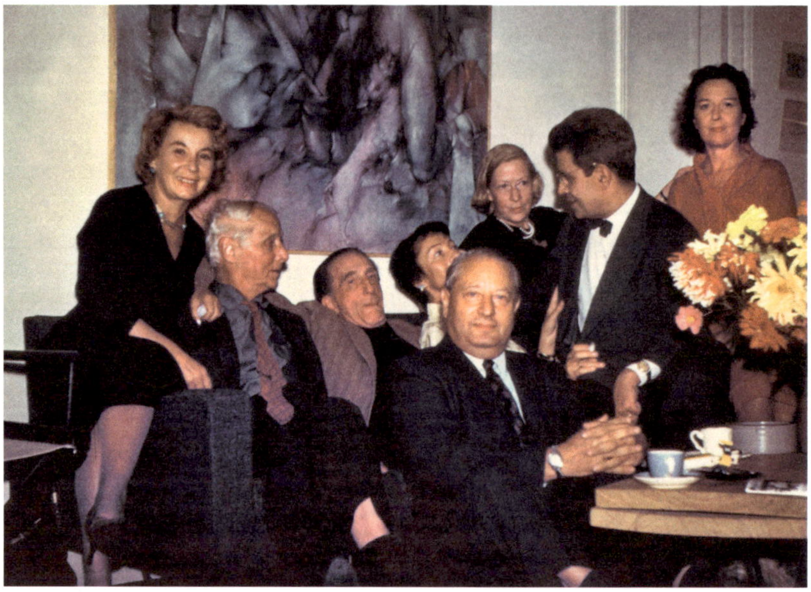

De izquierda a derecha: Nina Lebel, Max Ernst, Marcel Duchamp, Sylvie Lacan, Robert Lebel, Alexina Duchamp, Jacques Lacan y Dorothea Tanning, 58 rue Mathurin Régnier, París, 30 de septiembre de 1958

de pintura, y los detalles de su rostro y sus extremidades en movimiento se dispersan por toda la composición. Su pincelada se vuelve más libre, más expresiva, para evocar al mismo tiempo el sueño y la vigilia.

Estas dos pinturas revelan un alejamiento del ilusionismo en favor de un uso de las figuras y los espacios más cercano al ballet, más envolvente, una etapa "caleidoscópica", según Jean-Christophe Bailly, dominada por numerosas "formas inquietas"[48]. En una serie de obras en la que podemos incluir *Assez causé* [Queda claro, 1962], *Bonimenteurs* [Aduladores, 1962] y *Tango Lives* [El tango vive, 1977], persiste este estilo *informe*, más libre: colores diluidos pero apagados y planos cambiantes que devoran a los cuerpos y a los detalles domésticos.

El triunfo de lo blando sobre lo duro

En las esculturas blandas de Tanning también encontramos un aire marcadamente informe que contrasta con las líneas sencillas del minimalismo, tan de moda en el contexto artístico americano de la época, y con la "abstracción excéntrica", según la definición de Lucy Lippard, de las esculturas blandas de Eva Hesse, Louise Bourgeois, Alice Adams y otras artistas[49]. Los objetos escultóricos de Tanning se encuentran más próximos a los *ready-made* de los surrealistas, pues la artista recurre a objetos y tejidos para alumbrar nuevas experiencias sensoriales. En estas esculturas, readapta objetos cotidianos, y crea y destruye relaciones entre las telas, el espectador y el entorno que le rodea, una característica reseñada recientemente por Duro Olowu en el catálogo de la exposición *Making & Unmaking* (2016), del Camden Arts Centre[50]. Por ejemplo, el acerico de terciopelo negro *Pelote d'épingles pouvant servir de fétiche* [Alfiletero que puede servir como fetiche, 1965], un extraño objeto con forma de caracola, con un orificio naranja y alfileres "repartidos de una manera bastante irregular", o *Tweedy* (1973), una escultura que representa a una pequeña mascota de *tweed*, con un diminuto excremento a su lado, ilustran a la perfección el fetichismo y el humor negro del surrealismo[51].

En 1976 Tanning explicaba que sus esculturas blandas representaban, en cierto sentido, el triunfo del tacto:

> — el triunfo de la utilidad de la tela como material.
> — el triunfo de lo blando sobre lo duro: porque una escultura dura no puede tener la voluptuosidad táctil de una escultura blanda.
> — y el triunfo del artista sobre el precario material con el que trabaja, en este caso un tejido orgánico[52].

Sin embargo, al abandonar el dibujo, el diseño y la pintura para empezar a desarrollar un arte tridimensional, siguió estudiando el espacio que media entre la obra de arte y el observador. Las formas serpentinas de *Xmas* [Navidad, 1969], *Étreinte* [Abrazo, 1969], *Nue couchée* [Desnudo reclinado, 1969-1970] y *De quel amour* [De qué amor, 1970] aluden a la escultura clásica, y la cadena, el pañuelo, la piel sintética y las pelotas de pimpón permiten a la artista desarrollar de una manera muy inteligente la textura de las superficies y de las interpretaciones, al mismo tiempo. Tanning disfruta con el tono agresivo y erótico que podemos encontrar en *De quel amour*, que representa a una mujer encadenada y hace referencia a la *Fedra* (1677) de Jean Racine, y en la instalación *Chambre 202, Hôtel du Pavot*, en la que las extremidades y los muebles se tienden trampas mutuamente.

En estas obras, Tanning convierte unos materiales blandos en "esculturas vivas, con una esperanza de vida similar a la nuestra"[53]. Al igual que el cuerpo humano, o que el propio deseo, sus obras escultóricas son frágiles y están destinadas a perecer; en este sentido, hablan de la experiencia en sí y son, quizá, sus creaciones más surrealistas.

Mujer artista, desnuda, de pie

La sensación de metamorfosis y de transición de las esculturas aparece de nuevo en sus últimas obras, en las que retoma el motivo de la flor. Unas amapolas blancas silvestres asedian a los bucólicos cuerpos desnudos de *On avalon* [En Avalon, 1984], un enorme lienzo que reelaboró una y otra vez durante tres años, y en el que, según declaraba la propia artista, las flores y sus colores verdes y blancos "no son solo flores, sino también novas, lágrimas, presagios, Dios sabe qué, que luchan con nuestra propia forma ancestral o se confabulan con ella en un lugar que daría cualquier cosa por conocer"[54]. En sus últimas pinturas, doce flores, una por cada mes del año, los pliegues íntimos del cuerpo femenino y los de la flor se convierten de nuevo en una forma antropomórfica fusionada, como se puede apreciar con claridad en uno de los lienzos de la serie, *Crepuscula glacialis (var., Flos cuculi)* (1997). La textura aterciopelada de la carne y la de los pétalos rosados se funden para atraer al observador e invitarlo a entrar en espacios nuevos que se abren hacia afuera, pero también miran hacia adentro.

Una amapola de un rojo brillante añade un punto de fuga a la enorme pintura *Woman Artist, Nude, Standing* [Mujer artista, desnuda, de pie, 1985-1987] y rechaza la esbeltez del desnudo tradicional en favor de una postura erguida, majestuosa, con su dramática mantilla negra. Al igual que en *Birthday*, utiliza el vestuario para que la figura desnuda parezca fuera de lugar, y con las pinceladas vagas y los colores brillantes consigue que palpite ante nuestra mirada, como si estuviéramos presenciando una metamorfosis. Para Tanning su relación con la obra de arte era una forma de iniciación:

> "No eres más que una visita, alguien que acepta una invitación solemne: 'Pasa'. 'Oh, de acuerdo' [...] Por tanto, uno podría preguntarse: ¿he conseguido poner un poco de orden en este caos? ¿O, simplemente, he contribuido a favorecer la confusión general? En cualquier caso, ha tenido lugar una mutación. Uno no pinta en el vacío. Has sido valiente, has intentado provocar un cambio. Trastocar los valores. La idea que vuelve una y otra vez: cambiar el mundo. Es la idea que impulsa la tarea diaria del artista [...] El observador está atrapado en una red de la que solo puede zafarse recorriendo la totalidad de la pintura hasta encontrar la salida. Mi mayor deseo: tender una trampa de la que no pueda escapar ni el observador ni yo misma"[55].

En todas sus obras, Dorothea Tanning siempre exigió que el espectador también abriera la puerta a la emocionante experiencia de acceder a un mundo nuevo y maravilloso.

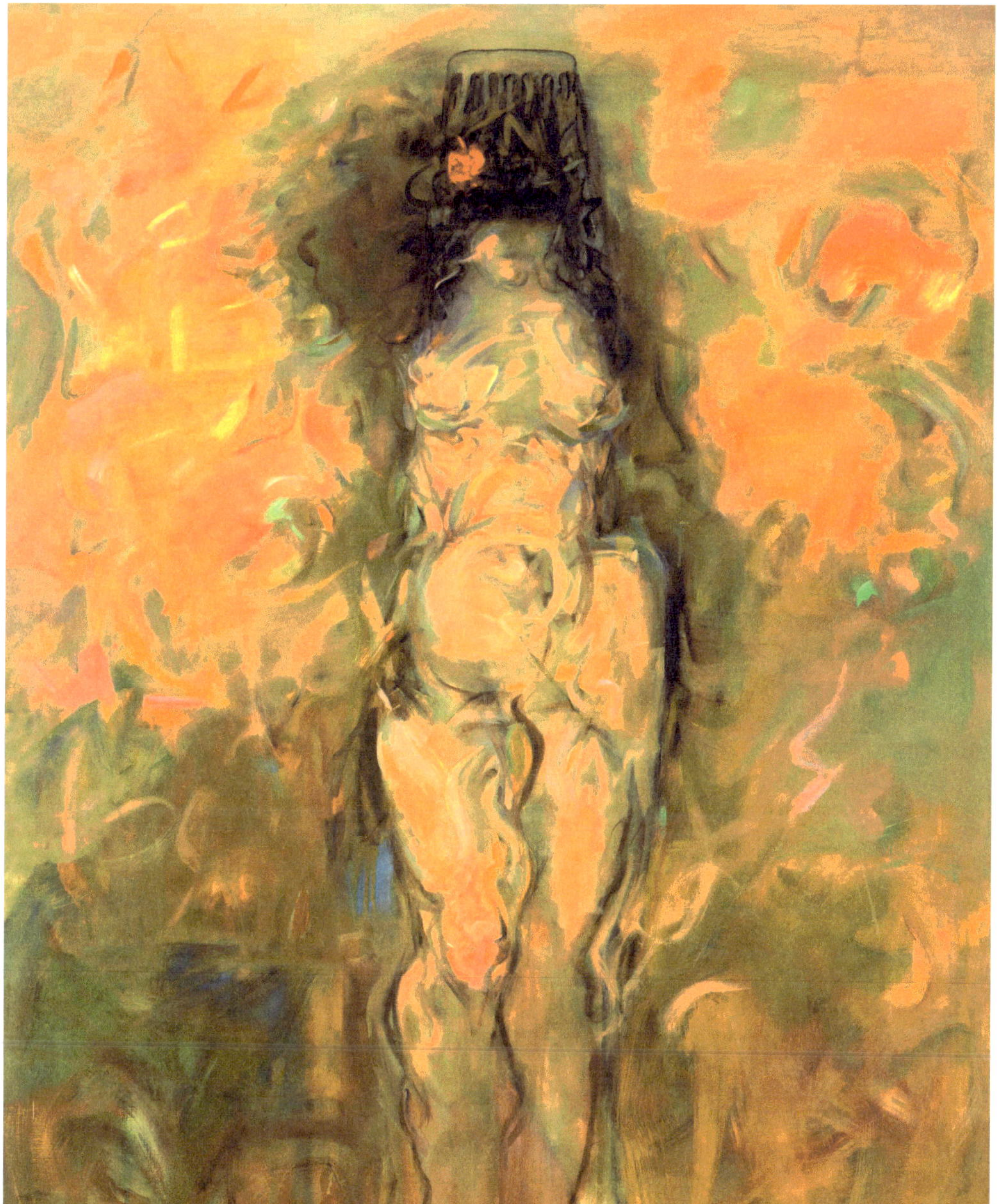

Woman Artist, Nude, Standing [Mujer artista, desnuda, de pie], 1985-1987

[1] Dorothea Tanning, *Between Lives: An Artist and Her World*, Nueva York, W.W. Norton, 2001, p. 214. Esta obra es una versión ampliada de sus primeras memorias *Birthday*, Santa Mónica, California, The Lapis Press, 1986.

[2] André Bretón, *Nadja* (1928), trad. de Richard Howard, Londres, Penguin Books, 1999, p. 18 [Trad. cast: *Nadja*, Madrid, Cátedra, 2006].

[3] Alain Jouffroy, "Questions pour Dorothea Tanning, Entretien avec Alain Jouffroy, Mars 1974", en *Dorothea Tanning: Œuvre*, catálogo de la exposición, Centre National d'Art Contemporain, París, 1974, p. 45, cursiva en el original; traducido al inglés como Alain Jouffroy, "Interview with Dorothea Tanning", en *Dorothea Tanning*, catálogo de la exposición, Malmö Konsthall, Malmö, 1993, p. 53.

[4] Tanning, *Between Lives*, p. 63.

[5] Dorothea Tanning, entrevista con John Gruen, *The Artist Observed*, Pennington, Georgia, A Cappella Books, 1991, p. 189.

[6] Max Ernst, en el documental de Peter Schamoni *Max Ernst* (1991), en Nora Burba Trulsson, "Making Themselves At Home", *Arizona Highways*, mayo de 2013, p. 49.

[7] Dorothea Tanning, "Notes from Sedona", selección editada del *Journal 2*, ca. 1946-1949, de Tanning, en *A Public Space*, nº 24, 2016, pp. 42-43.

[8] La ilustración de Lewis Carroll (Charles Lutwidge Dodgson, 1832-1898) se incluyó en la exposición *Dada, Surrealism* que se celebró en el MoMA, en Nueva York, en 1936, y se conservan varias pinturas que demuestran el interés de Max Ernst por *Alicia en el país de las maravillas*, como *Alice* [Alicia, 1939], *Alice* [Alicia, 1941], *The Stolen Mirror* [El espejo robado, 1941] y *Pour les amis d'Alice* [Para los amigos de Alicia, 1957].

[9] Alain Jouffroy, "L'Attentat de Dorothea Tanning", en *Dorothea Tanning: Numéro Spécial de XXe Siècle*, París, Éditions XXe Siècle, 1977, p. 24.

[10] A partir de 1913, Duchamp empezó a crear sus primeros *ready-made*, objetos escogidos con indiferencia visual y estética en los que la intervención artística es escasa o nula. Marcel Duchamp, "A Propos of Readymades" (1961), en Michel Sanouillet (ed.), *Salt Seller: The Writings of Marcel Duchamp*, Nueva York, Oxford University Press, 1973, pp. 141-142.

[11] Mary Ann Caws, *The Surrealist Look: An Erotics of Encounter*, Cambridge, Massachussets, MIT Press, 1997, p. 77.

[12] Aunque Tanning no vio *Étant donnés* en vida de Duchamp, el artista francés formaba parte de su círculo de amistades, y a juzgar por el interés que suscitó esta obra poco después de su muerte en 1968, se puede afirmar que Tanning ya la conocía en 1969. Ernst y ella, por ejemplo, eran íntimos amigos de William (Bill) Copley, que escribió una crítica de la obra titulada "The New Piece" para *Art in America* entre julio y agosto de 1969.

[13] Alfred H. Barr, Jr., *Fantastic Art, Dada, Surrealism*, catálogo de la exposición, The Museum of Modern Art, Nueva York, 1936, p. 8.

[14] Tanning, *Birthday*, pp. 73-74.

[15] Tanning, *Between Lives*, p. 50.

[16] Hay que señalar que los surrealistas recurrirían de manera obsesiva al maniquí de moda en sus obras artísticas y en sus exposiciones colectivas. Véase Alyce Mahon, "The Assembly Line Goddess: Modern Art and the Mannequin", en Jane Munro et al., *Silent Partners: Artist and Mannequin from Function to Fetish*, catálogo de la exposición, The Fitzwilliam Museum, Cambridge; New Haven, Yale University Press, 2014, pp. 191-221, 246-268.

[17] Max Ernst huyó de la Francia ocupada gracias a la ayuda de Peggy Guggenheim, y llegó a Nueva York el 14 de julio de 1941. Se casaron el 30 de diciembre de ese mismo año, pero su relación no duró demasiado. En sus memorias, Guggenheim contaba que discutían a menudo y, en consecuencia, Ernst "no podía trabajar, y se dedicaba a vagar por las calles de Nueva York durante días". Ernst dejó a Guggenheim en marzo de 1943 y se divorció de ella en 1946. Peggy Guggenheim, *Out of this Century: Confessions of an Art Addict* (1946), Londres, André Deutsch Ltd., 1980, p. 265 [Trad. cast.: *Confesiones de una adicta al arte*, Barcelona, Lumen, 2002].

[18] "*Exhibition Art by 31 Women* at Art of this Century", comunicado de prensa, enero de 1943, Peggy Guggenheim Papers, Archives of American Art, Smithsonian Institution.

[19] Jimmy Ernst, *A Not-So-Still Life: A Child of Europe's Pre-World War II Art World and His Remarkable Homecoming to America*, Nueva York, Pushcart Press, 1984, p. 236.

[20] Carlo McCormick, "Interview with Dorothea Tanning", *BOMB*, nº 33, otoño de 1990, pp. 38, 40.

[21] Henry McBride, "Women Surrealists: They, Too, Know How to Make Your Hair Stand on End", *New York Sun*, 8 de enero de 1943, p. 28.

[22] Dorothea Tanning, "Blind Date", *VVV*, nºs 2-3, marzo de 1943, p. 104.

[23] Ibíd., p. 104; conde de Lautréamont (Isadore Ducase), *Les Chants de Maldoror* (1869), trad. de Guy Wernham, Nueva York, New Directions Books, 1966, p. 263 [Trad. cast.: *Los cantos de Maldoror*, Madrid, Cátedra, 2005].

[24] Max Ernst, prefacio de *Dorothea Tanning*, catálogo de la exposición, Julien Levy Gallery, Nueva York 1944, s. p.

[25] Véase M. E. Warlick, *Max Ernst and Alchemy: A Magician in Search of Myth*, Austin: University of Texas Press, 2001, pp. 175-176 para un análisis de esta pintura desde el punto de vista del tarot.

[26] Tanning, *Between Lives*, p. 90.

[27] Dorothea Tanning, en *Dorothea Tanning: Hail Delirium! A Catalogue Raisonné of the Artist's Illustrated Books and Prints, 1942-1991*, catálogo de la exposición, New York Public Library, Nueva York, 1992, p. 88.

[28] Tanning, "Notes from Sedona", p. 27.

[29] Véase también la detallada explicación sobre la influencia del surrealismo en las mujeres artistas en los Estados Unidos que lleva a cabo Ilene Susan Fort en "In the Land of Reinvention", en Ilene Susan Fort y Tere Arcq, con Terri Geis (eds.), *In Wonderland: The Surrealist Adventures of Women Artists in Mexico and the United States*, catálogo de la exposición, Los Angeles County Museum of Art; Museo de Arte Moderno, Ciudad de México; Múnich et al., Prestel, 2012, pp. 31-63.

[30] Roland Hagenberg, "Dorothea Tanning", (entrevista), *Art of Russia and the West*, nº 1, marzo de 1989, p. 31.

[31] Robert Melville, "The Snake on the Dining Room Table", *View*, nº 3, mayo de 1946, pp. 9-10.

[32] Whitney Chadwick, "The Muse as Artist: Women in the Surrealist Movement", *Art in America*, julio de 1985, p. 123.

[33] Tanning publicó un relato breve, "Abismo", en la revista *Zero* en 1949 (nºs 3-4, pp. 138-150), y después lo adaptó y lo transformó en una novela con el mismo título (Nueva York, Standard Editions, 1977), antes de editarla de nuevo con el título *Chasm: A Weekend*, Nueva York, Virago, 2004.

[34] Tanning, *Chasm*, p. 47.

[35] Ibíd., p. 47.

[36] Dorothea Tanning, carta a Jennifer Mundy, 1999, Tate Archive, Londres.

[37] Véase también Whitney Chadwick, *Women Artists and the Surrealist Movement*, London: Thames & Hudson, 1985, p. 138, donde interpreta la presencia del girasol como una fuerza psíquica y un símbolo "de la fecundidad y la amenaza, al mismo tiempo".

[38] Tanning, *Between Lives*, p. 142.

[39] Breton escribió en *Arcane 17* (1944) que la mujer "es quien puede redimir esta época salvaje". Véase André Breton, *Arcanum 17*, trad. Zack Rogow, Los Ángeles, Sun & Moon Press, 1994, p. 63 [Trad. cast.: *Arcano 17*, Chile, Cuarto Propio, 2001].

[40] Dorothea Tanning, carta a Joseph Cornell, 3 de marzo de 1948. Joseph Cornell papers, 1804-1986, legajo 1939-1972. Archives of American Art, Smithsonian Institution.

[41] Ernst, *A Not-So-Still-Life*, p. 246.

[42] Dorothea Tanning, en *Dorothea Tanning: Birthday and Beyond*, catálogo de la exposición, Philadelphia Museum of Art, Filadelfia 2000, s. p.

[43] Tanning, en ibíd., s. p.

[44] Dorothea Tanning, entrevista con Marcel Duhamel, en *Dorothea Tanning: Numéro Spécial*, p. 110, cursiva en el original.

[45] Renée Riese Hubert, *Magnifying Mirrors: Women, Surrealism, and Partnership*, Lincoln: University of Nebraska Press, 1994, p. 23.

[46] Max Ernst, "*Maternité* (tableau peint par d.t.)" (1946), en *Dorothea Tanning: Numéro Spécial*, p. 94. El poema reza: "En robe blanche et glorifies par des larmes putrides / par des paroles enfantines et par la liqueur / de la croyance populaire / de la croyance populaire comme vous et moi / par l'autorité satisfaite / et la morne fécondité / … ou bien allons-nous nous quitter en silence / Nonchalemment la porte…".

[47] Mindy Aloff, "Interview with Frederic Franklin", 3 y 9 de mayo de 2000, transcripción de una grabación sonora, Frederic Franklin Oral History Project, Collection New York Public Library for the Performing Arts, p. 34

[48] Jean-Christophe Bailly, "Image Redux: The Art of Dorothea Tanning", en *Dorothea Tanning*, Nueva York, George Braziller, 1995, p. 31. Véase Catriona McAra, "Kaleidoscope Eyes: Cytherean Voyages in the Post-Surrealist Practice of Dorothea Tanning", en *Unknown but Knowable States*, catálogo de la exposición, Wendi Norris Gallery, San Francisco, 2013.

[49] Lucy R. Lippard, "Eccentric Abstraction", *Art International*, vol. 10, nº 9, 20 de noviembre de 1966, pp. 34-40. El artículo de Lippard sirvió de apoyo a la exposición *Eccentric Abstraction: Alice Adams, Louise Bourgeois, Eva Hesse, Gary Kuehn, Bruce Nauman, Don Potts, Keith Sonnier, Frank Lincoln Viner*, que ella misma comisarió para la Fishback Gallery de Nueva York, desde el 20 de septiembre hasta el 8 de octubre de 1966.

[50] En el catálogo de la exposición, Duro Olowu afirmaba: "Nunca me canso de contemplar las esculturas de tela de Dorothea Tanning. Me encantan sus pinturas, pero en esas obras hay, además, algo profundo y retorcido". Véase "Duro Olowu in Conversation with Glenn Ligon (April 2016)", en Duro Olowu, *Making & Unmaking*, catálogo de la exposición, Camden Arts Centre, Londres, Ridinghouse, 2016, p. 13.

[51] Dorothea Tanning, carta a Jennifer Mundy, 9 de febrero de 2003, Tate Archive, Londres.

[52] Dorothea Tanning, entrevista con Monique Levi-Strauss, "Dorothea Tanning: Soft Sculptures", *American Fabrics and Fashions*, nº 108, otoño de 1976, p. 69.

[53] Tanning, *Between Lives*, p. 281.

[54] Dorothea Tanning, declaraciones inéditas (1995), se cita en Bailly, "Image Redux", p. 47.

[55] Tanning, *Birthday*, p. 172.

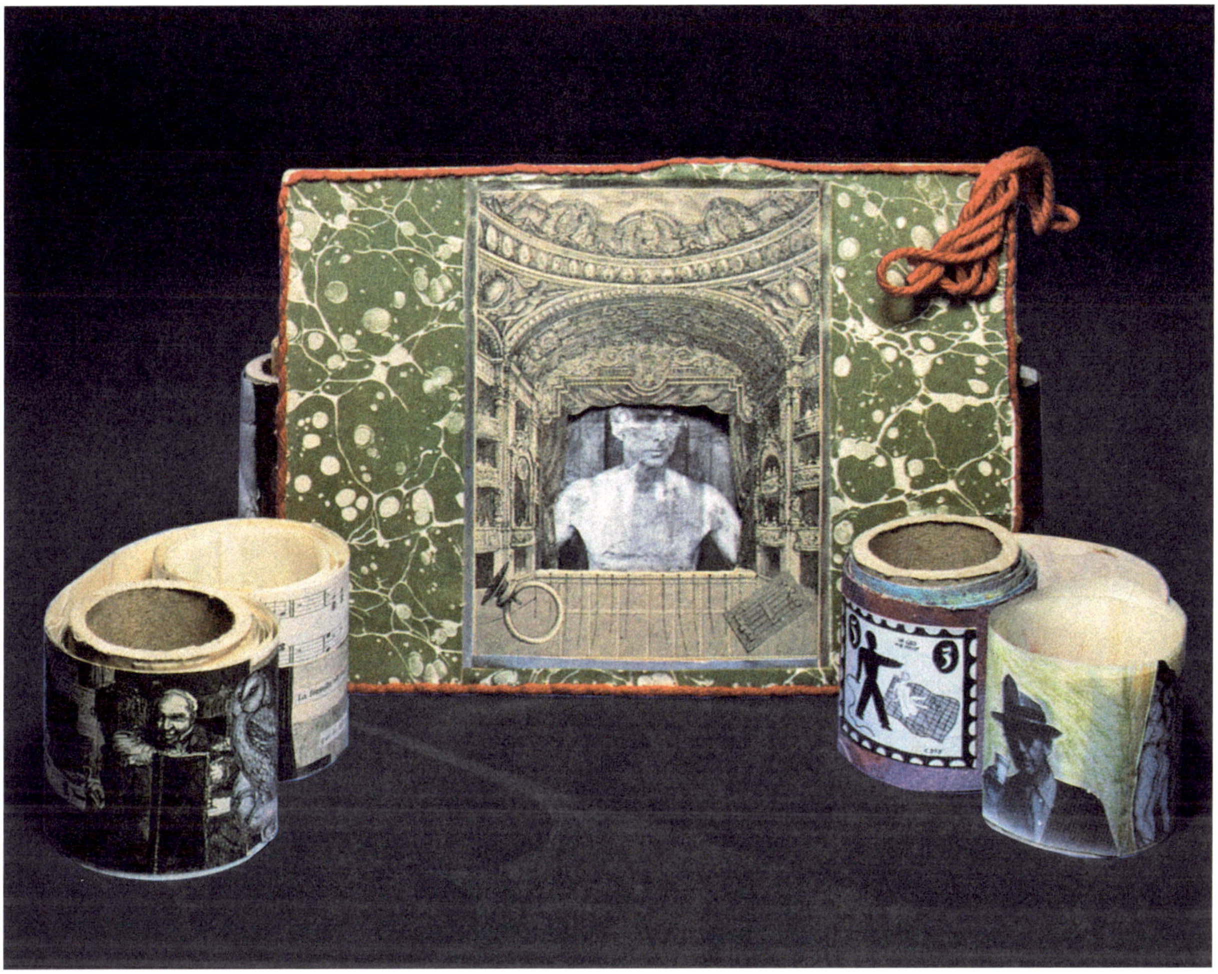

Dorothea Tanning, Max Ernst y William N. Copley, *Toy Theater* [Teatro de juguete], 1948

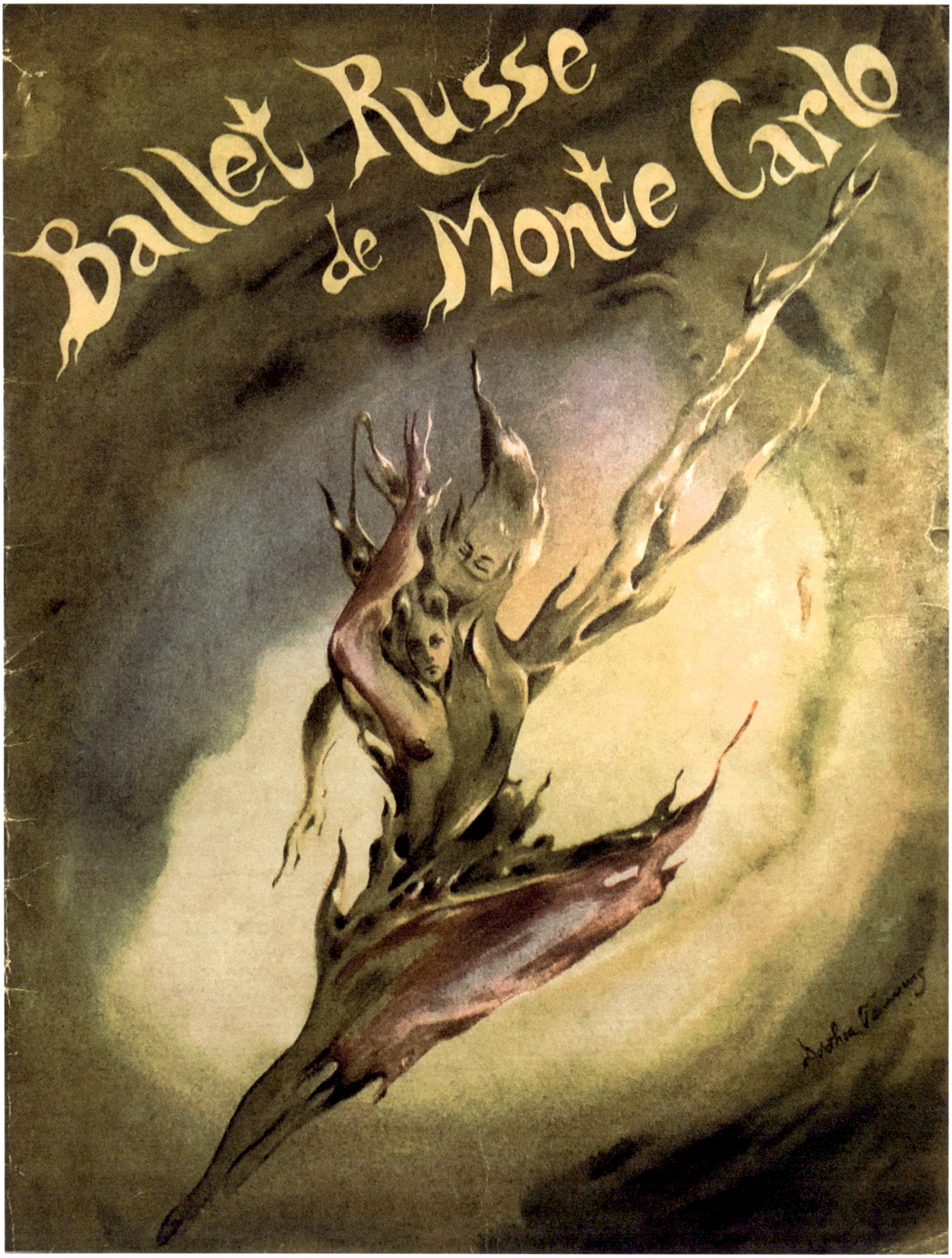

Programa de mano, Ballet Russe de Monte Carlo Temporada 1945-1946, 1945

Idoia Murga Castro

La danza de los caminantes de sueños Dorothea Tanning y el ballet

Era la noche del 27 de febrero de 1946. Las primeras notas de la partitura de Vittorio Rieti comenzaban a sonar, al tiempo que el telón dejaba al descubierto un escenario teñido de luces verdosas que generaban una atmósfera de extrañeza e irrealidad. Dieciocho bailarines aparecían repartidos por un enigmático espacio arquitectónico formado por las ruinas de un edificio gótico. Sus soportes y arcadas, a modo de árboles de un bosque encantado, parecían desvanecerse, etéreos, en un cielo verde amenazante. Formados en nueve parejas, aquellos personajes iniciaban un elegante y misterioso baile de máscaras, tocados con cuernos de ciervo, velas de barcos, grandes plumas, un reloj, un abanico, una cabeza de caballo o una cola de pez. Era el estreno de *Night Shadow,* el primer ballet de Dorothea Tanning, una colaboración en un nuevo medio que le permitió explorar en los años siguientes las posibilidades de ese mundo paralelo que se abría en el teatro. En él, entre 1946 y 1961, la artista logró el estreno de cinco piezas –cuatro ballets y una obra dramática– y planteó otros proyectos jamás materializados.

El contacto de Tanning con el medio dancístico se había establecido en la galería de Julien Levy poco después de su primera exposición individual, gracias a Eugène Berman, escenógrafo y figurinista habitual del Ballet Russe de Monte Carlo, quien le presentó a Georges Balanchine. "Es la artista que necesita para los decorados de *La sonnambula.* Los trajes también", le indicó al coreógrafo[1]. Desde el verano de 1945, Tanning se vio implicada en el diseño de decorados y trajes[2], y colaboró activamente con Sergei Denham, director de la compañía, en la elaboración del argumento. Desgraciadamente, poco después de finalizar el encargo, la artista enfermó y se trasladó a Arizona junto a Max Ernst, lo que impidió que pudiera asistir al gran estreno en el City Center of Music and Drama de Nueva York[3].

La pieza contenía muchas similitudes con la obra plástica de Tanning de los años cuarenta, de atmósferas enigmáticas, escenas intimistas e irreales, inspiradas en la novela gótica, la ilustración de cuentos y la nocturna sensibilidad de la música de cámara. El argumento de *Night Shadow,* conformado por piezas musicales de cuatro óperas de Vincenzo Bellini –*La sonnambula, Il puritani, Norma* e *I Capuleti e i Montecchi* (1830-1835)–, contaba la historia de seducción entre el Poeta y la Coqueta, interpretados por Nicholas Magallanes y Maria Tallchief, dos de los invitados a aquel

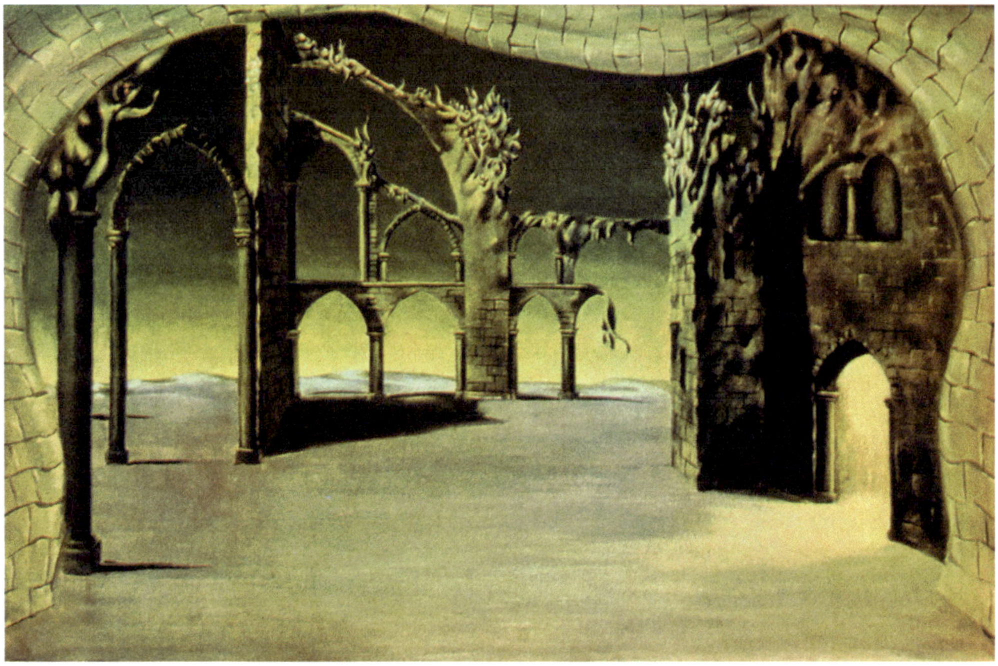

extraño baile mascarado[4]. El protagonista se topaba con la Sonámbula –Alexandra Danilova–, esposa del Anfitrión –Michel Katcharoff–, que estaba confinada en aquel palacio alejada del mundo, y con ella bailaba un lírico paso a dos. Movida por los celos, la Coqueta acusaba al Poeta ante el Anfitrión, quien acababa apuñalándolo de muerte[5].

La puesta en escena de Dorothea Tanning proporcionaba un perfecto ambiente oscuro y romántico, a caballo entre el sueño y la realidad, donde la sonámbula –en inglés, "Sleepwalker", literalmente, caminante de sueños–, servía de eslabón entre ambos mundos. La etérea y sutil coreografía de Balanchine para la bailarina, que apenas bajaba de las puntas, subrayaba esa cualidad ingrávida y onírica. "Está en algún lugar ahí fuera, ni siquiera lo llamaría un sueño"[6], definiría el bailarín Frederic Franklin aquel estadio recreado detrás del telón; uno de los "otros mundos" que perseguían los surrealistas.

Actualmente conocemos al menos una decena de figurines de la treintena realizada por la artista estadounidense. Las delicadas acuarelas de la Sonámbula y el Poeta contrastan con el tono fantástico de los invitados a la mascarada, quienes, poco después de iniciar la representación y probablemente por exigencias físicas de la coreografía, se despojaban de aquellos originales tocados. Asimismo, se conserva el figurín femenino de la pareja de *blackamoors,* interpretada por Ruthanna Boris y Frank Hobi, quienes protagonizaban un *divertissement* que, por razones éticas, fue posteriormente revisado y transformado en un dueto orientalista. Este paso a dos se acompañaba de otros divertimentos interpretados por un arlequín, unos acróbatas y una variación pastoral, así como por la intervención de las cuatro *Pink Coda Girls.* La

Diseño de decorado para *Night Shadow*, ballet de George Balanchine, 1945 estructura del ballet ofrecía así ciertas concomitancias con los cánones del ballet clásico decimonónico más convencional, como la presencia del *pas d'action* –fragmentos de contenido dramático basados en la pantomima, a modo del recitativo operístico– y otras estipuladas formas coreográficas de lucimiento de los intérpretes –lo que sería un aria en la ópera, como los mencionados *divertissements, solos, pas de deux, pas de trois, pas de quatre* y *grand pas*–. Por su parte, el telón de fondo, que según Franklin solo se reproduce parcialmente en el programa de mano de la temporada, se completaba con una embocadura de tonos verdes y una cuidada luminotecnia[7].

El reputado crítico de danza del *The New York Times,* John Martin, calificó el ballet como una "estúpida pequeña pieza de pseudo surrealismo que no parece tener mucho interés para nadie" y continuaba su análisis diciendo:

> Uno de los cánones de las sectas surrealistas más de moda es yuxtaponer lo incongruente, de manera que este extraño argumento y el extraño baile de máscaras y los extraños *divertissements* que lo preceden se sitúan en la mayor cursilería decadente de la ópera italiana de principios del siglo XIX. ¡Es divinamente incongruente! Buff...[8].

Por su parte, Edwin Denby, otro ojo experto, encontró una cierta inspiración en Edgar Allan Poe para describir el ballet: "es desconcertante, absurdo y desproporcionado; pero sus efectos cuando termina son poderosos y exactos. Da la sensación –como Poe– de perder el rumbo, el sentimiento de una especie de tiempo elástico y de suelo inestable"[9]. Por último, la crítica Lillian Moore consideró la escenografía "bastante deprimentemente atractiva [...] Un intento no muy serio de surrealismo introducido en los trajes [...] Esta incongruencia es picante, más que perturbadora"[10].

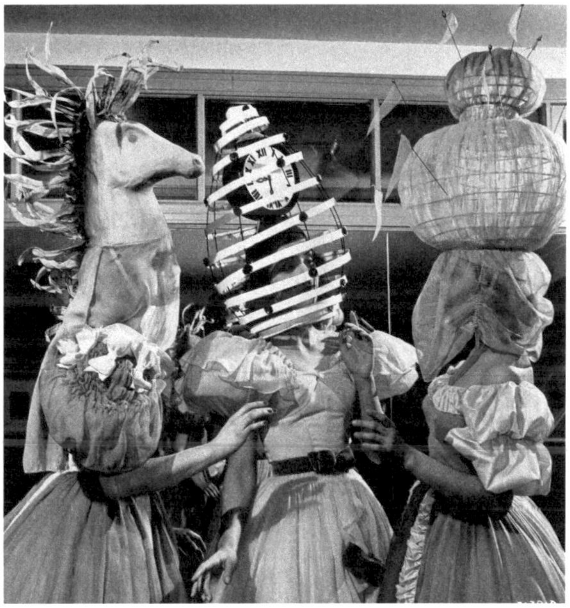

La reacción de la propia artista tras el estreno de *Night Shadow* fue más positiva de lo que podría esperarse a juzgar por aquellas templadas críticas, y no dudó en animar a Denham a futuras colaboraciones:

> De todas las entusiastas crónicas que he recibido, parece que nuestro *Night Shadow* fue un gran éxito y casi no puedo encontrar las palabras para decir lo aliviada y feliz que estoy de saberlo [...] y cuánto siento no haber estado allí con todos para verlo. Ha sido maravilloso trabajar con todos ustedes y estoy segura de que podemos hacer algo, incluso más sorprendente, ahora que he tenido una pequeña experiencia en el oficio[11].

Invitadas de la mascarada, *Night Shadow*, Ballet Russe de Monte Carlo, 1946

No era extraño que, para febrero de 1946, el surrealismo no fuera un elemento de sorpresa entre el público y la crítica. Como consecuencia del ascenso de los fascismos en Europa, el fin de la guerra civil española y el estallido de la Segunda Guerra Mundial, Nueva York había recibido a un gran número de creadores intelectuales exiliados, que conformaron una efervescente comunidad cultural. Siguiendo las tendencias de las décadas anteriores, la danza se había convertido en un territorio de encuentro y experimentación para muchos artistas, que además lograron trabajo en aquellos tiempos difíciles. De manera análoga, distintas agrupaciones formadas en los años treinta –a imagen y semejanza de los Ballets Russes de Sergei Diaghilev desaparecidos en 1929– habían huido de Europa y, en ciertos casos, se habían establecido en Estados Unidos, colaborando así con el nacimiento de lo que entonces se consideró la escuela estadounidense de danza. Así, por ejemplo, los sonados y provocativos ballets diseñados por Salvador Dalí ya habían generado grandes polémicas desde que el 9 de noviembre de 1939 el Ballet Russe de Monte Carlo estrenara *Bacchanale* en la Metropolitan Opera House de Nueva York, considerada la primera aplicación del psicoanálisis a la danza[12]. Sus sucesivos ballets –*Labyrinth* (1941), *Romeo and Juliet* (1942), *El café de Chinitas* (1943) y *Sentimental Colloquy* (1944)– serían superados por *Mad Tristan* (1945), epítome de las aspiraciones de Dalí sobre la obra de arte total de raíz wagneriana pasada por el filtro de su método paranoico-crítico basado en el concepto de *amour fou*[13].

George Balanchine se había establecido en los Estados Unidos en 1933, a propuesta del inquieto promotor y mecenas Lincoln Kirstein. Ambos fundaron la School of American Ballet, así como una serie de agrupaciones pioneras derivadas en la American Ballet Caravan (1941) y la Ballet Society (1946), al tiempo que Balanchine continuaba coreografiando puntualmente para el Ballet Theatre y el Ballet Russe de Monte Carlo, a las órdenes de Denham[14]. El objetivo principal de la Ballet Society era sentar las bases de un repertorio vanguardista, gracias a la colaboración de jóvenes músicos, pintores, intelectuales y coreógrafos "progresistas", con el que construir la nueva danza norteamericana[15]. Aproximadamente la mitad de ellos eran nativos, mientras que la otra mitad provenían de los exilios europeos[16].

Paralelamente, la mayor presencia de artistas "de caballete" en proyectos escénicos fue fortalecida desde las instituciones en la dotación de estructuras y proyectos museísticos. Ya desde 1934 el Museum of Modern Art (MoMA) de Nueva York inició sus colecciones teatrales gracias a la iniciativa de Lee Simonson, promotor asimismo de la *International Exhibition of Theatre Arts.* Cinco años más tarde, Kirstein fundó un archivo de danza en el museo, enriquecido con otros fondos y transformado poco después, bajo la dirección de George Amberg, en el Departamento de Diseño para Danza y Teatro[17]. En este marco, se organizaron acciones tempranas, como las exposiciones *Art in Progress* (1944), en la que se expusieron diseños escenográficos de Pablo Picasso, André Masson y Salvador Dalí, entre otros muchos[18], así como tres bocetos de Max Ernst para el ballet *Romeo and Juliet,* cuya escenografía había compartido en 1926 con Joan Miró.[19] Además de la inauguración de muestras monográficas dedicadas a la escenografía[20], poco después tuvo lugar la colectiva *Stage Designs for the Ballet Society, 1947-1948* (1948)[21]. Es decir, en el segundo lustro de los años cuarenta, la colaboración de los pintores en el ballet era una auténtica moda en Nueva York con reconocimiento en el sistema artístico, y la fascinación de Tanning por este medio de expresión resulta muy comprensible.

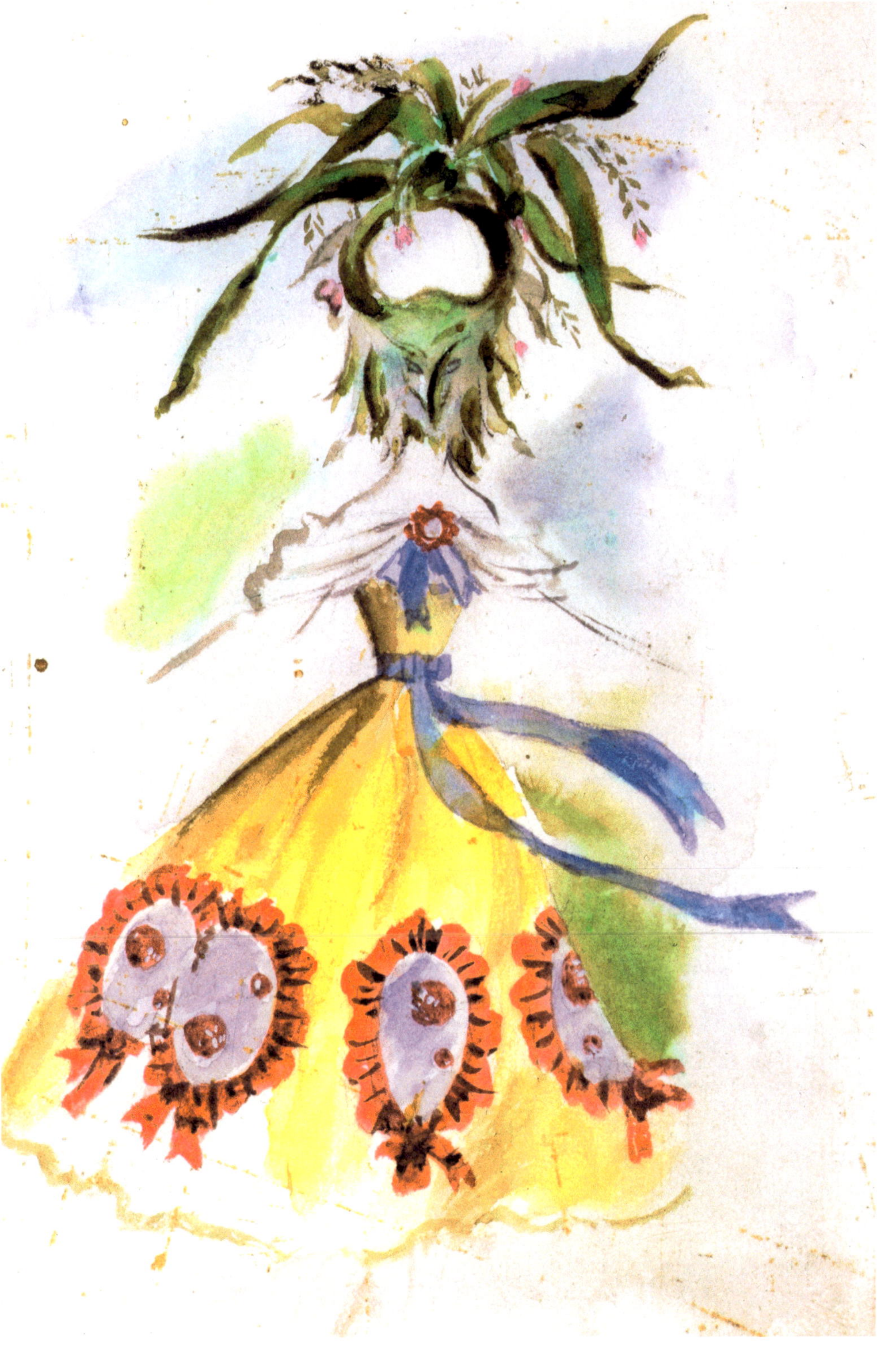

“Una invitada”. Diseño de vestuario para *Night Shadow*, ballet de George Balanchine, 1945

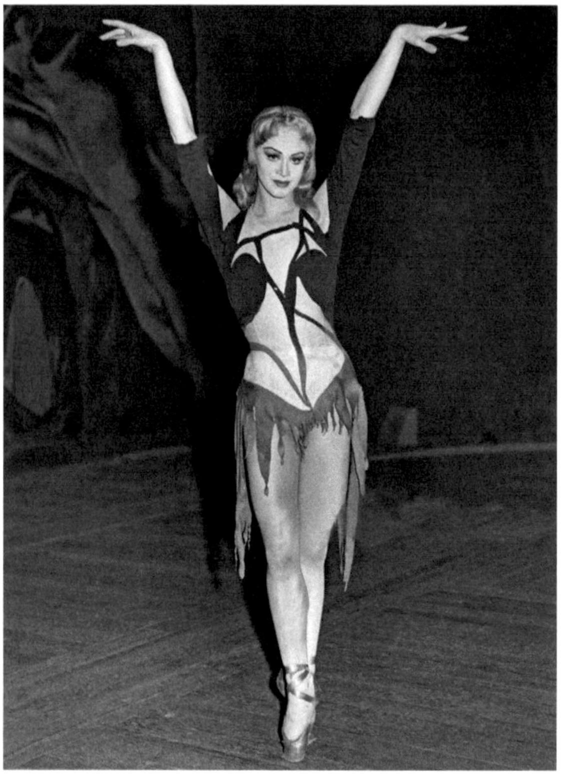

De hecho, los responsables de la Ballet Society contaron con Tanning para un ballet de la nueva temporada que, desgraciadamente, nunca llegó a estrenarse: *Blue Bell* o *The Favorite*[22]. El ballet (con coreografía de William Dollar y partitura del compositor, pianista, acompañante y profesor de la School of American Ballet, John Colman) aparece referido en la correspondencia como "the horse ballet" [el ballet hípico o equino], pues estaba inspirado en las carreras de caballos[23]. A juzgar por las menciones de Tanning, hubo intentos posteriores, que nunca se concretaron, para recuperar la obra adaptándola[24]. Incluso, tras indicar que nunca había llegado a escuchar la partitura de Colman, Tanning propuso aprovecharla para una nueva obra, a la que titularía *Biography*[25].

No tardaría mucho en proponer un nuevo ballet, titulado *Momenta* y cuya preparación, según se deduce de su correspondencia con Kirstein, se podría fechar entre principios de 1947 y la primavera de 1948[26]. A este proyecto pertenecen al menos un par de figurines –con las inscripciones "A Lady at the Ball. Momenta" [Una señora en el baile. Momenta] y "Momenta and her Suitor" [Momenta y su pretendiente]– y, aunque nunca fueron realizados, en ellos se aprecia un imaginativo enfoque en la línea de los textiles y movimientos de *Night Shadow.* Algunos años más tarde, sus diseños para *The Witch,* estrenada el 18 de agosto de 1950 en la Royal Opera House, revelan un estilo más gótico. *The Witch* fue coreografiado por el bailarín británico John Cranko sobre el *Concierto para piano nº 2 en sol mayor* de Maurice Ravel (1931), y estaba ambientado en un bosque encantado en el que una joven –Melissa Hayden– se convertía en una hechicera que acababa matando a su amante –Francisco Moncion–.

Melissa Hayden interpreta el papel principal en *The Witch*, Royal Opera House, Londres, 1950

Durante la mayor parte de los preparativos de *The Witch*, Tanning se encontraba en Francia, desde donde diseñó un telón de fondo que representaba el castillo encantado, en un cálido tono siena, parcialmente cubierto por sus características veladuras y formas oníricas, y numerosos figurines, de los que se conservan algunos, realizados en *gouache* sobre papel azul oscuro. Como sucedió en *Night Shadow,* los líricos y amables bocetos de los jóvenes protagonistas contrastan con los de los monstruos encantados, inspirados en murciélagos, búhos y seres marinos.

Unos días antes del estreno, la artista viajó a Londres y dejó constancia de los problemas en la confección de los trajes por la escasez de medios invertidos, lo que obligó a rehacer algunos de ellos. Así lo explicaba en una carta dirigida a Lincoln Kirstein en agosto de 1950:

> Cuando llegué a Londres y vi los trajes, casi entro en coma. El problema era que habían intentado *economizar*. El traje de Melissa era el que se encontraba en peor estado y, durante las veinticuatro horas posteriores, conseguí que lo rehicieran con los materiales que yo misma elegí. Los demás se podían arreglar con pintura y tinte, y a esa tarea nos entregamos... ¡hasta las cuatro y media de la misma tarde de la función! Quedan algunos cambios pendientes, pero no parecen demasiado complicados y espero terminar antes de que la obra viaje a Nueva York[27].

Las críticas no fueron buenas y calificaron el conjunto de "pomposo" y "demasiado largo", al tiempo que señalaron el anacronismo de los sonidos de jazz de la partitura de Ravel en una ambientación de inspiración romántica[28]. Esta decepcionante recepción probablemente condenó a abortar las futuras representaciones, a lo que se sumó un conflicto de derechos con los herederos de Ravel[29]. En cualquier caso, para Tanning fue una extraordinaria experiencia presenciar el estreno de *The Witch*: "¡Mi recuerdo más fresco es el impactante momento de saludar sobre el escenario de Covent Garden!"[30]

En aquel entonces, era principalmente la falta de recursos lo que impedía que Tanning colaborara en el montaje de su propio ballet. Se le ocurrían muchas ideas[31]: crear una pieza inspirada en la ópera *Cardillac,* con partitura de Paul Hindemith sobre libreto de Ferdinand Lion según *Das Frâulein von Scuderi* de E. T. A. Hoffmann; otra sobre el mundo del ballet, aprovechando, como se ha expuesto anteriormente, la partitura concebida previamente para *The Favorite*, a la que proponía titular *Biography;* y una tercera titulada *Family Portrait Photo*. A menudo comentaba sus ideas con Kirstein y Balanchine en las numerosas cartas que intercambió con ambos[32]: "Lo que necesito, Lincoln, es un éxito", rogaba Tanning en 1950; "He colaborado ya en dos ballets y ambos murieron antes de nacer. Solo pienso que el próximo que haga me gustaría que fuera extremadamente bueno en todos los ámbitos"[33].

Pero antes de que estos nuevos planes vieran la luz, Tanning hubo de enfrentarse a otro gran revés: *Night Shadow* fue repuesto en 1949 por el Grand Ballet de Monte Carlo, dirigido por el marqués de Cuevas, con una nueva escenografía y figurinismo de André Delfau, que la crítica calificó de "un poco estridente"[34]. La artista lo vivió como una pequeña traición:

> [...] siempre pensé que era *nuestro.* [...] *Night Shadow* con decorados y trajes de otro y todo el mundo me preguntaba cuál era el problema y se reía de mí. Me sentía tan destrozada y avergonzada. ¡Y el trabajo solo tiene cuatro años! Tan solo póngase en mi lugar, George, y también lloraría. Durante todo este tiempo, siempre he pensado que había contribuido personalmente a que se convirtiera en una buena obra. Me sentía orgullosa de haber colaborado con usted en la creación de un ballet tan hermoso, y estaba convencida de que los tres compartíamos la autoría. Pero supongo que todo es demasiado complicado y yo no entiendo muy bien cómo funcionan estas cosas.
>
> En fin, sin duda parece que mi trabajo para ballet no ha sido muy provechoso para mí (ni siquiera económicamente: el dinero de *Night Shadow* fue a parar al sindicato, y por *The Witch* solo recibí doscientos dólares). Supongo que no debo pensar más en el ballet. Tengo uno maravilloso con el que soñé que me habría encantado hacer con usted. Así que, *tant pis!* Quizá algún día, dentro de mucho tiempo [...] El mejor sitio para mí ahora es frente a mi caballete[35].

Por suerte, Tanning se dejó cautivar, una vez más, por la propuesta que le hizo Kirstein para colaborar en un nuevo ballet, *Bayou.* Durante un mes, se sumergió en el diseño de su puesta en escena antes de su estreno el 21 de febrero de 1952 en el City Center de Nueva York. Con coreografía de Balanchine sobre las *Acadian Songs and Dances* de Virgil Thomson (1947) –la banda sonora de la película *Louisiana Story*–, estaba inspirado en los paisajes pantanosos del sur de la región cajuna, en Luisiana. Contaba la historia de unos jóvenes (Francisco Mocion y Doris Breckenridge) que provocaban la separación de una pareja de novios (Herbert Bliss y Diana Adams) por la intervención de los espíritus de lugar (Melissa Hayden y Hugh Loring), líderes de la vegetación y la naturaleza acadiana.

A pesar de la detallada información sobre sus diseños que encontramos en sus cartas, apenas se han conservado unos cuantos bocetos en los que se aprecia, una vez más, el tono lírico general de las bailarinas concebidas por la artista, que contrasta con las originales soluciones para los personajes fantásticos. En ellos, Tanning fusionó lo surrealista y lo salvaje, como explicaba en una carta a Kirstein en 1952: "Estoy de acuerdo con que deberían ser modernos, en otras palabras, sin hacer hincapié en la época, pero en concordancia con el espíritu de esta gente, que considero como simple alegría de vivir, gestos elegantes, mucha superstición y (espero) cierto salvajismo"[36].

Sobre el decorado, tenía las ideas claras: "Muchos azules claros acentuados por los sorprendentes troncos, el musgo gris en todas partes y con nubes bajas; quizás una o dos columnas clásicas, medio visibles"[37]. Y continuaba: "Bastante simple, pero efectivo, azules, grises, blancos, muchas luces y sombras suaves, y los colores en los trajes"[38].

El conjunto musical y plástico de *Bayou*, en opinión de John Martin, superó con creces a su aportación coreográfica: "Dorothea Tanning ha diseñado un espléndido decorado, lleno de indolencia y misterio tropical".[39] La artista se mostró satisfecha con su participación: "Creo que *Bayou* ha quedado tan hermoso como era posible", y animó a que la obra saliese de gira por Europa[40].

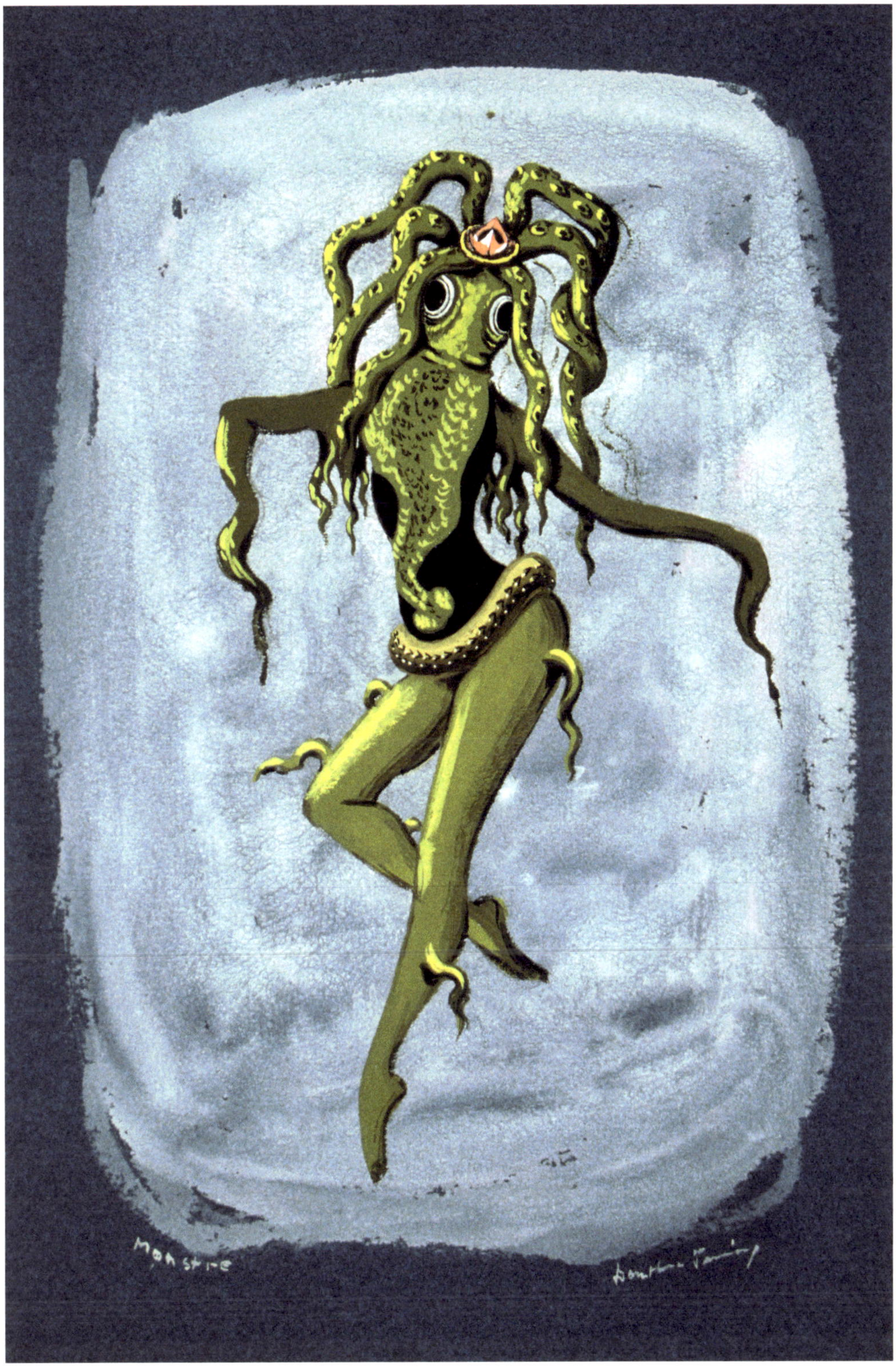

"Un monstruo". Diseño de vestuario para *The Witch*, ballet de John Cranko, 1950

Dadas las críticas a la coreografía de Balanchine, *Bayou* desapareció pronto del repertorio. Sin embargo, sus trajes, decorados y partitura fueron reutilizados el 13 de enero de 1953 en el ballet *Will O'The Wisp*. La obra contaba con una nueva coreografía de Ruthanna Boris y un argumento muy similar, pero el resultado tampoco convenció, y la pieza se despidió definitivamente de los programas del New York City Ballet[41].

Aunque Tanning siguió insistiendo en la posibilidad de realizar nuevas piezas, a partir de 1954 su correspondencia con los responsables de la compañía se interrumpió y ya no volvió a implicarse en un proyecto escenográfico hasta 1961. Ese año, ya establecida en París, se encargó del figurinismo de la obra dramática *Judith* de Jean-Louis Barrault, estrenada en el Odéon-Théâtre de l'Europe el 17 de noviembre y cuya escenografía fue obra de Max Ernst. Pero para entonces su perspectiva era otra y atrás quedaban las ingrávidas figuras danzantes de sus bocetos para ballet, que dieron paso a aquellos rotundos personajes bíblicos.

No en vano, el interés de Tanning por el trabajo ligado al cuerpo no había hecho más que continuar el camino lógico, desde aquellos encargos publicitarios, a principios de los años cuarenta para los grandes almacenes neoyorquinos Macy's, volcados luego en su experiencia como figurinista para el ballet y finalmente, ya en los años sesenta, encauzados hacia sus esculturas blandas, confeccionadas con textiles[42]. Recordemos además su contacto continuo y su buena relación con la diseñadora y sastra Barbara Karinska cuando estuvo al cargo del vestuario de sus ballets para Balanchine. En este sentido, encontramos similitudes con otras artistas también volcadas en el campo del diseño escenográfico, el figurinismo o incluso la confección, como Natalia Goncharova, Sonia Delaunay, Valentine Hugo, Victorina Durán, Maruja Mallo, Leonor Fini, Remedios Varo, Juana Francisca Rubio y Elvira Gascón[43].

Asimismo, para entender la evolución estética que hizo que el surrealismo fuera perdiendo fuerza en el mundo del ballet, resulta necesario tener en cuenta las exigencias que el propio Balanchine impuso al repertorio del New York City Ballet, pues entre los años cincuenta y sesenta se observa una doble tendencia en sus encargos escenográficos. Así, mientras que una parte de sus obras incrementó una perspectiva clasicista en la concepción escénica y en la estructuración y duración de las piezas, haciendo la competencia, en plena Guerra Fría, a lo que sucedía en el ballet soviético; otras significativas creaciones se despojaron de sus decorados y vestuario para usar ropa de ensayo –los *leotard ballets*–. Fue esta última tendencia la que resultó vencedora, en detrimento de aquellas primeras apuestas del Balanchine en las que habían predominado las puestas en escena surrealistas y neorrománticas.[44]

En cualquier caso, queda patente cómo Tanning no solo se limitó a cumplir estrictamente con los encargos plásticos, sino que siempre trató de hacer aportaciones al argumento, mejorar los títulos de los ballets e incluso proponer ideas para nuevas obras e interpretaciones artísticas sofisticadas para el ballet de la posguerra. Se mostró entusiasmada por esta forma de expresión, a pesar de que a veces pudo experimentar una cierta frustración en la realización de algunos de sus proyectos. Su obra fue en buena medida obstaculizada por dos cuestiones principales que supusieron un reto para la mayor parte de los artistas de su tiempo. En primer lugar, el montaje de un ballet es siempre un esfuerzo colectivo en el que trabajan muchos profesionales siguiendo una clara jerarquía. Si bien, por ejemplo, Dalí logró el suficiente apoyo de mecenas (como el marqués de Cuevas) o de coreógrafos (como Léonide Massine) para sacar adelante sus propuestas, Tanning era una artista emergente más joven, con menos poder e influencia en las negociaciones con Denham, Kirstein o Balanchine. Además, también experimentó problemas económicos con el sindicato United Scenic Artists, lo que nos recuerda lo crucial que resulta tener presente la relevancia de la parte económica en los contratos de tan elaboradas producciones[45].

No obstante, pese a algunas de las limitaciones de trabajar en el mundo de la danza, este le ofreció otras posibilidades distintas de las de los lienzos. El primer encuentro con Balanchine lo describe en sus memorias como "A momentous meeting, for it began a collaboration that literally swept me off my feet"[46], por lo que no cabe duda de que sus diseños reflejan el entusiasmo y la determinación de que la imagen y la fantasía cobraran vida. Qué mejor lugar que el escenario para asomarse a uno de aquellos "otros mundos", encarnados en los cuerpos de los bailarines unicamente tras la frontera simbólica del telón, la que unía las distintas realidades. Aquellas en las que se hacía visible lo invisible, en las que las caminantes de sueños guiaban la travesía hacia nuevas formas de mirar, en las que la magia quitaba la vida o la devolvía al espacio de los fantasmas, en las que la música de las serenatas nocturnas invadía, por fin, los rincones pintados.

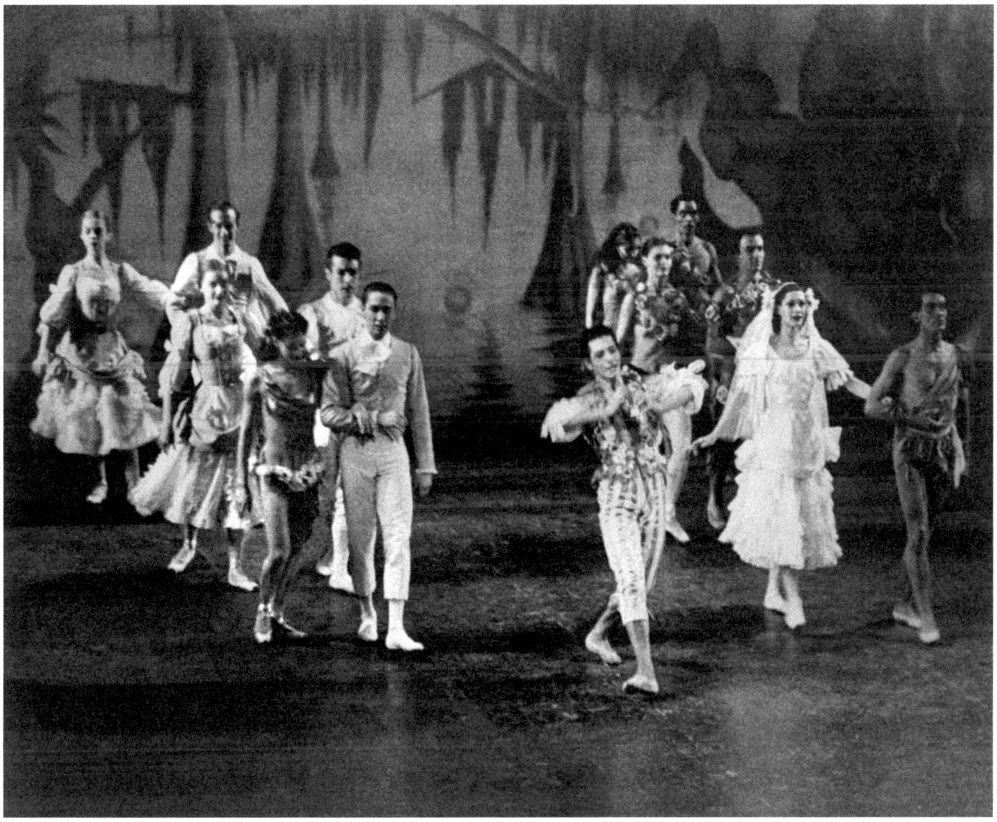

Bayou, New York City Ballet coreografiado por George Balanchine, 1952

Este texto se enmarca en el proyecto I+D+i: *50 años de arte en el Siglo de Plata español (1931-1981)* (HAR2014-53871-P). Agradezco a Daniel Valtueña, doctorando en The Graduate Center, CUNY, el apoyo en el trabajo de documentación en archivos estadounidenses, así como a Carmen Gaitán, las consultas hemerográficas.

1 Dorothea Tanning, *Between Lives,* Evanston, Illinois, Northwestern University Press, 2004, p. 86.

2 Carta de M. Hornyak a D. Tanning, Nueva York, 3 de agosto de 1945, en la que le da indicaciones para el diseño de la cubierta del programa de la temporada 1945-1946. Carta de Tanning a Denham, Nueva York, 26 de agosto de 1945. Contratos entre Tanning y el Ballet Russe de Monte Carlo. United Scenic Artists of America, Nueva York, 24 de septiembre de 1945. New York Public Library (NYPL), Sergei Denham, Records of the Ballet Russe de Monte Carlo (BRMC), ca. 1936-1978, carpeta 2165. ZBD-492.

3 Carta de Denham a Tanning, Nueva York, 15 de febrero de 1946. Carta de Tanning a Denham, Cave Creek, Arizona, 17 de febrero de 1946. NYPL, BRMC.

4 Entrevista de Mindy Aloff a Frederic Franklin; Nancy Reynolds (producción), Virginia Brooks (edición). Cincinnati Ballet Studios, 20 de agosto de 2002. Balanchine Foundation. Aunque el papel se concibió para Franklin, una lesión obligó a que en el estreno fuera sustituido por Nicolás Magallanes. Leslie Norton, *Frederic Franklin. A Biography of the Ballet Star,* Jefferson y Londres, McFarland, 2007, pp. 102-103.

5 "The Repertoire", en *Ballet Russe de Monte Carlo Programme 1945-46.* George Balanchine, *Balanchine's New Complete Stories of the Great Ballets* (ed. Francis Mason), Nueva York, Doubleday, 1968, pp. 263-264.

6 Entrevista de Mindy Aloff a Frederic Franklin; Nancy Reynolds (producción), Virginia Brooks (edición). Cincinnati Ballet Studios, 20 de agosto de 2002. Balanchine Foundation.

7 En la entrevista que Mindy Aloff realizó a Franklin, el bailarín aseguraba que lo que se reproducía en el programa de mano era solamente una parte de la escenografía diseñada por Tanning. A la pregunta de Aloff en la que le recordaba que "esta imagen aparecía en el programa, y usted ha dicho antes que en ella no se puede apreciar todo el decorado", Franklin respondió que "aquí arriba había otra hilera, otro espacio, para que entrara la luz. Por tanto, el Poeta podía ver cómo la luz recorría el telón y después llegaba hasta esta torre de aquí. Esta imagen no se corresponde con nuestro decorado. Había algo más aquí arriba; el escenario era más alto". Entrevista de Mindy Aloff a Franklin, 20 de agosto de 2002. Balanchine Foundation.

8 John Martin, "Balanchine Dance in World Premiere", *The New York Times,* 28 de febrero de 1946, p. 31.

9 Edwin Denby, "The Monte Carlo Distracted", *Dance Magazine,* noviembre de 1946, en *Dance Writings,* Londres, Dance Books, 1986, pp. 348-350.

10 Lillian Moore, "American Notes. The Ballet Russe de Monte Carlo", *The Dancing Times,* noviembre de 1946, p. 69.

11 Carta de Tanning a Denham, Sedona, Arizona, [febrero/marzo de 1946]. NYPL, BRMC.

12 Joan Josep Tharrats, *Picasso i els artistas catalans en el ballet,* Barcelona, Cotal, 1982, p. 176.

13 Idoia Murga Castro, *Pintura en danza. Los artistas españoles y el ballet (1916-1962),* Madrid, CSIC, 2012, pp. 348-401.

14 Lynn Garafola, "Dance for a City. Fifty Years of the New York City Ballet", *Dance for a City,* Nueva York, Columbia University Press, 1999, pp. 4-5.

15 Lincoln Kirstein, "Achievement", *The Ballet Society, 1946-1947,* vol. 1, Nueva York, Ballet Society, 1947, p. 9.

16 Con Balanchine y Kirstein trabajaron, entre otros, los músicos Paul Hindemith, Igor Stravinsky, Paul Bowles, John Cage y Elliott Carter, y los coreógrafos Lew Christensen,

John Taras, Todd Bolender, Iris Mabry, William Dollar y Merce Cunningham. La escenografía y el figurinismo fueron encargados a Kurt Seligmann, Corrado Cagli, Horace Armistead, Alvin Colt, Aline Bernstein, David Ffolkes, Robert Drew, Rudi Revil, Isamu Noguchi, Esteban Francés y Joan Junyer.

17 Dance Archive y The Department of Dance and Theatre Design. "Painters for the Theatre", dossier de prensa, MoMA, 10 de octubre de 1973, pp. 4-5. MoMA Archives.

18 Como Eugène Berman, Christian Bérard, Marc Chagall, Joan Junyer, Kurt Seligmann, Sergei Soudeikine y Pavel Tchelitchev.

19 "Art in Progress", dossier de prensa, MoMA, 1944. MoMA Archives.

20 Como las de Robert Edmond Jones, Junyer, Tchelitchev, Berman, Franklin Chenault Watkins, Ludwig Hirschfeld, Norman Bel Geddes y Diego Rivera.

21 Con obras de Corrado Cagli, Kurt Seligmann, Horace Armistead, Isamu Noguchi, Estebán Francés y Joan Junyer Emily Genauer, "Art as a Real Adjunct to Ballet", *New York World Telegram,* 8 de septiembre de 1945. "Stage Designs for the Ballet Society, 1947-1948", dossier de prensa, MoMA, 1948. MoMA Archives.

22 John Martin, "Ballet Society Plans a Second Season. Summer Activities Here and Abroad", *New York Times,* 8 de junio de 1947, p. 2.

23 Martin Duberman, *The Worlds of Lincoln Kirstein,* Northwestern University Press, 2008, p.423.

24 Algunos detalles sobre el argumento y las ideas de Tanning sobre el ballet se recogen en una carta dirigida a Kirstein: "En cuanto al ballet de los caballos, por supuesto que estaría dispuesta a hacerlo, *en principe.* Lo veo tan entusiasmado, Lincoln, que estoy segura de que tiene que ser bueno, la música y todo lo demás. Pero me gustaría *verlo* cuanto antes, me refiero al argumento. Según recuerdo, la primera vez lo iba a coreografiar Dollar. Y la historia se basaba sobre todo en carreras de caballos, apuestas, carreras amañadas, todo relacionado con el dinero, un tema que, por alguna razón, no me parecía demasiado apropiado para un ballet. Pero después se me ocurrió un planteamiento más fantástico, más bien gótico (a Pavlik, que estaba aquí en ese momento, le gustó). Pensé incluir un juego de espejos, con un espejo enorme, y una escena final con un desesperante juego de sillas musicales. Pero, *desde entonces,* he visto que esas dos ideas han sido explotadas, la del espejo por Genet (Jean) (Madame Miroir) y la de las sillas musicales por Auric (en un ballet bastante superficial e intrascendente que vi en París en 1950). De todos modos, ¿me podría usted enviar el nuevo argumento, por favor? [...] Una cosa más: para la idea del caballo, ¿cree que deberíamos utilizar rostros o cabezas de caballo? Me temo que, de lo contrario, todo sería muy confuso y el público no sabría lo que son en realidad. Sin embargo, soy consciente de que es muy incómodo bailar con una cabeza de caballo sobre los hombros y podría resultar incluso ridículo, Dios no lo quiera. Una solución sería que las llevaran los bailarines del fondo, no los protagonistas". Dorothea Tanning, carta a George Balanchine, 29 de octubre [¿1950?]. NYPL, Lincoln Kirstein Papers (LKP), ca. 1913-1994, MGZMD 123, caja 9, carpeta 142.

25 ¿Recuerda usted la música que compuso Colman para el ballet de las carreras de caballos? Nunca la llegué a escuchar, pero Lincoln decía que se podía utilizar para cualquier otra cosa. Y sin embargo... Igual *sí* podríamos utilizarla (a no ser que consista únicamente en relinchos y galopes de caballos). Esta es la idea que se me ha ocurrido: un ballet sobre el ballet [...]". Carta de Dorothea Tanning a George Balanchine, 1 de febrero [¿1951?]. George Balanchine Archive, 1924-1989. MS Thr 411 (1864). Harvard Theatre Collection, Houghton Library, Harvard University.

26 Carta de Tanning a Kirstein, Sedona, Arizona, 29 de marzo de 1948. NYPL, LKP.

27 Carta de Tanning a Kirstein, [París], 26 de agosto [1950]. NYPL, LKP.

[28] "Editorial Comment", *Ballet Today,* vol. 3, nº 28, octubre de 1950, p. 3.

[29] Estos obligaron a destruir los decorados y trajes y no permitieron que el ballet se representara en los Estados Unidos. Sasha Anawalt, *The Joffrey Ballet: Robert Joffrey and the Making of an American Dance Company,* Nueva York, Scribner, 1996, p. 141. Además, una carta de Tanning posterior al estreno del ballet revela que Cranko no estaba de acuerdo con la coreografía que había creado: "No sé qué pasa con el ballet. He recibido una carta curiosa y bastante histérica de Cranko en la que asegura que la coreografía no acaba de funcionar. Que no quiere que se estrene y demás. No pienso preocuparme más, porque me agota. Ya hablaremos de esto cuando nos veamos. Entretanto, he decidido trabajar exclusivamente con George, si me propone un nuevo proyecto. De lo contrario, me retiraré. Con George, tengo la sensación de que formamos un verdadero *equipo*, y, además, siento por él cariño y admiración, que es, por supuesto, lo que sirve de inspiración a la gente. Perdóneme por expresarme con tanta torpeza (ya sabe usted que llevo un año hablando solo en francés y me cuesta expresarme con fluidez en mi propia lengua), pero estoy segura de que entiende lo que quiero decir". Dorothea Tanning, carta a Lincoln Kirstein [París], 5 de septiembre [1950], NYPL, LKP.

[30] Tanning, óp. cit., p. 87.

[31] En una de las cartas que Dorothea Tanning dirigió a Lincoln Kirstein se puede leer: "A veces pienso que si no fuera tan pobre, cogería un buen pellizco de dinero y montaría mi propio ballet". Dorothea Tannning, carta a Lincoln Kirstein [París], 5 de septiembre [1950]. NYPL, LKP.

[32] Martin Duberman, *The Worlds of Lincoln Kirstein,* Evanston, Illinois, Northwestern University Press, 2008, p. 423. Carta de Tanning a Kirstein, 5 de septiembre [1950], 29 de octubre [¿1950?], 11 de marzo [1952] y 13 de febrero de 1953; y Lincoln Kirstein, carta a Dorothea Tanning, [Nueva York], 13 de marzo 1953. NYPL, LKP. Dorothea Tanning, carta a George Balanchine, 1 de febrero [¿1951?]. George Balanchine Archive, 1924-1989. MS Thr 411 (1864). Harvard Theatre Collection, Houghton Library, Harvard University.

[33] Carta de Tanning a Kirstein, 29 de octubre [1950]. NYPL, LKP.

[34] "The Grand Ballet du Marquis de Cuevas", *The Dancing Times,* noviembre de 1951, p. 68. De hecho, *Night Shadow* sufriría cambios posteriores, pues en la reposición que hizo el NYCB en 1960, Balanchine encargó nuevos trajes a André Levasseur y decorados a Esteban Francés, y desde entonces sería conocida como *La Sonnambula.*

[35] Carta de Tanning a Balanchine, Sedona, Arizona, 3 de diciembre de 1950. George Balanchine Archive, 1924-1989. MS Thr 411 (1864). Harvard Theatre Collection, Houghton Library, Harvard University.

[36] Carta de Tanning a Kirstein, 1 de enero de 1952. NYPL, LKP.

[37] Ibíd.

[38] Carta de Tanning a Balanchine, 1 de enero [1952]. NYPL, LKP.

[39] John Martin, "Balanchine *Bayou* in World Premiere", *The New York Times,* 22 de febrero de 1952, p. 14.

[40] Carta de Tanning a Kirstein, 11 de marzo [1952]. NYPL, LKP.

[41] John Martin, "Miss Boris Dances in Her Own Ballet", *The New York Times,* 14 de enero de 1953, p. 26.

[42] Joanna Kleinberg y Rachel Liebowitz, "Introduction", *Dorothea Tanning. Early Designs for the Stage,* Nueva York, The Drawing Center, 2010, p. 15.

[43] En algunos de estos casos cabe analizar en qué medida la cartografía posbélica y sus exilios pudieron determinar un mayor desarrollo de esta faceta en la trayectoria profesional de las mujeres artistas.

[44] Lynn Garafola describe cómo Balanchine repuso ballets como *Concerto Barocco* y *The Four Temperaments* (originalmente diseñados por Eugène Berman y Kurt Seligmann, respectivamente) y sustituyó los trajes "con túnicas y maillots que resultaban

una versión estilizada de la ropa de ensayo de ballet. Esta dramática transformación sacó estas piezas de sus contextos originales neorrománticos y surrealistas, resituándolos en un presente atemporal y anónimo. [...] En *The Four Temperaments, Agon* (1957) y *Episodes* (1959), los más célebres *leotard ballets* de Balanchine en ese momento, ese presente era en parte una metáfora para el Nueva York posbélico". Garafola, "Dance for a City", p. 8.

45 Por ejemplo, Tanning llegó a plantear no aparecer en los créditos de las obras para evitar así la retención de los porcentajes del sindicato a la hora de cobrar por su trabajo. Cartas de Tanning a Kirstein, [París], 23 de mayo y 26 de agosto -[1950]. NYPL, LKP.

46 Aquí Tanning juega con el doble sentido, pues se puede traducir la frase como: "Un encuentro trascendental, ya que fue el inicio de una colaboración que, literalmente, me levantó del suelo" pero también "que me hizo perder la cabeza por amor", en Tanning, óp. cit., p. 86.

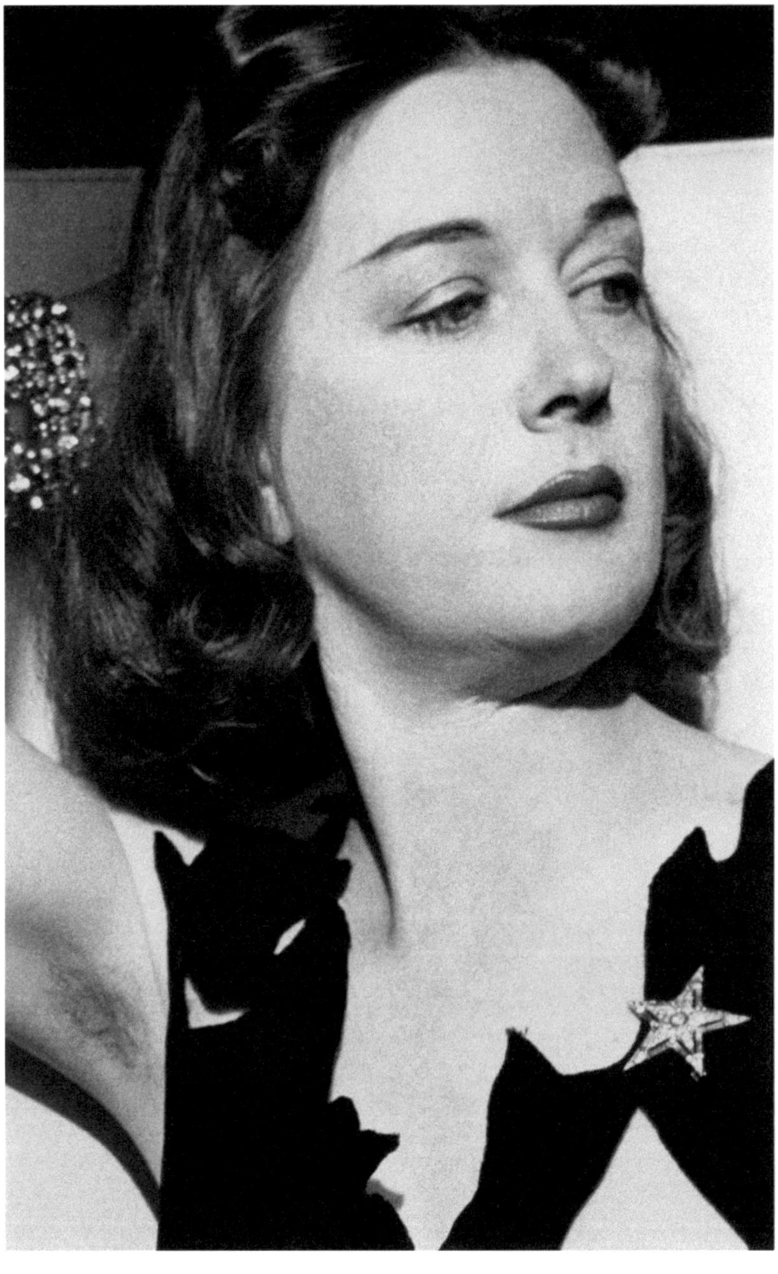

 Dorothea Tanning fotografiada por Man Ray, Nueva York, ca. 1946

Alyce Mahon

La vida es otra cosa
Chambre 202, Hôtel du Pavot

> Daría vida física y real a un montón de *tweed* y de relleno. Ahora bien, cuando te fijas en su corporeidad ¿triunfal?, ¿paroxística?, ¿desesperada?, no sabes muy bien si los materiales son solo instrumentos, si lo inerte es solo inerte, si la vida es otra cosa.
> Dorothea Tanning[1]

A mediados de los años sesenta, Dorothea Tanning sacó su vieja máquina de coser Singer y empezó a trabajar en una serie de esculturas blandas, confeccionadas con telas compradas en una tienda de oportunidades y con otros objetos encontrados. Con ayuda de elementos tan cotidianos como el relleno de lana, el *tweed*, la piel sintética, las pelotas de pimpón o las piezas de un rompecabezas, activó el objeto banal, doméstico y lo convirtió en fetiche, y el espacio interior en un espacio de posibilidad surrealista. En *Pelote d'espingles pouvant servir de fetiche* [Alfiletero que puede servir como fetiche, 1965], transformó un acerico de costurera en un símbolo del deseo. Las líneas blancas pintadas y los alfileres son dos rasgos tan esenciales para esta forma bulbosa como el color negro del terciopelo: ambos contribuyen a subrayar que hay algo oculto debajo de la "piel" y dirigen la mirada del observador hacia el orificio naranja construido con un embudo de plástico que se abre en uno de sus extremos.

En otra versión posterior de esta obra, *Pincushion to Serve as Fetish* (1979), la artista traslada esa misma forma bulbosa y esos mismos materiales a una escala gigantesca, sin renunciar al tono íntimo y táctil. En este caso, un brillante embudo de cobre confiere a esta versión ampliada del mismo objeto un carácter aún más fetichista: unas connotaciones que la propia Tanning reforzaría, cuando afirmara, en 2000, que:

> quizá un alfiletero no tiene demasiado que ver con un fetiche. Crear un fetiche no es exactamente lo que se persigue cuando se construye una escultura, pues un fetiche es un objeto de superstición o incluso un objeto chamánico; y, sin embargo, para mí, no se diferencia demasiado de un acerico. A fin de cuentas, a los dos se les suelen clavar alfileres. Mi intención era afirmar la simplicidad de la forma, aunque puede que no sea tan simple, pues lleva implícita una connotación psíquica inequívoca: y creo que sin ella la forma no podría existir. No una imagen, sino algo erizado de imágenes. Y de alfileres[2].

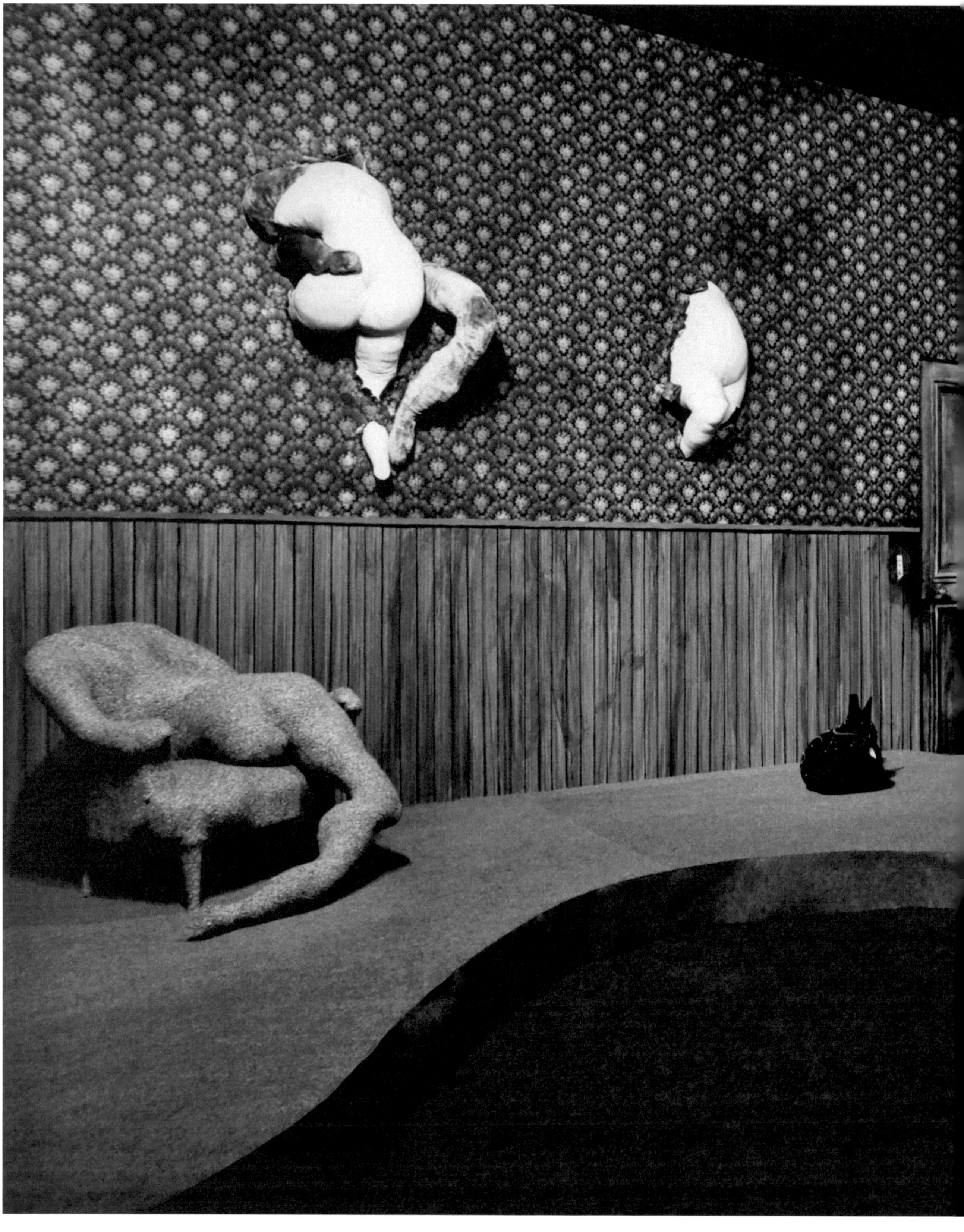

 Chambre 202, Hôtel du Pavot [Habitación 202, Hôtel du Pavot], Centre National d'Art Contemporain, París, 1974

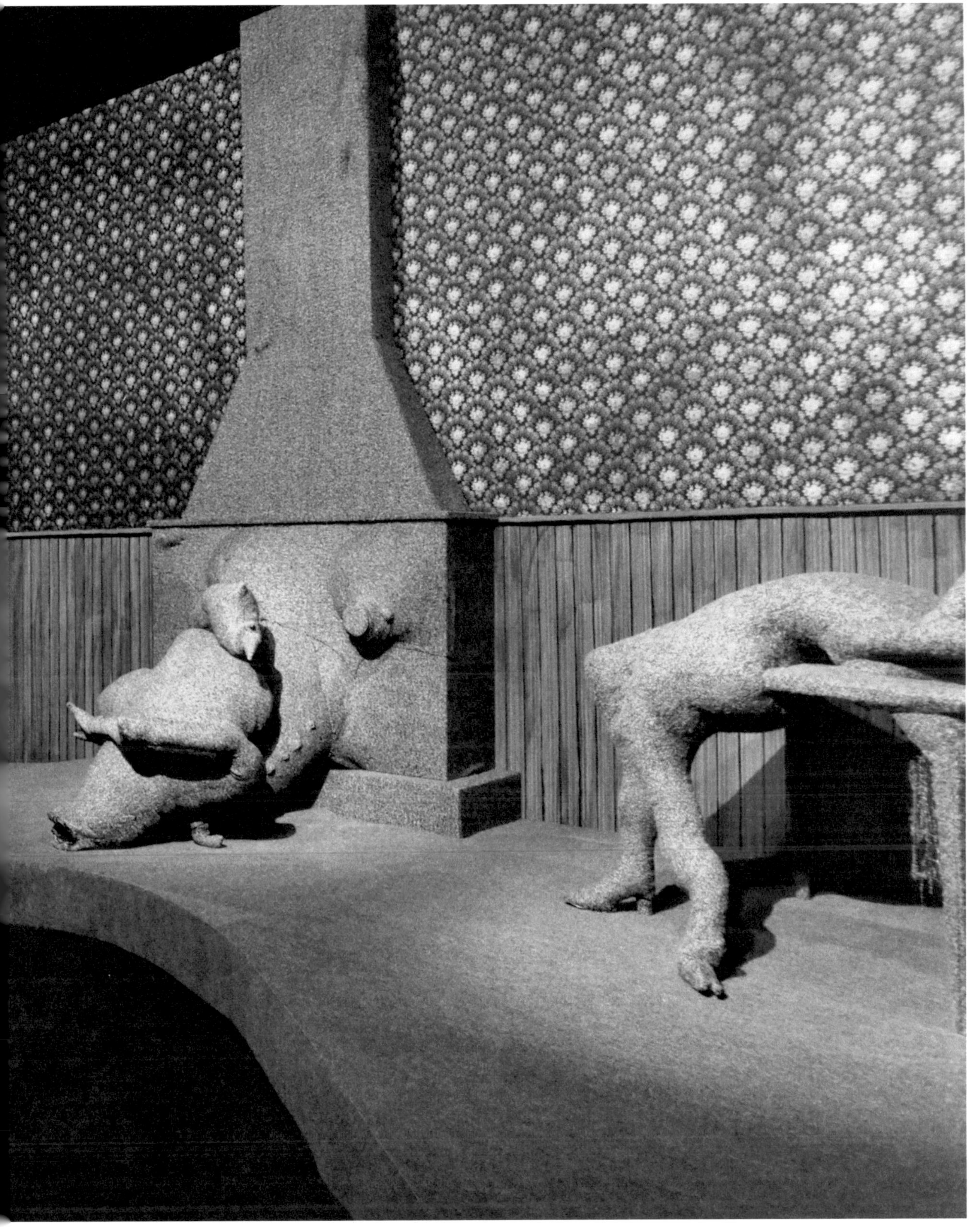

Los materiales le sirven para poner en marcha un engranaje de asociaciones "erizadas", aunque se esfuerza en todo momento por crear un entorno envolvente que transporta al observador a otro lugar. En sus esculturas blandas reúne objetos aparentemente incompatibles para subrayar que el deseo puede manifestarse con la misma claridad en un objeto inanimado que en un sujeto de carne y hueso. Un sofá de dos plazas se convierte en una pareja de amantes en *Canapé en temps de pluie* [Canapé en un día de lluvia, 1970]; en *Xmas* [Navidad, 1969] y en *Étreinte* [Abrazo, 1969], un *contrapposto* clásico de mármol se transforma en una forma serpentina; y en *Verbe* (1969-1970), las piezas de un rompecabezas de *El arte de la pintura* de Vermeer (1665) dan forma a una amplia sonrisa. En *Don Juan's Breakfast* [El desayuno de Don Juan, 1972] vuelve a recurrir al terciopelo negro para representar una jarra rebosante de una espuma que también parece carne humana, y evoca la afición de Don Juan por el ron y las aventuras amorosas que ensalzaba Lord Byron en el famoso poema épico que escribió entre 1819 y 1824.

El objeto escultórico confeccionado a mano y el *ready-made* asistido dieron lugar a la espectacular instalación *Chambre 202, Hôtel du Pavot* [Habitación 202, Hôtel du Pavot], en la que trabajó entre 1970 y 1973: una instalación con tres paredes que la artista describía en su diario como "una habitación de hotel miserable, anónima, corriente y extraordinaria al mismo tiempo"[3]. La primera vez que Tanning montó *Chambre 202, Hôtel du Pavot,* en su exposición retrospectiva del Centre National d'Art Contemporain de París en 1974, la instalación pretendía celebrar el giro hacia la escultura que se había producido en su obra, y el pequeño *Pincushion to Serve as Fetish* (1965) se situó directamente sobre el suelo[4].

La versión actual de la "Habitación 202" que se presenta ante el espectador no se diferencia demasiado de un escenario teatral o de un plató cinematográfico, y el número "202" de la puerta es la única pista para resolver los misterios que encierra. Tanning quería transmitir la sensación de que "el papel de la pared iba a terminar de arrancarse del todo, entre alaridos", conservando, sin embargo, "la banalidad añeja" que planea sobre la escena. La idea fundamental que se intenta comunicar es que lo cotidiano y lo extraordinario son universos contiguos[5]. En otras pinturas anteriores, la artista ya había representado habitaciones vacías y papeles de pared rasgados, por ejemplo, en *Children's Games* [Juegos de niños, 1942], donde dos niñas arrancan el papel de la pared para dejar al descubierto los cuerpos voluptuosos de dos mujeres. La sensación de terror físico recuerda a la imagen de las "mujeres que se arrastran" y salen del papel pintado de la habitación de "El papel pintado amarillo" (1892), un relato de Charlotte Perkins Gilman sobre la crisis nerviosa de una joven[6].

La chimenea que parece dar a luz unas formas híbridas –mitad humanas, mitad animales– nos hace pensar en otro relato: el de *Alicia en el país de las maravillas* (1865) de Lewis Carroll, en concreto en la escena en que Alicia empieza a crecer y a crecer, la casa se le queda cada vez

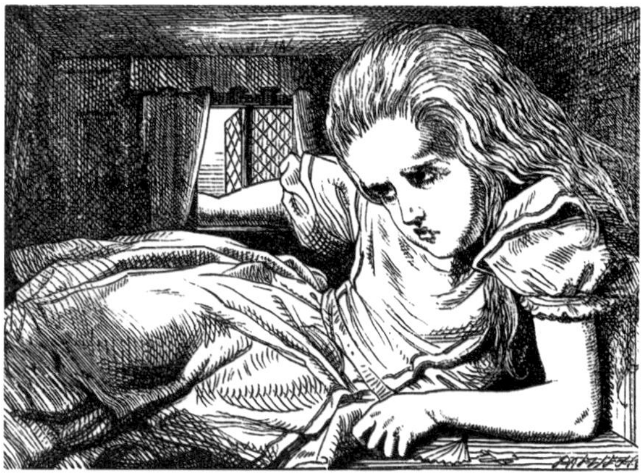

John Tenniel, ilustración del capítulo 4 de *Alicia en el país de las Maravillas* de Lewis Carroll, Londres, 1865

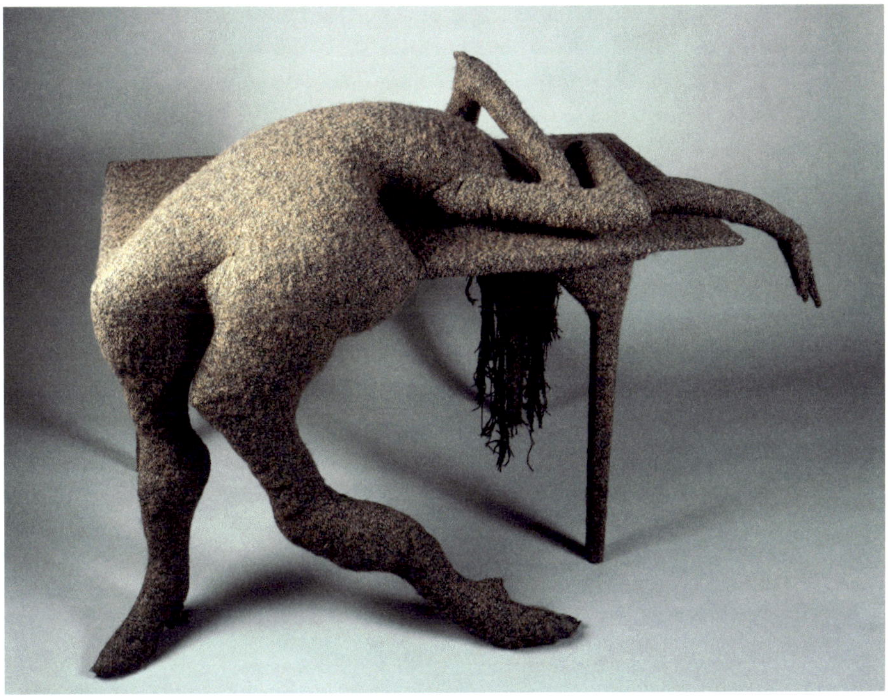

más pequeña y, como último recurso, "sacó un brazo por la ventana, metió un pie en la chimenea, y se dijo a sí misma: 'Ahora no puedo hacer nada más, pase lo que pase. ¿Qué *será* de mí?'"[7]

En *Chambre 202, Hôtel du Pavot* asistimos a una metamorfosis similar a la del país de las Maravillas: la que sufren las dos formas voluptuosas de tela rosada, de tamaño natural, que atraviesan el anodino papel de la pared, irrumpen en la habitación y se niegan a detenerse.

Da la sensación de que la barriga blanda de una de las figuras y las voluptuosas nalgas de la otra se regodean de su acefalia irracional. Se niegan a adoptar el lenguaje gestual característico de la conversación, el de las manos y los dedos, en favor del lenguaje erótico de los ombligos y los orificios, pues parece que la primera irrumpe en la escena para reclamarla, mientras que la segunda se lanza a los brazos de una bestia oscura. Tanning las describía como "una maraña de carne y piel que se mantiene unida desde el principio"[8]. El oscuro papel pintado con motivos florales que Tanning encontró "en un pueblecito", el frío suelo, los paneles de madera de imitación, las paredes sin cuadros y la bombilla desnuda, ofrecen en conjunto un profundo contraste con las palpitantes extremidades de las figuras carnosas[9].

Este retablo también podría recordar a *The Wait* [La espera, 1964-1965] de Edward Kienholz, una obra en la que el maniquí de una anciana, elaborado con huesos de animal y todo tipo de bagatelas, aparece envuelto en recuerdos en una habitación de tamaño real con paneles de madera y un papel de pared descolorido. La anciana lleva un collar de tarros de cristal que contienen una variedad de pequeños objetos que

Table tragique [Tabla trágica] de *Chambre 202, Hôtel du Pavot*, 1970-1973

representan recuerdos. Su rostro es un cruel recordatorio de la joven que fue en otro tiempo: una fotografía de su juventud y el cráneo de una vaca. Sin embargo, el retablo que construye Tanning en *Chambre 202, Hôtel du Pavot* no refuerza el paso del tiempo, sino que lo desafía. Delante de la chimenea, un sofá tapizado y una forma femenina se funden en un apasionado abrazo de *tweed* en una pieza titulada *Révélation ou la fin du mois* [Revelación o el fin de mes]. El sofá envuelve con la mano el cuerpo su amante, y de este modo se pone de manifiesto lo que Tanning describió en cierta ocasión como "el triunfo de lo blando sobre lo duro: porque una escultura dura no puede tener la voluptuosidad táctil de una escultura blanda"[10].

Otra figura femenina de *Hôtel du Pavot* se dobla sobre una mesa, presa del placer o del dolor; las dos formas se funden en una sola pieza, confeccionada con un paño de *tweed* oscuro. Con el título *Table Tragique* [Mesa trágica], esta escultura evoca la iconografía de la histeria, en particular el estado de éxtasis o *amour passionel* que los surrealistas transformaron en una imagen romántica y cuyo paradigma sería la mujer desmayada que retrató Johann Heinrich Füssli en *La pesadilla* (1781) y la iconografía neurológica de las mujeres histéricas que representó Jean-Baptiste Charcot en su *Iconographie photographique de la Salpêtrier*e (1875-1879)[11]. En un ensayo que escribió en 1977, Robert Lebel admiraba este aspecto de la instalación, y observaba que los "grupos de convulsionarios" nos permiten interpretar que esa habitación es el espacio que se encuentra detrás de la puerta entreabierta ante la que tiemblan las niñas de sus pinturas anteriores (*Children's Games, Eine Kleine Nachtmusik*). De hecho, Lebel relaciona la idea o la perspectiva de la habitación prohibida con la última obra importante de Marcel Duchamp, *Étant donnés* (1946-1966)[12]. Tanning también representa la histeria como un estado extático: el cuello estirado y el pelo largo desmelenado sugiere una posesión activa o pasiva, una especie de versión blanda de la *Femme égorgée* [La mujer degollada, 1932] de Alberto Giacometti, en la que el elemento que inquieta al observador es la tensión entre la seducción y el estrangulamiento.

En 1966 Lucy Lippard escribió un célebre ensayo en el que afirmaba que el mundo del arte estaba asistiendo a una transición en las prácticas escultóricas de las mujeres artistas en favor de la imaginería doméstica y lo que ella definía como una "fantasía *funky*", alternativa, una tendencia que contraponía a la corriente *hard-core*, radical,

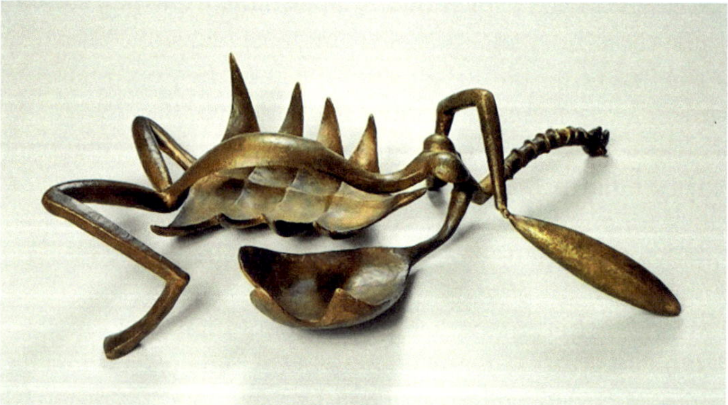

Alberto Giacometti, *Femme égorgée* [La mujer degollada], 1932

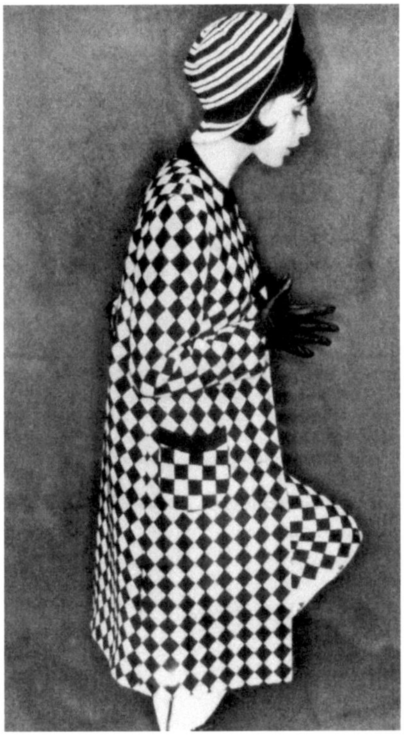

de los artistas pop masculinos (Lippard enumeraba a Andy Warhol, Roy Lichtenstein, Tom Wesselmann, James Rosenquist y Claes Oldenburg)[13]. No se puede decir que Tanning optara conscientemente por ninguna de estas tendencias en su elección de los detalles y los tejidos domésticos de sus esculturas. Sin embargo, al decantarse por lo textil evocaba deliberadamente tanto el ámbito de la moda como el de los sentidos, así como la fascinación que sentían los surrealistas por ambos universos. El *tweed* es un material resistente, duradero, fácil de manipular: favorece el aprovechamiento visual y la construcción física del contraste entre lo rígido y lo carnoso, entre lo exterior y lo interior. Y, sin embargo, es al mismo tiempo un material "lento". Es orgánico, se confecciona a mano, en colores tierra. En un momento en que la escultura blanda empezaba a despuntar como género y se inclinaba bien por los plásticos sintéticos (Claes Oldenburg, Yayoi Kusama) o bien por las lanas y las fibras artesanales (Sheila Hicks), Tanning no estaba tan interesada en la naturaleza artesanal de sus materiales como en su potencial táctil: en la suavidad del terciopelo, en la aspereza del *tweed*, en la rebeldía del relleno. La elección del *tweed* también resulta particularmente curiosa desde el punto de vista de la moda. Por una parte, puede relacionarse con la aristocracia inglesa o incluso con Sherlock Holmes (una asociación que reforzaría más aún la naturaleza detectivesca de esta instalación). Sin embargo, en los años setenta ya había empezado a utilizarse para confeccionar faldas y pantalones de campana para mujer, pues algunos diseñadores, como Mary Quant, habían decidido despojarlo de sus connotaciones patriarcales y aristocráticas y emplearlo para diseñar abrigos de vuelo y minifaldas sexis.

Tanning compró las telas baratas con las que elaboraría sus esculturas en el barrio del Montmartre y después se las llevó a su casa de Seillans, en la Provenza, donde vivía con Max Ernst desde 1964. Rellenaba sus piezas con lana de la región, cardada por un vecino, y les daba forma con los utensilios que tenía a mano[14]. Desde joven, la artista siempre había sentido predilección por la ropa antigua y de segunda mano, y le gustaba recuperar modas pasadas, rescatar los recuerdos que encerraba cada prenda y prolongar su existencia dotándola de una forma nueva. Criticaba la constante adaptación a las nuevas modas que promovía la sociedad y el mundo de la alta costura, un sistema en el que "la moda es una negación de la herencia [...] la moda se experimenta como un derecho, el derecho natural del presente sobre el pasado", como afirmaba Roland Barthes en *El sistema de la moda* (1967)[15]. Por otra parte, no debemos olvidar que la propia Tanning también se inició en el mundo del diseño y de la moda. En 1930, abandonó su ciudad natal de Galesburg, Illinois, y se trasladó a Chicago, donde trabajó como titiritera en la Feria Internacional "A Century of Progress". No es fácil determinar si esta experiencia influyó en las esculturas y las escenografías que desarrollaría más

Mary Quant, tejido de *tweed* tradicional con aspecto de tejido doméstico, 1964 tarde, pero sí sabemos que Tony Sarg (1880-1942), el titiritero germano-americano cuyo espectáculo de marionetas cosechó un gran éxito en esa feria, era un apasionado del carnaval y de los cuentos de hadas. En una entrevista con Djuna Barnes, Sarg hablaba de la capacidad que posee el guiñol para evocar la tragedia sin caer en lo trágico, y observaba que "al público le da igual si la protagonista del cuento lleva la cabeza sobre los hombros o ha sido decapitada"[16].

Lo que es indudable es que el Chicago de Al Capone está presente en el título de la habitación de las protagonistas decapitadas de *Hôtel du Pavot* pues la "Habitación 202", hace referencia a una canción popular de 1919, "In Room 202" [En la habitación 202], que cuenta la historia de Kitty Kane, la mujer de un gánster de Chicago que se suicidó en la habitación 202 de un hotel de esa ciudad en 1893. "En la habitación 202", dice el estribillo de la letra publicada, "Las paredes siguen hablando/ ¿Debo contarlo todo?, se preguntan, ¿o apagar la luz e irme a dormir?"[17]. Sin embargo, Tanning aprovecha las numerosas insinuaciones surrealistas de la canción original para forjar un misterio marcadamente europeo. Si analizamos el resto de las estrofas, descubrimos que en el primer verso y en el quinto los sueños y las puertas abiertas salen a relucir en esta historia protagonizada por la novia de un gánster: "Os voy a contar una historia/ la de habitación doscientos dos/ en la cama un colchón duro como una piedra/ Si te duermes, sueñas un montón de cosas raras [...] Un tipo que una noche bebió tanto que le entró el tembleque/ Y sintió que un millón de serpientes diferentes se agitaban sin parar en su interior/ Caminando en sueños se encontró con una puerta abierta/ Al día siguiente le dijo al juez que le habría gustado ver un poco más"[18]. La habitación 202 de Tanning no es solo la escena de un crimen, una habitación barata en la que uno se puede hospedar: es una habitación que uno solo puede soportar si escapa de ella en un sueño, ya sea el sueño del agotamiento físico o el de la ebriedad. Al añadir las palabras "Hôtel du Pavot" [Hotel de la amapola], literalmente al título de la canción, incorpora un matiz onírico, de pesadilla, a la historia del gánster. Por otra parte, no era la primera vez que este título aparecía en la obra de Tanning. En una de sus primeras pinturas, *A Parisian Afternoon (Hôtel du Pavot)* [Una tarde parisina (Hôtel du Pavot), 1942], la habitación del hotel también se presentaba como un singular espacio público para encuentros privados: un espacio subversivo que Tanning relacionaba con el París del surrealismo.

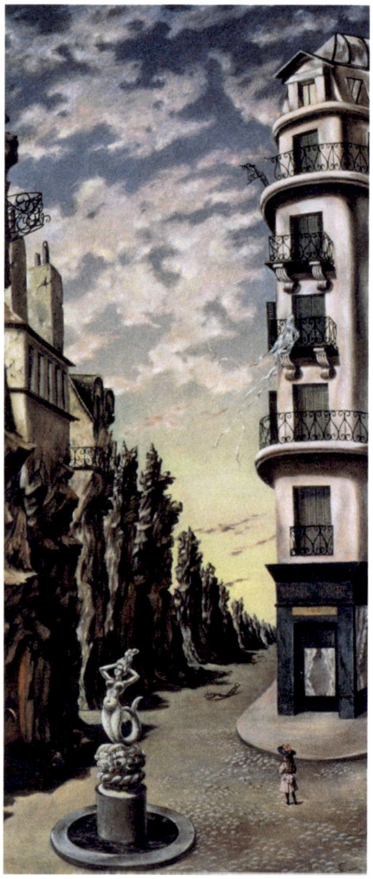

En esta pequeña pintura, vemos a una niña, una especie de muñeca, con un bonito vestido y un sombrero de ala ancha, en una calle desierta. A su derecha, un elevado edificio con la inscripción "Hotel du Pâvot" en la puerta, y a su izquierda una hilera de edificios que parece que se están transformando en un bosque. En primer plano, sobre una fuente, hay una figura que recuerda a Melusina (mitad

A Parisian Afternoon (Hôtel du Pavot) [Una tarde parisina (Hôtel du Pavot)], 1942

mujer, mitad serpiente), y el cielo está cargado de nubes de tormenta, amenazantes[19]. La arquitectura real de la calle y las imaginaciones de la niña, cuyo rostro no podemos ver, se relacionan por medio de unas volutas blancas y nebulosas que dirigen la mirada del espectador hasta la tercera planta del edificio: un símbolo que sin duda indica que esa ciudad anónima es un lugar de encuentros maravillosos.

Tanning recordaba que la idea de crear las formas escultóricas vivas y contorsionadas de su instalación se le ocurrió mientras escuchaba una interpretación de la obra electroacústica de Karlheinz Stockhausen *Hymnen*, en la Maison de la Radio de París, en 1969, que la llevó a imaginar "unas figuras sencillas, orgánicas, incluso, que crearía, que tenía crear, con tela y con lana"[20]. La obra de Stockhausen, una combinación de sonidos cotidianos (la ovación de una muchedumbre, el graznido de unos patos, la risa de una niña), con himnos nacionales, música folclórica rusa y africana, y una composición clásica, no se encuentra demasiado alejada de la ambición de Tanning de trascender lo obvio y combinar varias tendencias –la alta cultura y la cultura popular, lo norteamericano y lo europeo, la música y el arte, la sensación y el espacio–, para crear un entorno nuevo. No cabe duda de que la artista también se inspiró en las exposiciones surrealistas y en su estética envolvente y opresiva. La *Exposition inteRnatiOnale du Surréalisme* (la exposición *EROS*), que se inauguró en la Galerie Daniel Cordier de París en 1959, tenía un marcado sesgo macabro y sexual, con su cripta del fetichismo con paredes de terciopelo negro, diseñada por Mimí Parent, la escultura *Die puppe* [La muñeca, 1934], de Hans Bellmer, suspendida sobre un suelo cubierto de arena como una mantis religiosa, y la figura de bronce de Giacometti, *Mains tenant le vide* [Manos que sostienen el vacío, 1934 (molde de 1935)], que se instaló justo al lado de la pintura combinada de Robert Rauschenberg, *Bed* [Cama, 1955], para subrayar la perspectiva común de los artistas norteamericanos y europeos relacionados con el movimiento[21].

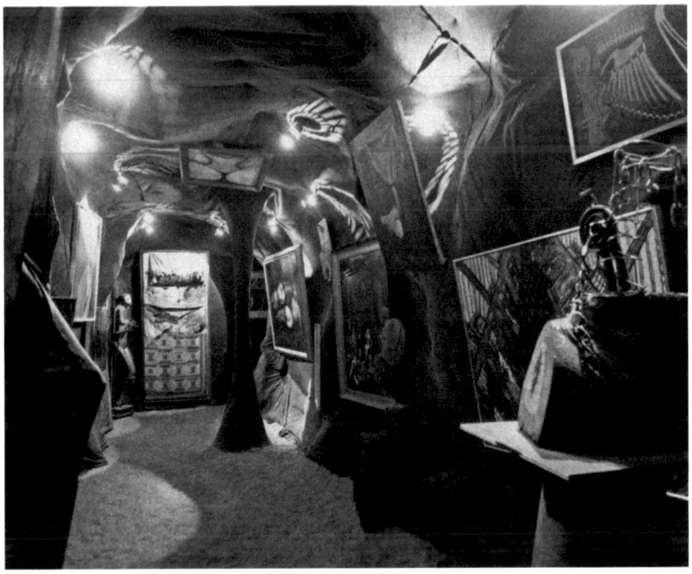

Exposition inteRnatiOnale du Surréalisme (Exposición *EROS*), Galerie Daniel Cordier, París, 1959. En la pared del fondo se pueden distinguir *Mains tenant le vide* (1934) de Alberto Giacometti y *Bed* (1955) de Robert Rauschenberg

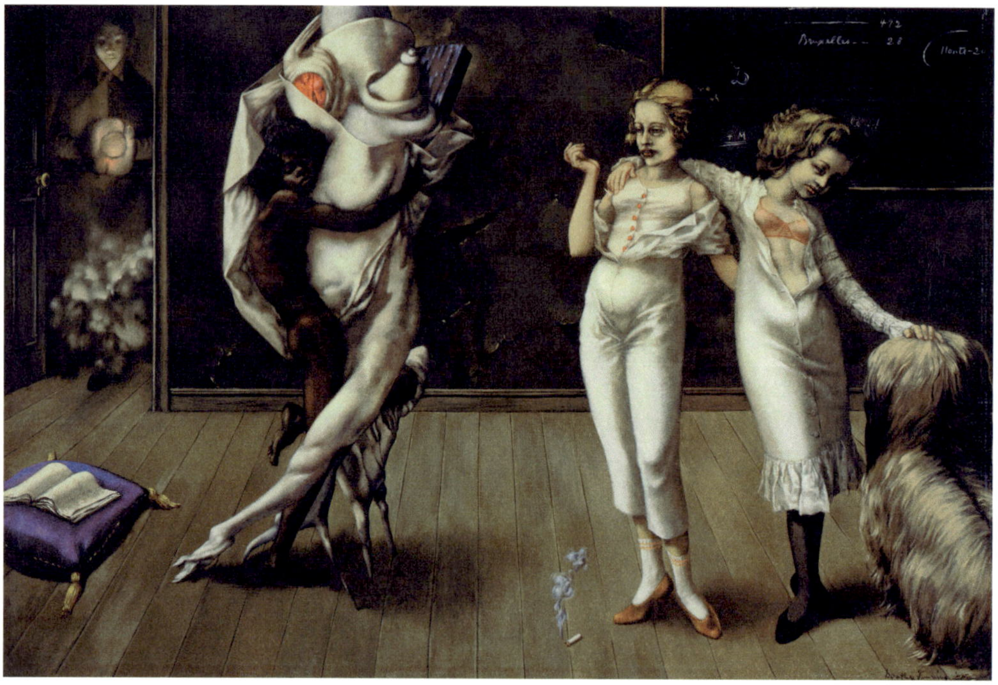

Interior with Sudden Joy [Interior con placer inesperado], 1951

En esta exposición Tanning expuso *Interior with Sudden Joy* [Interior con placer inesperado, 1951], una pintura que también transgredía las expectativas burguesas tradicionales, pues representaba a dos niñas pubescentes en una habitación vacía que, según explicaría ella misma más adelante, estaba bañada por una "luz opalescente y una oscuridad aterciopelada"[22].

La presencia del poeta Arthur Rimbaud, tan venerado por los surrealistas, planea sobre la pintura de Tanning, gracias a este melancólico planteamiento luminoso y a una serie de detalles, o de pistas, que nos recuerdan que es necesario que el observador "complete" la obra de arte. Algunos apuntes del cuaderno secreto de Rimbaud se pueden leer en la pizarra, detrás de las niñas (una ecuación y la palabra "Bruxelles", la ciudad en la que Rimbaud fue herido por los disparos de su tempestuoso amante, el poeta simbolista Paul Verlaine); y en primer plano, sobre un cojín de terciopelo de un suntuoso color púrpura, un cuaderno. Como ha observado Katharine Conley, da la sensación de que las dos niñas se hubieran entregado a una "danza rimbaudiana, un 'desarreglo de los sentidos', algo que no suelen hacer las jovencitas bien educadas"[23]. Sus interiores domésticos nos permiten vislumbrar lo íntimo y lo impúdico, y nos dan la sensación de que estas niñas se encuentran atrapadas en una fantasía, como se desprende con claridad de cada detalle, desde los tacones y los camisones desabrochados al cigarrillo caído que todavía humea en el suelo. Sin embargo, tanto la visión informe, carnal, que abraza a un niño negro y delgado en la parte izquierda de la composición, como el gran perro de la derecha, o esa especie de sacerdotisa que entra en la habitación portando un orbe resplandeciente, sugieren un estado de ensoñación o de *voyance* rimbaudiana, en el que el proceso artístico se convierte en un medio para experimentar otras realidades. En "Los poetas de siete años" (1871), que Rimbaud escribió a los diecisiete, hablaba de los niños reprimidos por sus madres que huyen de los deberes escolares y de la Biblia, y encuentran solaz en los mohosos pasillos, en las frías letrinas y en los patios traseros, que fue donde él desarrolló su propia creatividad literaria: "Llena de duros cielos y selvas anegadas,/ flores de carne en bosque sideral desplegadas,/ ¡Vértigo, terremotos, derrotas, compasión!"[24]. El arte de Tanning se entreteje invariablemente con numerosos estratos de significado, y la idea rimbaudiana de que "el amor es para reinventarlo" se encuentra latente en los cuerpos ardientes de las niñas de esta pintura[25].

Tanning intercalaba lo literario con lo cotidiano, y el objeto encontrado con la alta costura. Aunque la literatura fue una fuente de inspiración fundamental para ella, había dado sus primeros pasos profesionales en el campo del diseño, en Nueva York trabajando como ilustradora independiente, y diseñó algunos anuncios para Macy's y para otros clientes, vendiendo sueños en frascos de perfume, collares de perlas, bolsos o sombreros. En muchos de esos diseños jugaba con las texturas y con el tacto: dedos que acarician perlas falsas, perfumes o largas melenas. La sensación de que uno puede liberarse o recrearse a través del objeto de consumo se acentúa aún más cuando utiliza rostros con expresión somnolienta o con los ojos cerrados. En sus memorias, *Birthday* (1986), Tanning hablaba de la importancia de la ropa para las mujeres modernas de las grandes ciudades:

> A veces buscaba gangas en tiendas como Klein's, un almacén de gangas muy barato que había en Union Square, en Nueva York, donde en aquella época las chicas y las mujeres con pocos recursos encontraban verdaderos tesoros [...] Allí, un tumulto de mujeres se bajaban la falda y la combinación, las dejaban en el suelo, y sujetaban el bolso entre las rodillas o con los dientes. Desnudaban su triste piel delante de todas, pero a nadie le importaba, y agarraban la prenda que habían elegido[26].

La imagen de unas mujeres frenéticas probándose ropas de saldo se vuelve aún más reveladora un poco más adelante: "Al caer la noche, estos harapos de cinco dólares se transformaban en vestidos"[27]. Incluso en esta anécdota, el cuerpo, la ropa y la fantasía se consideran materiales mudables.

En esta época, Tanning también diseñó vestuarios y escenografías para ballet, como los que concibió para *Night Shadow* (1946), una mascarada decimonónica del coreógrafo ruso George Balanchine con música de Vittorio Rieti, basada en arias de óperas compuestas por Vincenzo Bellini entre 1830 y 1835. Se estrenó el 27 de febrero de 1946 en el City Center of Music and Drama de Nueva York, interpretada por el Ballet Russe de Monte Carlo. El ballet cuenta la historia de un baile de máscaras en el que aparecen tres personajes principales, el Poeta, la Coqueta y la Sonámbula. Esta última se describe como "una adorable aparición vestida de blanco" de la que el Poeta "se enamora perdidamente"[28]. En una entrevista que concedió en 2000, Frederic Franklin, que interpretaba al Poeta junto con Maria Tallchief en el papel de la Coqueta y Alexandra Danilova en el de la Sonámbula, contaba que el vestuario de Tanning había "contribuido a la creación del ballet", al igual que la escenografía, formada íntegramente por "ventanas [y] una peculiar luz verde" que le conferían a la obra en general un tono "macabro"[29]. Tanning diseñó una serie de vistosos tocados con forma de animales y de barcos para las mujeres y creó una escenografía que consistía en unos grandes arcos que dejaban ver un paisaje vasto e inhóspito. Estos elementos le aportaban a la interpretación un aire tan poderoso y siniestro que el crítico de danza Edwin Denby dijo que *Night Shadow*, a su modo de ver, transmitía una sensación de "zozobra", creaba "un tiempo elástico" y dotaba al espacio interpretativo de un "suelo inestable"[30].

Este ambiente opresivo, siniestro, está presente también en *Chambre 202, Hôtel du Pavot*. Una habitación corriente se vuelve extraña, y revela esa sensación que uno siente cuando entra en una casa encantada, o "cuando yerra por una habitación desconocida y obscura, buscando la puerta o el interruptor de la luz", como señalaba Sigmund Freud en su ensayo "Lo siniestro" (1919)[31]. Freud explicaba que lo siniestro es el espacio materno, intrauterino, provoca la angustia de la castración y se suele representar como una sombra de penumbra, o de crepúsculo. En el espacio vacío y sin ventanas de la instalación de Tanning, no sabemos si es de día o es de noche, y las paredes y los suelos parecen permeables, en cualquier momento se puede pasar de lo real a lo imaginado. Uno de los libros favoritos de Tanning era *El castillo de Otranto* (1794) de Horace Walpole, y también le encantaba *Los misterios de Udolfo* (1794) de Ann Radcliffe y *El retrato de Dorian Gray* (1891) de Oscar Wilde. Decía que estaba "corrompida para siempre" por esas novelas, y definía ese tipo de literatura como "mi casa de los placeres"[32]. Los surrealistas eran unos apasionados del género gótico, pues ponía en entredicho el orden establecido y sembraba el caos en el espacio doméstico, aprovechando los elementos arquitectónicos siniestros: las puertas y las escaleras se utilizaban para evocar estados mentales y físicos. Tanning adoraba las "mórbidas telarañas" de la literatura gótica y aspiraba a tejer "sus propias telarañas pictóricas"[33]. No debemos olvidar que la habitación donde Dorian Gray guarda su retrato mágico y misterioso está iluminada por una lámpara que "proyecta sombras fantásticas sobre la pared y la escalera" y que Dorian se refugia en el opio aduciendo que "solo los sentidos pueden curar el alma"[34].

La instalación de Tanning podría recordar al fumadero de opio que frecuenta Dorian Gray en la novela de Wilde. Pero también a las imágenes lúgubres, poéticas, cargadas de alusiones al opio, de Charles Baudelaire, un autor al que se le atribuía "una moral surrealista" en el primer Manifiesto Surrealista de 1924 y al que Tanning rendía homenaje con frecuencia en los títulos de sus pinturas y en sus diarios[35]. En su poema en prosa "La habitación doble" (1862), Baudelaire describe una habitación siniestra:

> Una habitación parecida a un ensueño, una habitación verdaderamente espiritual, donde la atmósfera aletargada está ligeramente teñida de rosa y azul [...] Los muebles tienen formas alargadas, postradas, lánguidas. Los muebles tienen aire de soñar; se los creería dotados de una vida sonámbula, como el vegetal y el mineral. Las telas hablan una lengua muda como las flores, como los cielos, como los atardeceres. En las paredes ninguna abominación artística[36].

Se podría decir que *Hôtel du Pavot* es una obra "lánguida", con una bombilla que proyecta una sombra lúgubre, las paredes desnudas y el papel pintado con motivos florales que parece cargado de vida propia. Una habitación del "Hotel de la amapola" que invita al espectador a adentrarse en un ambiente de oscura fantasía, una habitación que hace que el tiempo, los recuerdos, las pesadillas, los remordimientos cobren vida de manera convincente.

El giro hacia la escultura permitió que la tela se convirtiera en una extensión de la vida y de sus viajes, y entorno personal y el proceso artístico se volvieron inseparables. En su casa de Seillans, un antiguo hotel de tres plantas llamado "La Dolce Vita", empezaron a nacer esculturas de su máquina de coser. En algunas fotografías familiares podemos ver a la artista jugando con el efecto del camuflaje para crear unas esculturas vivas con ayuda de sus sobrinas, Mimi y Martha Johnson, en el verano de 1966. De pronto, parece que las paredes de esa "[habitación] oscura y acogedora, un burdel en miniatura" hubieran dado a luz a unas formas femeninas con unos vestidos que ella misma había confeccionado con el mismo tejido con el que había entelado las paredes[37].

En 1970 Tanning estaba buscando ideas para crear un entorno en el que las esculturas se convirtieran en "avatares" de sus pinturas[38]. Su estudio era un mundo caótico, una habitación atestada de "enormes trozos de *tweed*, piel sintética, mantas de lana", y la artista reconocía que "el mero acto de desgarrar aquellas telas le producía un placer incomparable"[39]. Tanning no pretendía únicamente llevar más allá el lenguaje de la escultura tradicional y del objeto surrealista, sino que se impuso además "la tarea hercúlea" de preparar *Chambre 202, Hôtel du Pavot* para presentarla en una exposición en 1974[40]. En una carta posterior, fechada el 11 de julio de 1987, decía que esta instalación era "la obra surrealista por excelencia... y ¿la última, probablemente?"[41]. En una entrada de su diario explicaba que la pieza era una colección de elementos que debían interpretarse como "sustitutos de nuestro dilema humano [...] que consiste en cambiar el erotismo por la desesperación. En un instante congelado presentan una especie de nadir de la desesperanza, donde incluso la amenaza que rebosa la chimenea duda, pues no hay ningún lugar adónde ir"[42]. Ese mismo año, pintó *Poppies* [Amapolas], una obra en la que aparecen dos figuras entrelazadas entre dos voluptuosas amapolas blancas, y todas esas formas que se disuelven y rebosan pasión, evocan de nuevo esa especie de placer sonámbulo que producen el sueño, el deseo y los opiáceos. Esa pintura, al igual que las esculturas blandas, transmite la sensación de que el arte, la vida y el amor son frágiles, sin dejar de rendir homenaje a todo lo que la imaginación puede revelar.

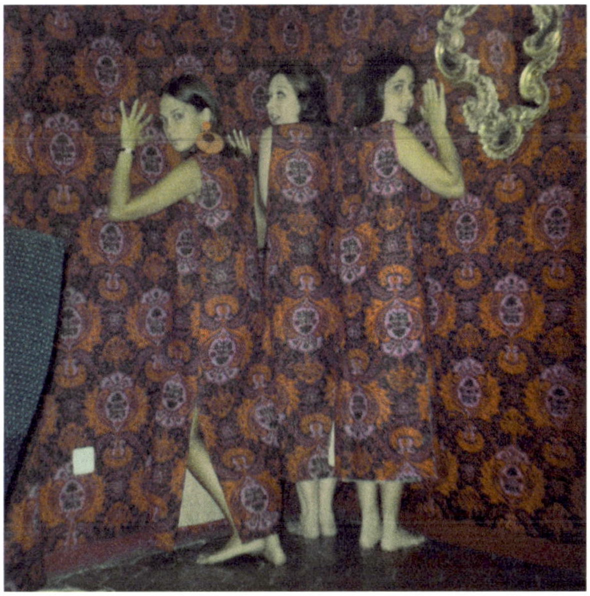

Mimi Johnson, Dorothea Tanning y Martha Johnson, Seillans, 1966

[1] *Dorothea Tanning: Birthday and Beyond*, catálogo de la exposición, Philadelphia Museum of Art, Filadelfia, 2000, s. p., ortografía original.

[2] Ibíd, s. p.

[3] Dorothea Tanning, extracto inédito de su diario, *Journal 16* [ca. 1993], s. p.

[4] Cinco de las piezas que se expusieron en esta instalación de 1974 componen en la actualidad la obra compuesta *Hôtel du Pavot* (1970-1973), perteneciente a la colección del Musée d'Art Moderne, Centre Georges Pompidou, París.

[5] Tanning, extracto inédito de su diario, *Journal 16*, [ca. 1993], s. p.

[6] Charlotte Perkins Stetson [Gilman], "The Yellow Wall-Paper", *New England Magazine* 11, nº 5, enero de 1892, p. 656 [Trad. cast.: *El papel pintado amarillo*, Zaragoza, Contraseña, 2012].

[7] Lewis Carroll, *Alice's Adventures in Wonderland*, con cuarenta y dos ilustraciones de John Tenniel, Boston, Lee and Shepard, 1869, p. 45.

[8] Tanning, extracto inédito de su diario, *Journal 16*, [ca. 1993], s. p.

[9] Dorothea Tanning, carta a Alfred Pacquement, abril de 2009. Archivos de The Destina Foundation, Nueva York.

[10] Dorothea Tanning, en Monique Levi-Strauss, "Dorothea Tanning: Soft Sculptures", en *American Fabrics and Fashions,* nº 108, otoño de 1976, p. 69.

[11] Véase Alyce Mahon, "Sexology and the Artistic Avant Garde", en *The Institute of Sexology*, Londres, The Wellcome Trust, 2014, pp. 36-49.

[12] Robert Lebel, "Un Signal et Un Aveu", en *Dorothea Tanning: Numéro Spécial de XXe Siècle*, París, Éditions XXe Siècle, 1977, p. 76.

[13] Lucy Lippard, "Household Images", en *The Pink Glass Swan, Selected Essays on Feminist Art*, Nueva York, The New Press, 1995, pp.64-65, y Lucy Lippard, *Pop Art*, Londres, Thames & Hudson, 1966, p. 69 [Trad. cast.: *El pop art*, Barcelona, Destino, 1993].

[14] Ann Temkin, "Dorothea Tanning", *Grand Street*, nº 72: "Detours", otoño de 2003, p. 137.

[15] Roland Barthes, *The Fashion System* (1967), trad. Matthew Ward y Richard Howard, Nueva York, Hill and Wang, 1983, p. 273 [Trad. cast.: *El sistema de la moda*, Barcelona, Paidós, 2003].

[16] Djuna Barnes, "When the Puppets come to town", *New York Morning Telegraph Sunday Magazine*, 8 de julio de 1917, p. 4.

[17] *In Room 202*, partitura, Nueva York, Waterson, Berlin & Snyder Co., 1919, letra de Edgar Leslie y Bert Kalmar y música de Dave Harris.

[18] Ibíd.

[19] Melusina es una criatura mítica, mitad humana, mitad animal marino, y los surrealistas sentían una gran fascinación por ella, pues se encontraba muy próxima a la naturaleza. En *Arcano 17* (1944), una obra que escribió desde el exilio en los Estados Unidos, mientras Europa estaba en guerra, André Breton señalaba que Melusina "es quien puede redimir esta época salvaje". Véase André Breton, *Arcanum 17* (1944), trad. Zack Rogow, introducción de Anna Balakian, Los Ángeles, Sun & Moon Press, 1994, p. 63 [Trad. cast.: *Arcano 17*, Chile, Cuarto Propio, 2001].

[20] Dorothea Tanning, *Between Lives: An Artist and Her World*, Nueva York, W.W. Norton & Company, 2001, p. 281.

[21] Para un análisis detenido de la exposición *EROS*, véase el capítulo 4 de Alyce Mahon, *Surrealism and the Politics of Eros, 1938-1968*, Londres, Thames & Hudson, 2005.

[22] Tanning, *Between Lives*, p. 152.

[23] Katharine Conley, *Surrealist Ghostliness*, Lincoln y Londres, University of Nebraska Press, 2013, p. 142.

[24] Arthur Rimbaud, "Les Poètes de sept ans", en *Rimbaud: Complete Works, Selected Letters, A Bilingual Edition*, ed. Jean Nicholas, Chicago, Illinois, University of Chicago Press, 1996, p. 85 [Trad. cast: *Obras completas*, Barcelona, Ediciones 29, 1972].

[25] La cita pertenece al poema en prosa de Rimbaud "Vierge Folle. L'Epoux Infernal" (La virgen loca. El esposo infernal), de *Une Saison d'Enfer* (1873) [Trad. cast.: *Una temporada en el infierno*, Buenos Aires, Eudeba, 2012.]

[26] Tanning, *Between Lives*, p. 54.

[27] Ibíd., p. 55.

[28] "The Repetoire", en *Ballet Russe de Monte Carlo Programme 1945-46*, Nueva York, 1945, s. p.

[29] Mindy Aloff, "Interview with Frederic Franklin", 3 y 9 de mayo de 2000, transcripción de grabación sonora, Frederic Franklin Oral History Project, Collection New York Public Library for the Performing Arts, p. 34.

[30] Edwin Denby, en Robert Greskovic, "*Night Shadow* and Other Shadows", en *Dorothea Tanning: Early Designs for the Stage*, catálogo de la exposición, The Drawing Center Papers, Nueva York, 2010, p. 26.

[31] Sigmund Freud, "The Uncanny" (1919), en *The Penguin Freud Library*, vol. 14: *Art and Literature*, Londres, Penguin Books, 1990, p. 359 [Trad. cast.: "Lo siniestro", en *Obras completas VII*, Madrid, Biblioteca Nueva, 1968].

[32] *Dorothea Tanning. 10 Recent Paintings and a Biography*, catálogo de la exposición, Gimpel-Weitzenhoffer Gallery, Nueva York 1979, s. p.

[33] Dorothea Tanning, "Some Parallels in Words and Pictures", *Pequod: A Journal of Contemporary Literature and Literary Criticism*, ed. Mark Rudman, n°s 28-30, 1989, pp. 167-168.

[34] Oscar Wilde, *The Picture of Dorian Gray*, Leipzig, Bernhard Tauchnitz, 1908, pp. 199 y 237 [Trad. cast.: *El retrato de Dorian Gray*, Madrid, Akal, 1985].

[35] André Breton, "Manifesto of Surrealism" (1924), en *Manifestoes of Surrealism*, Ann Arbor, University of Michigan Press, 1972, p. 27 [Trad. Cast.: *Manifiestos del surrealismo*, Madrid, Visor, 2002].

[36] Charles Baudelaire, "La Chambre double" (1862), traducido al inglés como "The Twofold Room", en Baudelaire, *Paris Blues / Le Spleen de Paris*, introducción y traducción de Francis Scarfe, Londres, Anvil Press Poetry, 2012, p. 39 [Trad. cast.: *Las flores del mal, El Spleen de París, Los paraísos artificiales*, Penguin clásicos, 2017].

[37] Mimi Johnson, correspondencia con la autora, 14 de marzo de 2018.

[38] Tanning, *Between Lives*, p. 282.

[39] Tanning, extracto inédito de su diario *Journal 16*, [ca. 1993], s. p.

[40] Dorothea Tanning, carta a Roland Penrose y Lee Miller, 23 de enero de 1974. Roland Penrose Papers, Archivos de la Scottish National Gallery of Modern Art, Edimburgo.

[41] Dorothea Tanning, carta a Walter Hopps, 11 de julio de 1987. Archivos de The Destina Foundation, Nueva York.

[42] Tanning, extracto inédito de su diario, *Journal 16*, [ca. 1993], s. p. Archivos de The Destina Foundation, Nueva York.

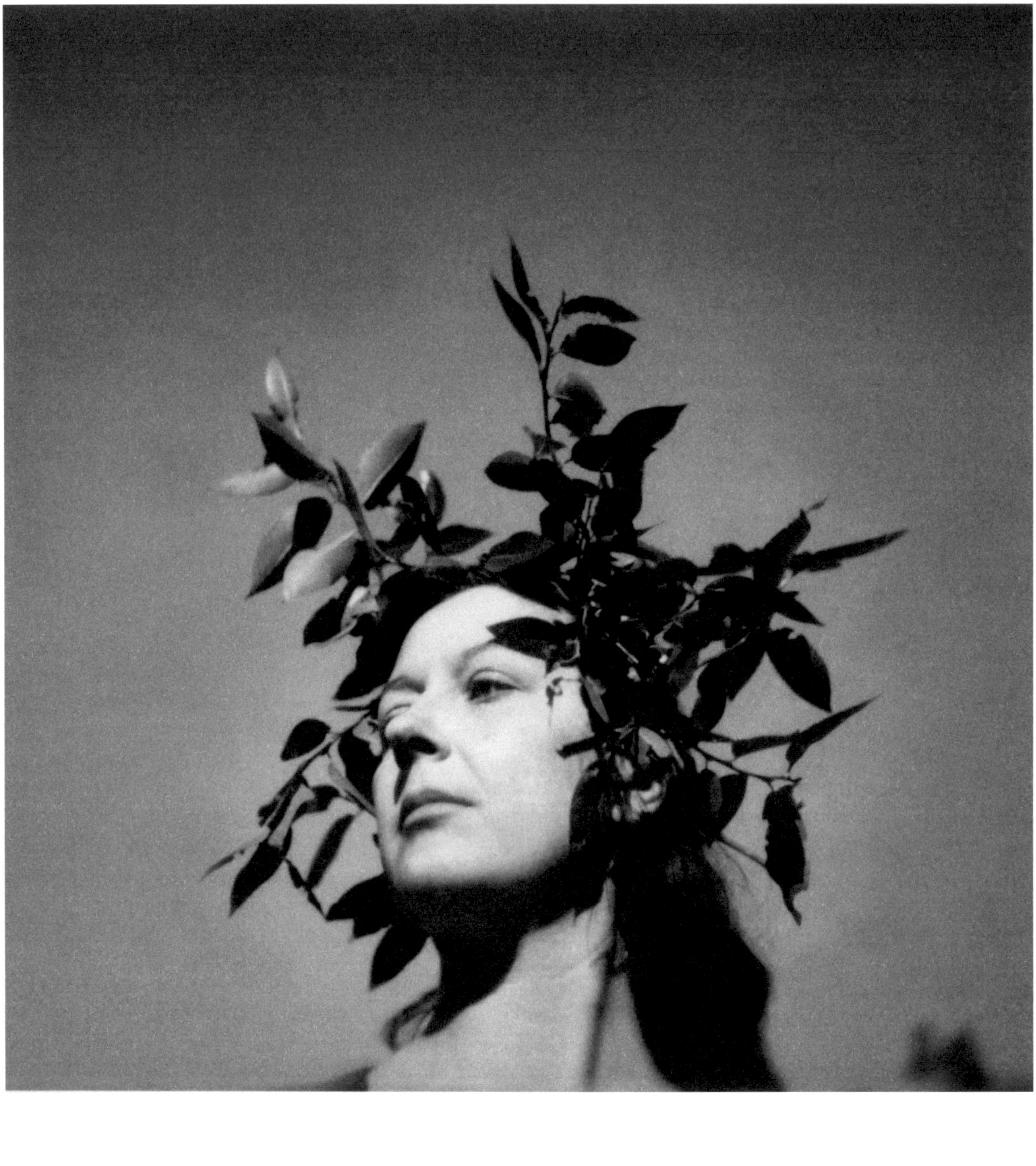

 Dorothea Tanning fotografiada por Robert Motherwell, Amagansett, Nueva York, 1945

Ann Coxon

Otra dimensión. Dorothea Tanning, el arte actual y el legado del surrealismo

En el año 2002, cuando Dorothea Tanning tenía noventa y un años, le preguntaron qué le parecía que la consideraran una artista surrealista. "Supongo que siempre seré surrealista", respondió. "Es como si lo llevara tatuado: 'D ama a S'. Aún creo en la idea surrealista de que hay que esforzarse por sondear las profundidades de nuestro subconsciente para descubrir quiénes somos. Pero, por favor, que no digan que soy una abanderada del surrealismo"[1].

A mediados de la década de 1940, en la época en que la joven artista empezaba a despuntar en los círculos surrealistas gracias a su participación en algunas exposiciones de la Julien Levy Gallery, los artistas europeos que habían fundado el surrealismo terminada la Segunda Guerra Mundial ya se encontraban en el exilio y el movimiento había empezado a registrar su propia historia. Tanning tuvo una vida muy larga que repartió entre los Estados Unidos y Francia, y siguió desarrollando su carrera como artista y escritora durante el resto del siglo XX y comienzo del XXI. A pesar de ello, casi siempre se la ha identificado con el surrealismo, una etiqueta que ayuda a situar históricamente su práctica e invita a compararla con los artistas fundadores de este movimiento. Sin embargo, recientemente se han organizado varias exposiciones que estudian la relación entre el surrealismo y el arte actual e incluyen ejemplos de la obra de Tanning, estableciendo yuxtaposiciones creativas con otros artistas más jóvenes. En el Reino Unido, tanto la muestra *Subversive Spaces: Surrealism and Contemporary Art* en la Whitworth Art Gallery (2009) como *Dreamers Awake* en la galería White Cube (2017), demuestran que los artistas actuales han recuperado algunos motivos e inquietudes surrealistas que aún conservan su vigencia[2]. Como observa Samantha Lackey en la introducción del catálogo de la exposición *Subversive Spaces*, "aunque se puede afirmar taxativamente que el surrealismo revolucionario que defendían André Breton y los suyos ha pasado a la historia, su legado se mantiene vivo gracias a la interacción de los artistas contemporáneos con los intereses del movimiento"[3]. En *Subversive Spaces* se analizaba "el diálogo surrealista con los espacios en los que vivimos y en los que nos movemos" para ofrecer una peculiar crónica de las afinidades entre el surrealismo y algunos aspectos del arte actual[4]. En el imaginario surrealista clásico, el espacio interior de la psique se fusionaba con el espacio exterior del mundo. La relación entre el mundo interior y el mundo exterior era una enorme fuente de especulación e inspiración.

Desde el principio de su carrera, Tanning intentó trascender la interpretación dualista que establece una oposición entre lo interior y lo exterior, y ampliar la definición surrealista de cuerpo y de psique, de identidad y de feminidad, tan problemáticas para las mujeres artistas de su generación. Desde dentro y desde fuera del movimiento surrealista, Tanning empleó una serie de metáforas espaciales para explorar lo que ella misma definía como los "estados desconocidos pero cognoscibles"[5]. Su obra se puede dividir en varios periodos, y tanto la imaginería como los métodos que empleaba reflejaban lo que estaba sucediendo en cada momento en el ámbito del arte, la moda, el cine y la televisión. A través de un análisis de las metáforas espaciales en su obra, es posible reconsiderar su influencia en el arte actual. Una de sus motivaciones era el profundo deseo de dejar al descubierto un espacio situado más allá de las identidades, un afán por rechazar las definiciones claustrofóbicas que se solían aplicar a su obra. Al igual que otros artistas actuales comprometidos con el legado del surrealismo, ella se negaba a definir o a *encerrar* su obra dentro de los límites del surrealismo.

Exilio

En 1946 Dorothea Tanning y Max Ernst abandonaron Nueva York y trasladaron su hogar al paisaje desértico y rocoso de Sedona, en Arizona. Tanning disponía de un estudio propio en la casa que ellos mismos se construyeron, y en esos años disfrutó de una fase muy productiva de su carrera, entre aquellas cuatro paredes donde solía refugiarse del calor abrasador del desierto. En su autobiografía, *Between Lives*, escribió:

> Aquí, en este espacio rectangular de (unos) sesenta metros cuadrados en el que la temperatura rondaba los treinta y dos grados y que a veces me hacía llorar, pinté muchas obras: *Palaestra* [Palestra], *Max in a Blue Boat* [Max en un bote azul], *Maternity* [Maternidad], *Guardian Angels* [Ángeles de la guarda] y más adelante: *Interior with Sudden Joy* [Interior con placer inesperado] [...] y después, *The Philosophers* [Los filósofos], *A Very Happy Picture* [Un cuadro muy feliz], *Avatar* [...] Allí, en Sedona, ese lugar donde nunca pasaba nada, sucedieron muchas cosas[6].

Algunas de sus pinturas más conocidas de los años cuarenta representan esas inquietantes escenas domésticas tan características. Niñas prepuberales presas de un arrebatado frenesí o que merodean cerca de la puerta de alguna habitación; manteles y sábanas que vuelan por los aires después de haberse liberado de las mesas y las camas, como si un violento huracán estuviera arrasando los espacios cerrados que habitan. En Sedona, Tanning se había convertido en una artista que hacía tiempo que había escapado del nido familiar de Galesburg, un lugar donde, según sus propias palabras "nunca pasaba nada y lo único interesante era el papel pintado de la pared"[7]. Sin embargo, al exiliarse en otro lugar donde "tampoco pasaba nada" se encontró con unas condiciones inmejorables para revisar física y emocionalmente sus anhelos y fantasías adolescentes, para dar forma a esas tensiones, subvertir el antiguo orden establecido y sacar a la luz una realidad que apenas podían contener las paredes de las convenciones domésticas de su lugar de origen. Como señala Catriona McAra:

> Sedona tuvo un efecto peculiar, casi agorafóbico, sobre la producción creativa de Dorothea Tanning, y la "dureza devastadora" del desierto le hizo replegarse cada vez más sobre sí misma. Desde el punto de vista visual y textual, hay algo esotérico en este afán de interioridad: una necesidad obsesiva de encontrar un refugio, asociada con la introversión. Es una característica general de su práctica que se suele relacionar con el carácter liminar de los ritos de paso o con la idea manida de lo siniestro en el surrealismo[8].

El mismo año que Tanning se fue a vivir a Sedona, la artista Louise Bourgeois estaba trabajando en Manhattan en su serie de dibujos y pinturas *Femme-maison* [mujer-casa], figuras femeninas que se funden con sus propias viviendas domésticas o son devoradas por ellas. Nacida un año después que Tanning, tuvo tanto éxito en su vejez que todo el mundo la consideraba una artista contemporánea, a pesar de sus noventa años. Bourgeois encontró *su* libertad artística en la azotea del edificio de su apartamento, contemplando el cielo de Nueva York. Se veía como "una chica fugitiva" que se había escapado de su casa de París en 1938[9]. En su obra, como en la de Tanning, encontramos numerosas referencias a la claustrofobia del entorno doméstico, un espacio que parece cargado de una energía a punto de estallar[10]. Tanto en el autorretrato que Bourgeois realizó entre 1946 y 1947 como en su pintura *Roof Song* [Canción de la azotea, 1946-1948] aparece una mujer en una azotea que asoma por una chimenea, con una expresión atormentada en el rostro, gritando, con el pelo erizado hasta el cielo. El pelo alborotado de estas pinturas, como el de las *femme-enfants* que retrata Tanning en *Eine Kleine Nachtmusic* (1943) y en *Palaestra* [Palestra, 1947], representa la liberación de la feminidad –estas mujeres se "desmelenan", literalmente–, o evoca a la mujer salvaje que escapa del ámbito doméstico, y de las definiciones férreas, restrictivas, claustrofóbicas de la feminidad.

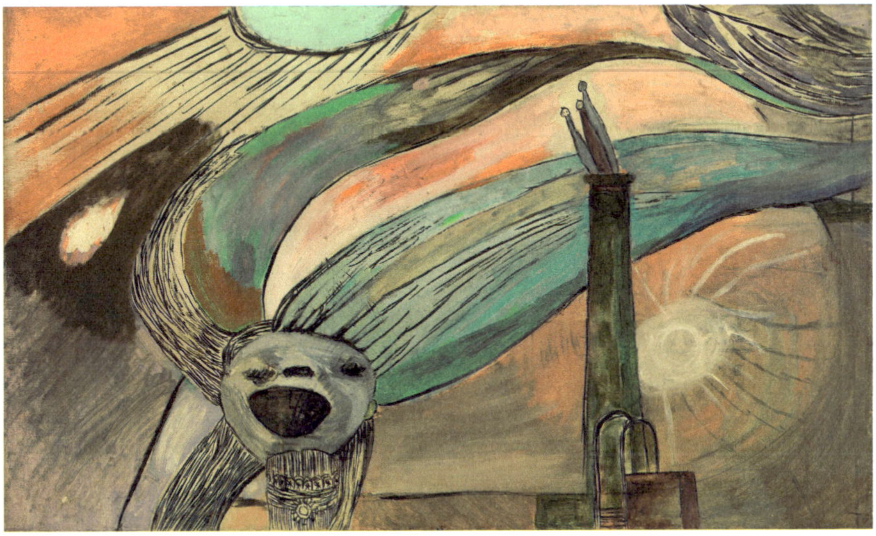

Louise Bourgeois, Sin título (autorretrato), 1946-1947

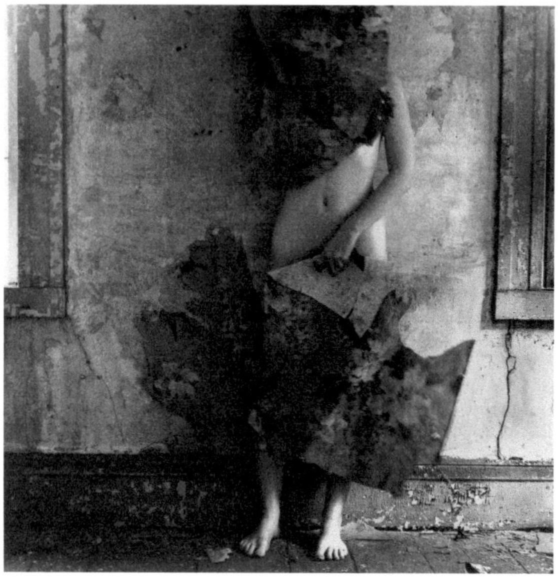

Interior

En una de las primeras pinturas de Tanning, *Children's Games* [Juegos de niños, 1942], también vemos a una niña con el pelo largo y alborotado, aunque en este caso parece que la absorbe un torbellino que se ha abierto en la pared, detrás del papel pintado que está intentando arrancar con ayuda de otra niña. Son varias las pinturas en las que encontramos mechones de pelo, retales de tela, sábanas y manteles o jirones de papel pintado representados de una manera similar. Todos estos elementos aportan a las escenas cierta ambigüedad e incertidumbre deliberadas. El papel de pared arrancado de *Children's Games* vuelve a aparecer en otra obra posterior, la extraordinaria *Chambre 202, Hôtel du Pavot* [Habitación 202, Hôtel du Pavot, 1970-1973]. Estas visiones de figuras que se confunden con las paredes o surgen de ellas hacen pensar en "El papel pintado amarillo", un relato decimonónico de Charlotte Perkins Gilman en el que una escritora que acaba de dar a luz –aquejada de lo que hoy definiríamos como depresión posparto y privada de la vía de escape de su creatividad– empieza a ver figuras en los dibujos del papel pintado de la habitación donde se encuentra encerrada, convaleciente[11]. Los espacios domésticos de las pinturas de Tanning son tan opresivos y claustrofóbicos como la habitación del relato de Perkins y la vía de escape también se encuentra en las *femme-enfants*. Sin embargo, para huir no es necesario caer en la locura, sino descomponer el sujeto para adentrarse en el ámbito de la imaginación. Las paredes que separan el yo del entorno inmediato empiezan a ceder, y provocan la fusión del interior y el exterior.

La imagen del cuerpo de una mujer que sale de una pared o se confunde con el papel pintado también está presente en las fotografías que la artista norteamericana Francesca Woodman empezó a realizar en la década de 1970. Se ha escrito mucho sobre la relación de Woodman con el surrealismo y con la fotografía surrealista, y los objetos que aparecen en su obra (espejos, puertas, conchas, una anguila...) se

Francesca Woodman, Sin título (1976), de la serie *Space²*, Providence, Rhode Island, 1975-1978 prestan a una interpretación psicoanalítica[12]. En las fotos de las series *House* [Casa] y *Space²* [Espacio², 1975-1976], la propia artista se acurruca junto a la pared de una casa abandonada en Providence, Rhode Island; se cuela entre la pared y la chimenea, o se confunde con unos jirones de papel pintado con motivos florales con los que se cubre el rostro y las piernas, dejando al descubierto un ombligo como el de la figura que surge de la pared en *Children's Games* de Tanning. En *Untitled, Rome, Italy* (1977-1978), Woodman se apoya contra una pared ruinosa y se estira la melena hacia arriba hasta donde le alcanza el brazo. En otra fotografía de la misma hoja de contactos, una mano y un antebrazo asoman por una grieta en un rincón de la habitación y tiran de la artista, intentando arrastrarla. En otras fotografías de la serie *Space²* el cuerpo desnudo de Woodman se encuentra en una vitrina con las manos y el pecho apretados contra el cristal, como si luchara por escapar de ese espacio cerrado.

En la mencionada exposición *Subversive Spaces* se exhibió un vídeo de siete minutos y medio de la artista británica Lucy Gunning titulado sencillamente *Climbing Round My Room* [Trepando por mi habitación, 1993], junto con *Eine Kleine Nachtmusik* de Tanning, una selección de fotografías de Francesca Woodman y otras piezas de arte actual. El vídeo de Gunning muestra a una joven vestida de rojo que trepa por las estanterías de una habitación despejada, pintada de blanco, se encarama a los muebles, se pasea por la ventana y por el radiador. Esta obra reproduce literalmente el proceso de exploración de un espacio interior de confinamiento para determinar si se pueden rebasar sus límites. A pesar de su vestido elegante y de sus movimientos acrobáticos, la mujer se comporta como una fiera enjaulada que recorre incansablemente los límites del lugar donde se encuentra encerrada[13].

Al igual que los animales que se mimetizan con su entorno, las *femme-maisons* de Bourgeois o los autorretratos fantasmagóricos de Woodman muestran a una mujer perdida entre las paredes del espacio doméstico que habita. Bourgeois afirmaba que estaba interesada en los ensayos de Gaston Bachelard, un autor que proclamaba en su *Poética del espacio* que "la casa, aún más que el paisaje, es un 'estado psíquico'"[14]. Ese fenómeno que, en su análisis de la obra de Louise Bourgeois, Kirsty Bell interpreta, siguiendo a Bachelard, como "la interrelación psicológica entre el cuerpo y el espacio construido", también desempeña un papel fundamental en las escenas interiores de Tanning[15]. El espacio doméstico construido –la casa– guarda una relación tan profunda con el cuerpo femenino y con el desarrollo de la psique que se produce una identificación casi total entre ambos. Sin embargo, en los interiores de Tanning, las capas de la decoración y del decoro se arrancan literalmente para dejar al descubierto la carne que hay detrás o más allá de los límites, que apunta quizá la posibilidad de un espacio "exterior".

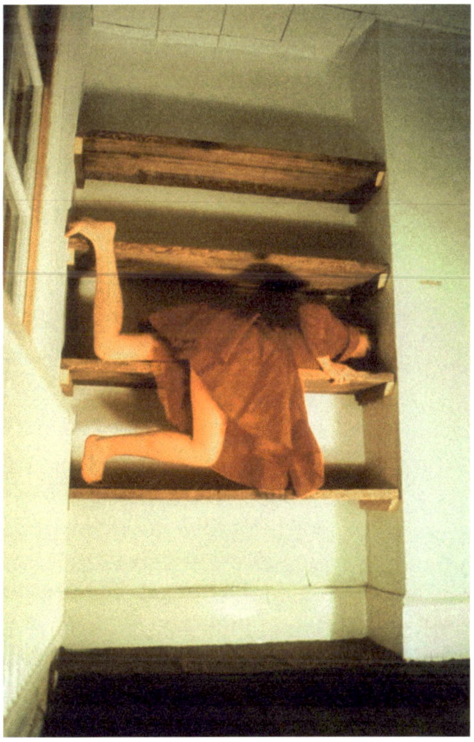

Lucy Gunning, *Climbing Around My Room* [Trepando por mi habitación], 1993

Sin forma

La década de 1950 marcó un cambio evidente en la práctica de Tanning y un abandono de la estética concisa de sus escenas domésticas en favor de un estilo pictórico más libre, más abstracto. "En los primeros años", señalaba la artista a propósito de este periodo, "pintaba desde este lado del espejo –el espejo para mí es una puerta–, pero creo que lo he atravesado, y he llegado a un lugar donde las identidades han desaparecido por completo"[16].

En las pinturas prismáticas, caleidoscópicas, que creó en los años cincuenta, como *Insomnies* [Insomnios, 1957] o *The Ill Forgotten* [Los injustamente olvidados, 1955], Tanning recurre a una paleta de tonalidades y colores apagados para mezclar las partes del cuerpo con una superficie pictórica plana. Aunque las pinturas de esta época comparten algunos de los objetivos y los métodos del expresionismo abstracto (un movimiento que nace del surrealismo), nunca abandonó del todo la representación de la figura. En un ensayo que escribió sobre la técnica pictórica de Tanning y sobre la exposición de su obra que tuvo lugar en el Camden Arts Centre en 1993, Alison Rowley afirmaba que las pinturas que alumbró la artista en este periodo ya no concedían prioridad a la visión sobre el tacto, a lo óptico sobre lo háptico. Más bien, las pinturas de Tanning "intentan construir un espacio pictórico que pueda dar cabida simultáneamente a las sensaciones de la vista y el tacto, tal y como las experimenta el cuerpo"[17].

A finales de los sesenta y principios de los setenta se produjo un nuevo giro en la obra de Tanning, que la llevó a trasladar el mundo bidimensional de sus pinturas al ámbito táctil de las tres dimensiones. Sus primeros experimentos con la escultura blanda –sobre todo las obras de 1969, *Xmas* [Navidad], *Étreinte* [Abrazo] y *De Quel Amour* [De qué amor] de 1970– son figuras retorcidas que parecen hacer referencia a los cuerpos entrelazados de sus pinturas de los años sesenta, como *Far From* [Lejos de, 1964], *Même les jeunes filles* [Incluso las niñas, 1965] y *La Descente dans la rue* [Descenso a las calles, 1968]. En *Hôtel du Pavot,* tres cuerpos tridimensionales surgen de las paredes y de los muebles. Se trata de unas figuras rellenas y cosidas con una textura que se puede tocar y apreciar. Sienna Freeman sostiene que las esculturas blandas de Tanning se alejan de la ideología visionaria y cerebral de lo imaginario y lo inconsciente de Breton y se alinean con "el programa surrealista alternativo que inaugura George Bataille", que se interesaba por lo abyecto, lo extraño, lo vulgar, lo táctil, lo informe, la "alteridad"[18].

Aunque Tanning creó sus esculturas blandas en una época en que el concepto de "Soft Art" o arte blando empezaba a calar en el mundo del arte, sus obras deben situarse en un marco de referencia muy diferente. Las influyentes exposiciones de Lucy Lippard *Eccentric Abstraction* (1966) y *Soft and Apparently Soft Sculpture* (1968) pretendían dejar constancia del abandono de los materiales pulcros, industriales, que utilizaban los minimalistas, en favor de un medio más flexible, amorfo o efímero, e incluían obras de artistas como Eva Hesse, Robert Morris, Bruce Nauman y Louise Bourgeois. En las esculturas posminimalistas que se presentaron en esas exposiciones solo se aludía al cuerpo de manera indirecta. Se podría decir que las esculturas parcialmente figurativas de Tanning no encuentran su verdadero contexto hasta los años noventa. Fue entonces cuando se recuperó una escultura más figurativa que incorporaba materiales encontrados y prácticas artesanales, y se renovó el interés por lo personal, lo simbólico y lo psicológico, en el contexto de la práctica feminista, con artistas como Annette Messager, Kiki Smith o Rosemarie Trockel, o en el de la recuperación de lo doméstico y lo siniestro que propugnaban Mike Kelly, Robert Gober y Tony Oursler. Aunque en las muestras de Lippard se incluyeron las piezas más abstractas e "informes" de Bourgeois, elaboradas con escayola y látex, esta artista no empezaría a crear cuerpos rellenos y cosidos siguiendo un procedimiento similar al de Tanning hasta los años noventa, aprovechando la ropa que tenía guardada en el armario desde hacía muchos años.

Más adelante, las artistas del grupo "YBA" Tracey Emin y Sarah Lucas también incorporaron la costura a su práctica[19]. En su serie de esculturas blandas *Nud Cycladic* (2010), Lucas presenta una serie de formas retorcidas, confeccionadas con medias rellenas, que recuerdan mucho a las esculturas de Tanning. Tanto las esculturas blandas de Tanning como las de Lucas se incluyeron en *Disobedient Bodies* (2017) de la galería The Hepworth Wakefield, comisariada por el diseñador de moda Jonathan Anderson. En esta muestra, basada en la premisa de la expansión creativa de la forma humana, también se presentaron piezas de otros diseñadores de moda, como Rei Kawakubo, Christian Dior, Jean Paul Gaultier e Issey Miyake. Aunque no se aludía explícitamente al surrealismo, sí se expuso *La demie poupée* [La medio muñeca, 1972] de Hans Bellmer; Anderson comparaba el proceso de creación de la exposición con "el juego de los cadáveres exquisitos", un juego surrealista en el que las distintas partes del cuerpo se combinan a ciegas para construir un todo monstruoso o grotesco[20].

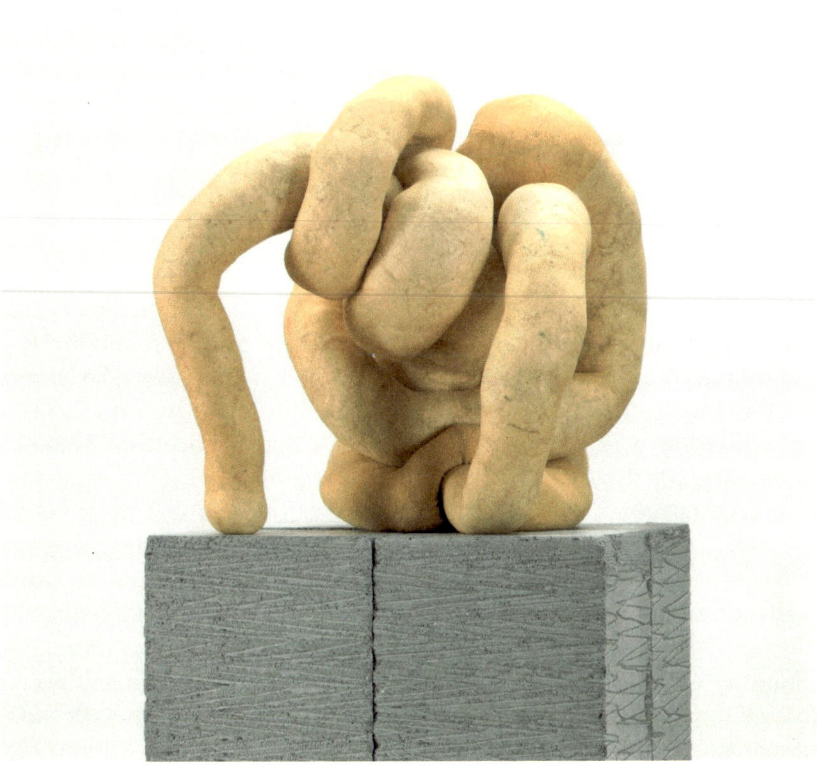

Sarah Lucas, *Nud Cycladic 3*, 2010

Este juego de salón surrealista sería el tema de otra exposición anterior, *Exquisite Corpses: Drawing and Disfiguration*, que se inauguró en el Museum of Modern Art de Nueva York en 2012 y que incluía algunas obras del canadiense Marcel Dzama, un artista contemporáneo que reconoce que el surrealismo es una de las influencias presentes en su obra. Dzama trabaja con diferentes medios: el dibujo, la escultura, el cine, el collage y el *assemblage*. En 2016, plasmó sus ideas artísticas en la escenografía y el vestuario para un ballet basado en el cuento de Hans Christian Andersen *The Most Incredible Thing*, interpretado por el New York City Ballet. El vestuario de Dzama estaba inspirado en numerosas fuentes: diseñó unos tutús basados en los rotorrelieves de Marcel Duchamp, un vestido plateado con miriñaque que hacía referencia al *Ballet triádico* que había concebido en los años veinte el maestro de la Bauhaus, Oskar Schlemmer, y unos disfraces de pájaro llenos de plumas que recordaban al vestuario que diseñó Tanning para una de las bailarinas de la producción de George Balanchine *Bayou* (1952), compuesto por un vestido y un aparatoso tocado con plumas de cisne. En el cuento de Andersen, un artesano construye un reloj con figuras que representan las horas. Al final del cuento, las figuras cobran vida, a pesar de que alguien intenta destruir el reloj, lo que demuestra que una obra de arte nunca muere y que eso es verdaderamente "lo más increíble". La propia Tanning plasmó su interés por la danza tanto en los vestuarios y las escenografías que diseñó en los años cuarenta y cincuenta, como en algunas pinturas de los años sesenta, estudios de cuerpos en movimiento o entrelazados como *Tango Lives* [El tango vive, 1977]. Es evidente que las formas de sus esculturas blandas están relacionadas con estas representaciones pictóricas de la carne y el movimiento. A diferencia del reloj del cuento de Andersen, las esculturas blandas de Tanning están confeccionadas con materiales que se deterioran con el paso del tiempo y que tienen, por tanto, una vida limitada. Aunque los materiales efímeros se han convertido en una presencia habitual en la práctica artística contemporánea, a finales de los años sesenta esta opción supuso un cambio radical en la obra de Tanning, en un momento en que las técnicas artísticas basadas en el tiempo apenas habían empezado a utilizarse.

Del revés

Si bien, en términos generales, la danza y el teatro actuales aún mantienen cierta fidelidad a la tradición de las actuaciones que se representan en un auditorio público, cada vez es más frecuente que las imágenes que se crean para cine y televisión se transmitan directamente a nuestros hogares para que podamos consumirlas "a la carta". La serie de NetFlix *Stranger Things*, un thriller de ciencia ficción que en los últimos años ha adquirido la categoría de obra de culto, utiliza imágenes procedentes de una amplia variedad de fuentes para narrar una historia ambientada en una pequeña localidad norteamericana de los años ochenta en la que un grupo de adolescentes descubre un monstruoso mundo subterráneo. Un niño atrapado en este otro ámbito o dimensión se comunica con su madre a través de las paredes de su casa y un monstruo atraviesa el papel de la pared de una manera que recuerda a los cuerpos de Tanning en *Children's Games* y *Chambre 202, Hôtel du Pavot*. Los adolescentes llaman a este monstruo el "Demogorgon", un nombre sacado del juego de rol de fantasía *Dragones y Mazmorras*, y la otra dimensión, el mundo subterráneo, es el mundo "del revés". Aunque la mayoría de los miembros de la pandilla de *Stranger Things* son chicos, la historia tiene su propia *femme-enfant*, una chica llamada Once que tiene el privilegio de poder acceder al mundo "del revés" y es la única que puede "cerrar la puerta" que conduce a este inframundo. En un capítulo de la serie, el personaje del profesor utiliza la analogía del acróbata que camina sobre una cuerda para describir la otra dimensión. El acróbata solo puede moverse hacia delante o hacia atrás, pero una pulga que se posara sobre la cuerda podría pasar por debajo, y caminar del revés, boca arriba, para acceder a una dimensión alternativa.

Stranger Things ha adquirido una gran popularidad entre la generación que creció en los años ochenta gracias a un argumento salpicado de elementos nostálgicos de esa época. No es ninguna casualidad que la serie se desarrolle precisamente en la década en que el vídeo ya estaba presente en la mayoría de los hogares occidentales pero el *boom* digital aún no había tenido lugar. Los primeros en introducir el vídeo en la práctica artística a finales de los setenta y principios de los ochenta, artistas como Susan Hiller o Oursler, solían utilizar este medio para estudiar fenómenos científicos, espirituales o místicos; mundos ocultos, y también su relación con el entorno doméstico. Trasladar la tecnología de la sala de estar a las cuatro paredes del espacio de la galería les permitía estudiar "el fantasma de la máquina". Para Oursler, la imagen que mejor representaba lo que podía ser el arte para su generación era la de un televisor que acababa de estallar. En los años ochenta, David Lynch también creó algunas películas y series de televisión que incorporaban elementos inquietantes, siniestros, tomando como punto de partida las estrategias surrealistas. Treinta años después, ahora que la tecnología empieza a derribar los muros que han separado hasta ahora el espacio público del espacio privado y la televisión es algo más que una "caja" situada en un rincón de la habitación, es indudable que las cosas que escapan a nuestro control o a nuestra comprensión representan una amenaza cada vez mayor, y el miedo que nos provocan los monstruos que podemos haber liberado se acrecienta. *Stranger Things*,

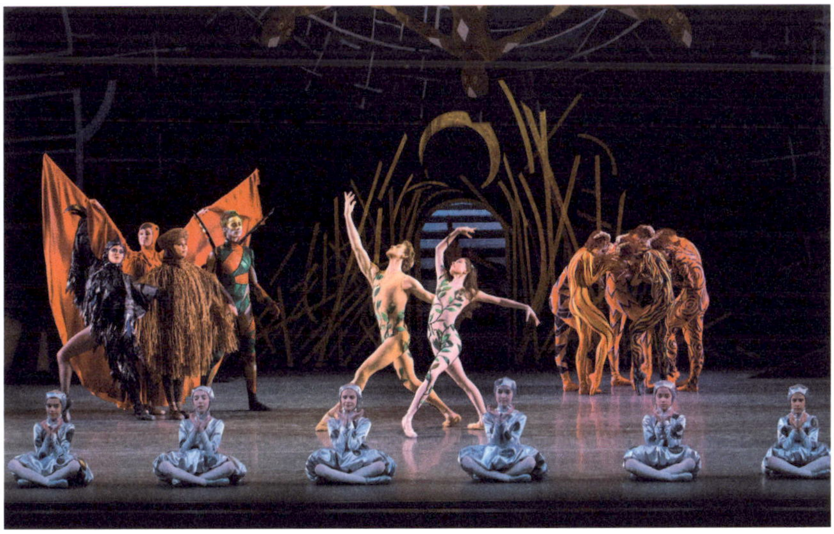

Adrian Danchig-Waring y Rebecca Krohn en *The Most Incredible Thing*
de Marcel Dzama, New York City Ballet, 2016

en la medida en que invoca el temor a una realidad que acecha detrás de las paredes, un monstruo carnoso y carnívoro que se cuela por las rendijas en nuestra existencia doméstica y vive en un mundo paralelo que pasa por debajo del nuestro, recupera muchos de los motivos de las pinturas de Tanning, aunque los presenta precisamente a través de esa misma tecnología que podría permitir que las pesadillas se convirtieran en nuestra realidad cotidiana.

A pesar del auge de los medios digitales –o quizá, precisamente, como reacción a este fenómeno–, algunos artistas contemporáneos, como Marcel Dzama y Rachel Goodyear, han regresado a la sencillez de los dibujos a lápiz y acuarela para describir y dar forma a sus mundos interiores, fragmentos del inconsciente, del miedo y de la fantasía, confinando sus visiones dentro de los límites de una pequeña hoja de papel. Goodyear, si bien reconoce la influencia de Lynch, se inspira no obstante en visiones y narraciones cinematográficas extraídas directamente del imaginario surrealista. Sus innumerables dibujos –que suele exponer en bloque– forman un collage integrado por elementos del imaginario histórico, literario, cinematográfico, visual y pictórico. Una imagen recurrente en la obra de Goodyear es la de una mujer con la cabeza inclinada hacia delante o hacia atrás, con una melena morena que le cubre la cara. Esta figura suele aparecer en compañía de otra persona o de un animal, como en *Dirt* [Suciedad, 2009] y en *Mucky Paws* [Patas embarradas, 2010]. Goodyear empezó a dibujar estas figuras durante un tratamiento de quimioterapia al que tuvo que someterse a los veintisiete años, y creó una serie titulada *Unable to Stop Because They Were Too Close to the Line* [Demasiado cerca de la meta para parar] que describía como "un proyecto insólito, pues, por una parte, yo experimentaba la enfermedad y el tratamiento como paciente, y, por otra, observaba desde fuera lo que estaba sucediendo, como artista"[21]. En una obra posterior titulada *An Apparition* [Una aparición, 2015], Goodyear retrata a una mujer doblada hacia atrás, con la columna vertebral retorcida y arqueada en una posición característica de la histeria, mientras una oscura nube cargada de tinta acuosa se cierne sobre ella. Como tiene los ojos vendados, es de suponer que se trata de una "aparición" interior, aunque la nube negra y la postura parecen indicar que siente la proximidad de una presencia angustiosa y se ve obligada a doblarse para evitarla o recibirla. En la parte izquierda de la pintura de Dorothea Tanning *A Gap To Be Filled* [Llenar el vacío, 1963] aparece una mujer con una postura similar, algo más entrada en carnes, y en *Table Tragique* [Mesa trágica, 1974], una escultura de *tweed* que representa a una mujer arqueada hacia atrás, echada sobre una mesa, con la melena colgando. Todas estas figuras se estiran todo lo que pueden, como si el único recurso para sobrevivir a las fuerzas que las hacen combarse o las amenazan fuera la flexibilidad, la fe en una visión interior o la contemplación del mundo del revés.

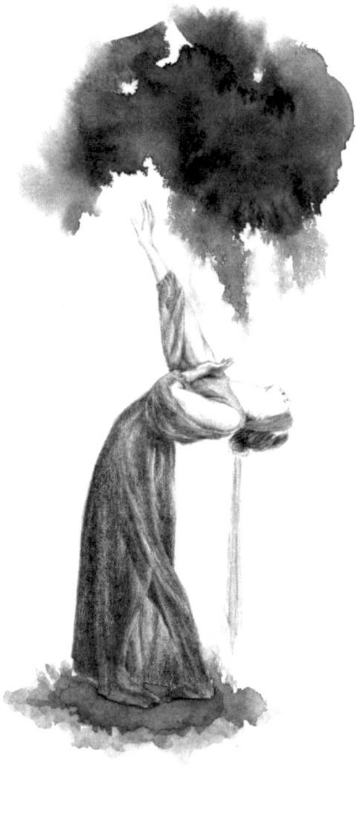

Rachel Goodyear, *An Apparition* [Una aparición], 2015

Abismo

En su intento por describir las fuerzas "ocultas" o, en palabras de la propia Tanning, "los estados desconocidos pero cognoscibles", algunos artistas, escritores, cineastas y productores de programas de televisión recurren una y otra vez a las imágenes de fenómenos naturales, al poder de los elementos. A finales de los ochenta, Tanning escribió un guion para una película documental de veintisiete minutos basada en el formato de un programa de televisión, *Unherad-of News*. Aunque la película nunca llegó a rodarse, la idea de Tanning era adoptar el formato de un programa de noticias con imágenes de archivo de distintas catástrofes naturales: incendios, inundaciones, volcanes, tormentas de nieve, tornados y terremotos, que servirían como telón de fondo para una exposición y un análisis de sus pinturas. El entrevistador sería un perro (o, por lo menos, un hombre disfrazado de perro) y en el guion se especificaba que un terrible huracán (generado con una máquina de viento) soplaría durante toda la película sobre la artista y el entrevistador. En un momento dado, se asomarían al cráter de un volcán: "El entrevistador y la artista se encuentran en el cráter o por lo menos en un promontorio cercano, el perro con su inseparable micro, la artista ataviada como una vulcanóloga, sea cual sea esa indumentaria [...] Un ruido terrible y ensordecedor [...]"[22].

A partir de los años cuarenta, Tanning empezó a utilizar en su obra artística y literaria la fuerza y la grandiosidad de la naturaleza como metáfora de las fuerzas externas al yo corpóreo. En un autorretrato de 1944, la artista aparece en traje de baño al borde de un promontorio, una figura solitaria, insignificante en el imponente y rocoso paisaje de Arizona. Sin embargo, para pintar la sima que se extiende delante de ella, la artista no ha elegido los colores polvorientos del desierto, sino las suaves tonalidades del azul aguamarina, lo cual parece indicar que en ese momento contempla la posibilidad de zambullirse en ese misterioso abismo. Destina, la heroína infantil de *Chasm*, la novela de Tanning, la última de una larga estirpe de Destinas, se encuentra a sí misma en un cañón del desierto. La metáfora del desierto/océano vuelve a aparecer en el penúltimo párrafo del libro: "Se sentó en el borde de una profunda grieta, con los pies colgando sobre el vacío. Ahora que no estaba su amigo, permanecer ahí entre esas piedras le parecía tan antinatural como encontrarse en el fondo del mar"[23].

Quizá, de acuerdo con la interpretación de la obra de Tanning que propone Alison Rowley, el mérito de la artista resida en su habilidad para "representar el cuerpo como un espacio óptico y táctil, al mismo tiempo, en el que la desaparición parcial de las fronteras del cuerpo no se teme ni se percibe como un riesgo de subsunción total" y tender así una cuerda que permita atravesar ese territorio complejo y vertiginoso[24]. Tanning desarrolló su arte en algún lugar situado más allá de lo que Whitney Chadwick, en su análisis de las mujeres surrealistas, ha definido como "el abismo presidido por las exigencias a menudo irreconciliables de la expresión poética y la vida cotidiana". Imaginó un cuerpo sin fronteras, y rechazaba las interpretaciones reduccionistas[25]. Dorothea Tanning construyó su práctica desde un espacio que en cierta ocasión definió como "el lugar donde las identidades han desaparecido por completo", y allanó así el terreno para acceder a ese territorio que hoy en día exploran los artistas de las nuevas generaciones[26]. Ellos siguen ampliando el legado del surrealismo, y fuerzan las fronteras de las interpretaciones tradicionales para adentrarse en otra dimensión.

1 Dorothea Tanning en John Glassie, "Oldest Living Surrealist Tells All", entrevista con Dorothea Tanning, *Salon*, 11 de febrero de 2002, https://www.salon.com/2002/02/11/tanning/.

2 *Subversive Spaces: Surrealism and Contemporary Art*, Manchester, Whitworth Art Gallery, 7 de febrero-4 de mayo de 2009. Después viajó a Compton Verney, Warwickshire, 13 de junio-6 de septiembre de 2009; y al Sainsbury Centre for Visual Art, University of East Anglia, Norwich, 29 de septiembre-13 de diciembre de 2009. *Dreamers Awake*, comisariada por Susanna Greeves, Londres, White Cube Bermondsey, 27 de junio-17 de septiembre de 2017.

3 Samantha Lackey, "Subversive Spaces: Surrealism and Contemporary Art, An Introduction", en *Subversive Spaces: Surrealism and Contemporary Art*, catálogo de la exposición, Mánchaster, The Whitworth Art Gallery, 2009, pp. 10-11.

4 Ibíd.

5 Alain Jouffroy, "Interview with Dorothea Tanning", en *Dorothea Tanning*, catálogo de la exposición, Malmö konsthall, 1993, p. 57. Publicado por primera vez como "Questions pour Dorothea Tanning, Entretien avec Alain Jouffroy, Mars 1974", en *Dorothea Tanning: Œuvre*, catálogo de la exposición, Centre National d'Art Contemporain, París, 1974.

6 Dorothea Tanning, *Between Lives: An Artist and Her World*, Nueva York, W.W. Norton, 2001, p. 140.

7 Dorothea Tanning, "Dorothea Her Lights and Shadows", en *Dorothea Tanning: 10 Recent Paintings and a Biography*, catálogo de la exposición, Gimpel Weitzenhoffer Gallery, Nueva York, 1979.

8 Catriona McAra, *A Surrealist Stratigraphy of Dorothea Tanning's Chasm*, Londres y Nueva York, Routledge, 2017, p. 63

9 Por ejemplo, en el autorretrato de Bourgeois *The Runaway Girl*, ca. 1938.

10 En sus últimos años, Bourgeois se volvió agorafóbica, y se encerró en su casa de arenisca de Chelsea. Allí, trabajaba en la mesa de un salón interior.

11 Charlotte Perkins Stetson [Gilman], "The Yellow Wall-Paper", *New England Magazine*, vol. 11, nº 5, enero de 1892, pp. 647-656 [Trad. cast.: *El papel pintado Amarillo*, Zaragoza, Contraseña, 2012].

12 Véase, por ejemplo, Dawn Ades, "One Hundred Percent Photographic", en Ilene Susan Fort y Tere Arcq, con Terri Geis (eds.), *In Wonderland: The Surrealist Adventures of Women Artists in Mexico and the United States*, catálogo de la exposición, Los Angeles County Museum of Art; Museo de Arte Moderno, Ciudad de México, Múnich et al.: Prestel, 2012, pp. 185-199.

13 En un ensayo que publicó en 1935 en la revista surrealista *Minotaure*, Roger Caillois establecía una analogía entre el deseo del organismo de camuflaje, de mimetismo o de adaptación al espacio circundante y las condiciones psicológicas de la psicastenia, en la que los individuos se pierden progresivamente en el espacio. Véase David Lomas, "Psychic Disturbance and Interiority in Surrealism and Contemporary Art", en *Subversive Spaces*, pp. 13-32.

14 Gaston Bachelard, *The Poetics of Space*, trad. de Maria Jolas, Boston, Beacon Press, 1969, p. 72 [Trad. cast.: *La poética del espacio*, México, Fondo de Cultura Económica, 2012].

15 Kirsty Bell, *The Artist's House: From Workplace to Artwork*, Berlín, Sternberg Press, 2013, p. 126.

16 Tanning, en Jouffroy, ibíd, p. 57.

17 Alison Rowley, "Lapses of Taste: On Dorothea Tanning", *Women's Art Magazine*, nº 66, octubre de 1995, p. 18.

18 Sienna Freeman, "Pulled, Stitched, and Stuffed: Materiality and the Abject in Dorothea Tanning's Soft Sculpture", *Sightlines* [Journal of Visual & Critical Studies at California College of the Arts], 2016, pp. 17-29.

[19] YBA es el acrónimo de "Young British Artists", un término que se utiliza para calificar a un grupo de artistas que empezaron a exponer como colectivo en el Reino Unido a finales de los ochenta y principios de los noventa.

[20] Tim Blanks, "Inside J.W. Anderson's 'Disobedient Bodies'", *Business of Fashion*, 20 de marzo de 2017, entrevista online de J. W. Anderson con Andrew Bonacina: https://www.businessoffashion.com/articles/intelligence/jw-anderson-disobedient-bodies-the-hepworth-wakefield.

[21] Alice Hughes, "Rachel Goodyear: Liminal Truths from an Artist and Patient", *The Double Negative*, 25 de septiembre de 2014, http://www.thedoublenegative.co.uk/2014/09/rachel-goodyear-liminal-truths-from-an-artist-and-patient/.

[22] Dorothea Tanning, "Unheard-of-News", manuscrito inédito, The Destina Foundation, Nueva York.

[23] Dorothea Tanning, *Chasm: A Weekend*, Londres, Virago Press, 2004, p. 156

[24] Rowley, "Lapses of Taste", p. 19.

[25] Whitney Chadwick, *Women Artists and the Surrealist Movement*, Londres, Thames & Hudson, 1991, p. 8

[26] Jouffroy, ibíd., p. 57.

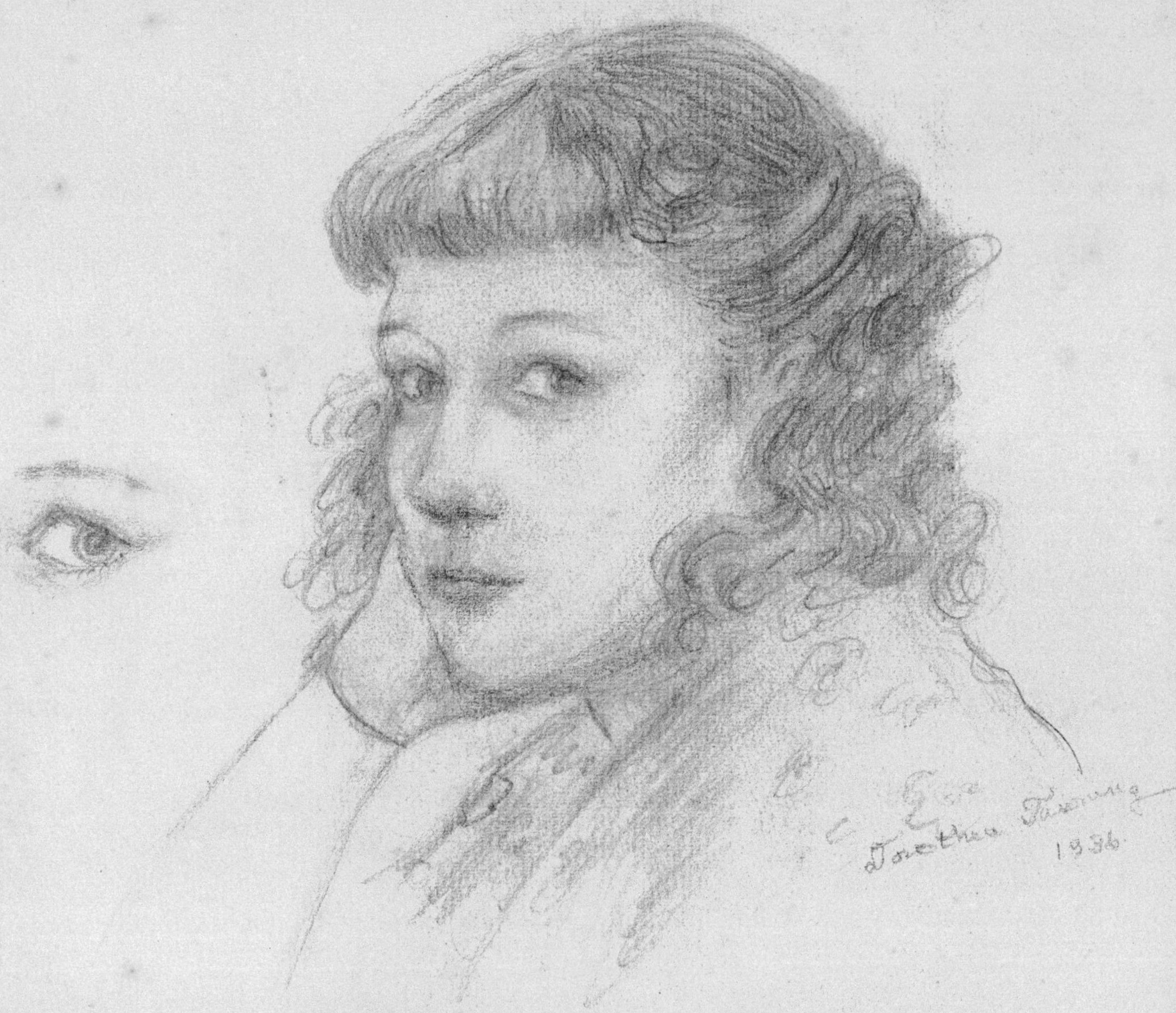
Dorothea Tanning
1936.

Dorothea Tanning
Selección de relatos cortos y poemas

Cita a ciegas, 1943

Abismo, 1949

Collage (La Femme 100 Têtes), 2000

Espacio desarmado, 2004

Lo único, 2005

Trapecio, 2006

Cedar Fork, 2009

La jerga del arte, 2009

Self-Portrait [Autorretrato], 1936

Cita a ciegas

Debió de ser un invierno muy desapacible el de ese año. No recuerdo nada del clima, solo el orden maravilloso e implacable con que se sucedieron los acontecimientos. Fue entonces cuando la máquina de coser se escapó; no podía haber elegido un momento más inoportuno, diabólicamente calculado: las hojas se habían recogido y almacenado cuidadosamente, y ahora había que coserlas. Recuerdo que eran unas hojas de muy buena calidad, secas y finas, con su rastro de caracol en el reverso, el tipo de hoja ideal para un cumpleaños. Y ahora la máquina de coser se había marchado, había desaparecido sin decir palabra, sin avisar. Disgustada, desconcertada y con una inexplicable sensación de presagio, fui yo quien salió desesperada en su busca. El mes era noviembre, pero el día no tenía fecha.

Tú, cofre de la terrible joya, caleta del silencioso pez sin aletas, cuenca vacía del ojo ausente, hoy encontrarás tu imagen reflejada de improviso. Pero debes saber que en el momento en que esto ocurra quedarás atrapada por completo, por completo y para siempre. No hables de voluntad. Tu voluntad es un frágil espejismo. Una vez que te enfrentes a la imagen serás como un rayo de luz que la llama proyecta y retira. Si es la imagen verdadera, inconcebible, entonces el velo quedará desgarrado irreparablemente, y alcanzarás lo incomparable.

Lluvia, una lluvia gris y constante, que cala hasta los huesos. ¡Y este viento endemoniado! Arrecia y amaina, delira, gimotea y vomita, y después, como si hubiera recordado algo de repente, suelta un alarido. Nos encontramos en la calle, en una manzana de viviendas elegantes y respetables, casas inspiradas en Beckford y en esos románticos intrascendentes que construyeron "ruinas" con arenisca y roble dorado. Y en este saliente de sombrías fachadas destaca una aún más sombría que las demás, porque posee el diseño más estúpido y porque está abandonada. La lluvia golpea nuestras gabardinas, nos resbala entre los pechos, se nos cuela entre los dedos de los pies, y subimos corriendo el tramo curvado de escalones abandonados. No es solo un refugio momentáneo, pues la puerta se abre y cruzamos el umbral.

Acércate, mi niña, mi hija diabólica del ojo velado. Consigue llegar hasta esa engañosa retícula tuya, alcánzame el aparatoso instrumento. ¿Has abierto bien los ojos, esos ojos cubiertos por el velo? ¿Acaso finges no haberte desecho de los amantes hermosos, hermosos y aburridos? Acércate un poco más, mi niña de la boca fatídica...

Nos abrimos paso a empujones a través de una enmarañada vegetación pantanosa que ha arraigado en el sudoroso techo del vestíbulo. Las habitaciones están vacías, las puertas entreabiertas. El silencio respira en nuestra cara, nos chupa la sangre de los oídos y percibo una melancolía soporífera, esa melancolía profunda y tediosa que lo abarca todo y no explica nada. De la mano (porque así es como se hacen estas cosas), atravesamos las habitaciones vacías y silenciosas y, casi al final, encontramos a un señor dormido, con la tez gris y un sombrero panamá. Se parece un poco a Sasha Guitry, el mismo aspecto abotargado, el mismo tajo en el lugar donde debería estar la boca, el mismo reloj de leontina, solo que, en lugar de la barriga blanda, debajo del diafragma lleva incrustado un acuario. Un acuario con un cieno espeso, amarillo pálido, en el que se retuerce nuestra máquina de coser fugitiva. Rápidamente, meto la mano en aquel lodo caliente y saco el objeto jadeante.

"Escúchame; ¿no te he explicado todavía qué es lo que hay que hacer aquí? –dice el hombre de la cara gris, que se acaba de despertar– ¡Qué extraordinario!".

Sin más dilación, me saco de la bata el hermoso instrumento reluciente y, con una sola mano, llevo a cabo mi ineludible tarea. Una última ojeada al enmarañado montón de restos humanos, que se retuercen como los sarmientos de una vid, y me doy cuenta de que ahora, por fin, estoy completamente sola. Como debe ser. Demasiado tarde ya para las hojas; se han marchitado y han ardido. Ya no hay nada que coser, pues el paisaje ha quedado devastado, reducido a cenizas, sembrado de cráteres y truncado hasta donde alcanza la vista.

Mujer, cuando yaces con el gato de la sonrisa obscena, el perro de ojos rojos con brazos de humano lampiño, cuando miras con tus ojos velados al calamar de innumerables brazos y lo deseas sin poder contenerte, cuando te extasías al pensar en la exquisita herida tallada a la luz de una luna de fósforo, ¿imaginas que estás durmiendo? ¿Es posible aventurarse cada noche en ese lago inmóvil y viscoso, deambular por los intersticios de ese parque melancólico, atestado de monstruos y aun así negarse a aceptar el nombre que guía tus pasos? ¡Cuidado con la nobleza enfermiza de la voluntad consciente! ¡Cuidado, mi hija de mirada heladora, de mirada heladora, con la inyección definitiva!

Al llegar a la última habitación, no siento dolor. La blanca espuma de mis sensaciones me empuja, me envuelve y me embriaga como un inagotable nepente (¡qué inocente es el negro comparado con el blanco, el color por antonomasia!). Veo, serenamente ahora, que la trampa está preparada. Ha llegado el momento paralítico, y estoy a punto de perder mi castillo o mi rey. Pero, como siempre en esta preciosa ocasión, no hay alternativa. Soy una herida inmensa y ardiente, cerrada y curada con una dureza imposible para lo intacto. Lo único que queda es la maravillosa conciencia sinestésica de que el papel de la pared me canta. Y esta es la canción que entona.

Cose las hojas, entonces, cóselas con cuidado, y respeta el ritmo de los latidos aislados del tiempo. Tiembla ligeramente al cruzar el umbral. Un tremor fingido que se arroja con magnanimidad a esa enorme pereza que es legión. Hoy has nacido, fruto de una pena y un conocimiento abismales, de las advertencias, las heridas, la pestilencia, lo obsceno, los espasmos, las profanaciones; de los odios y los holocaustos, los intestinos y las grandezas góticas; del frenesí, los crímenes, las visiones, los escorpiones, las secreciones, el amor y el diablo. Hoy te casarás con tu futuro.

"Blind Date" fue publicado por primera vez en *VVV*, n°s 2-3, marzo de 1943, p. 104, con reproducciones de *Birthday* y *Children's Games* en las pp. 105-106.

Abismo

Fue entonces cuando la puerta se abrió y un rayo de luz largo y delgado cayó delante de él, sobre la alfombra levantada. ¿Quién anda ahí?, preguntó una voz.

El joven retrocedió lentamente, arrastrando los pies, y pestañeó deslumbrado. Tusnelda apareció en el umbral, con la mano firmemente agarrada al picaporte. Llevaba un pañuelo blanco liado a la cabeza. ¿Quién es?, inquirió de nuevo.

Soy yo, replicó el chico, nervioso. Es decir, me llamo Albert. La he visto en las escaleras. Es usted la institutriz, ¿verdad?

Tusnelda no pronunció una sola palabra, y se quedó allí tranquilamente, en su lado de la puerta, ensimismada. Albert, con una ligera sensación de derrota, respiró hondo y volvió a comenzar: Ni siquiera conozco su nombre, pero... Bueno, me gustaría hablar con usted. Es muy importante.

Con esfuerzo, Tusnelda consiguió enfocar la mirada. Miró con dulzura a Albert, como si fuera un cuadro que pudiera estudiar todo el tiempo que quisiera. Por fin, habló.

En primer lugar, creo que no deberías estar aquí. ¿Por qué has venido a verme, en todo caso? Deberías recordar que esta es la habitación de una niña pequeña. Y al pronunciar esas palabras sonrió de repente, aunque lo hizo con indolencia, y abrió la puerta de par en par: pero pasa, si tienes tantas ganas.

Albert le dio las gracias, cruzó la puerta y entró en la habitación. Había luces encendidas por todas partes. Una docena de candiles de pared, innumerables lámparas y un gigantesco candelabro derramaban un torrente de luz que escaldaba la habitación y en cierto modo purificaba los estrafalarios muebles y cachivaches que la atestaban hasta el último rincón. Aunque era una habitación enorme, parecía diminuta en comparación con el apabullante frente de la chimenea que se elevaba hasta los altos techos como una fantasía arquitectónica independiente. En esta construcción absolutamente extraordinaria no había, curiosamente, ni una sola línea recta, y ni siquiera se había respetado el equilibrio de la simetría, pues se apoyaba contra la pared con la misma forma caprichosa que podría adoptar un penacho de humo que asciende hacia el cielo. Sin embargo, no se apreciaba el más mínimo interés por imitar a la naturaleza. Por el contrario, daba la sensación de que su creador estaba obsesionado por expresar su desdén por la naturaleza. No había hojas ni animales ni frutas ni flores; ni una sola voluta, ningún arabesco reconocible en aquel profuso tallado. Pero sí se insinuaba de una manera desconcertante y diabólica la existencia de otro mundo, más exigente, en el que todo lo que el hombre había aprendido no le serviría absolutamente para nada. En el hogar, donde en las noches de invierno debía de arder un buen fuego, a Albert le pareció distinguir, mientras se acercaba, un montón de alas de pájaro, polvorientas y abandonadas.

Tusnelda siguió observándolo con aquella mirada ausente durante unos minutos en los que él tampoco encontró ninguna palabra que decir. Luego retiró unos vestidos olvidados en una sillita dorada y se la acercó para que tomara asiento. Albert miró a su alrededor. Una gruesa alfombra turca, llena de manchas, cubría el suelo y, repartidos sobre ella había muebles de toda índole y época, en una profusión demencial, aunque el dueño de la colección no parecía sentir una predilección especial por el último siglo, representado únicamente por unos pequeños bronces neoclásicos. Apoyado contra la pared más alejada se inclinaba un pesado armario del Renacimiento español. Mirara donde mirara, se encontraba con un fulgor vertiginoso de sillas doradas, espejos, cómodas pintadas, relojes de bronce y de porcelana terriblemente silenciosos (hasta un intrascendente reloj de cuco suizo) y mesas de todas las formas y los tamaños. Encima de todas aquellas mesas había miríadas de objetos más pequeños en un desorden maravilloso, y lo mismo sucedía con las sillas, algunas patas arriba, que se habían convertido en percheros improvisados donde colgar aquel revoltijo aparentemente inagotable de harapos, vestidos, cajas de zapatos, tarritos, jaulas de pájaros, paraguas, una silla de montar mexicana, varias pelucas (una de ellas verde) al lado de una larga trenza de pelo negro, piezas de ajedrez, discos de fonógrafo, un pequeño abrigo de plumas...

No había nada que indicara que aquella era la morada de una niña. Ni muñecas ni juguetes, ninguno de esos muebles en miniatura que suelen hacer las delicias de las niñas. Ni siquiera un libro que pudiera parecer infantil. A la izquierda de Albert, había una estantería cerrada, con una puerta de cristal. Pero solo contenía, como advirtió enseguida, una de esas colecciones de volúmenes oscuros y pesados, todos encuadernados igual y ordenados de la A a la Z, una enciclopedia, probablemente. El resto de la vitrina estaba abarrotado de porquerías. A través de una puerta que se abría al fondo de la estancia, a la izquierda, Albert pudo vislumbrar otra habitación. También estaba bien iluminada y parecía espaciosa. Sin duda, se trataba de la habitación de la niña...

Te dejaría poner el fonógrafo, dijo Tusnelda, educadamente, pero la niña está cenando y no le gusta escuchar música mientras come. Se pone enferma. Además, acabamos de tener una pequeña discusión –hizo un gesto elocuente en dirección a la otra habitación– y se necesita mucha paciencia para tranquilizarla. Es muy nerviosa. Y Tusnelda le dirigió una mirada que parecía insinuar que Albert estaba totalmente fuera de lugar allí.

Quizá debería marcharme, dijo Albert, e hizo ademán de levantarse. Podría volver en otro momento.

Oh, no lo hagas, replicó la niña. Una conversación tranquila no tiene nada de malo. No me molesta en absoluto. Además, no vas a estar en Windcote toda la vida y, tampoco estoy segura de que te vaya a volver dejar entrar aquí. Puedes quedarte un rato ahí sentado. ¿Tienes un cigarrillo?

Albert se levantó de un brinco y empezó a rebuscarse en los bolsillos. Me temo..., empezó a decir, pero ella ya estaba mirando hacia otro lado.

Olvídalo, dijo. Y siéntate.

Él musitó una disculpa, tomó asiento y le espetó, en un tono bastante seco: ¿Cuánto tiempo lleva usted aquí?

Ella le miraba con los ojos entrecerrados, canturreando en voz muy baja. Me gusta tu barba, dijo afablemente. Me parece muy elegante. Gracias, respondió Albert, y se acomodó en la silla. Se inclinó de nuevo hacia delante. Pero cuénteme, ¿lleva usted mucho tiempo aquí?

¿Aquí?, replicó ella, sin entusiasmo.

Sí, aquí en Windcote. Tenía la sensación de que intentaba comunicarse con ella a través del agua.

Oh, una buena temporada, me imagino. Bueno, a veces parece que llevo mucho tiempo, pero otras... Esbozó una vaga sonrisa.

Albert la miró asombrado. Pero ¿de verdad no sabe cuánto tiempo lleva viviendo aquí..., semanas, meses, años? ¿Cuándo llegó?

¡Era verano!, exclamó Tusnelda, volviendo en sí. Me recogieron en el Packard en la estación de tren. Era el día más caluroso que he visto en toda mi vida. ¡Un calor realmente abrasador!... Negó con la cabeza sosegadamente, recordando aquel abrasador día de verano.

Albert la observaba atentamente, pero de pronto se sintió avergonzado y bajó la mirada. Sin embargo, un segundo después acercó su silla a la de ella, no estaba dispuesto a darse por vencido hasta que averiguara algo, lo que fuera.

Cuénteme, dijo él marcando las palabras, ¿Tiene usted algún calendario? No, él no tiene ninguno en casa. Dice que aquí no sirven para nada, y además son un incordio.

¿Sabe él cuándo llegó usted aquí?

Oh, ¿a qué viene tanta precisión? Espero que sí. Pero no pienso preguntárselo. ¿Para qué? Odia que le hagan ese tipo de preguntas. Y me ha hecho muy feliz. De no ser por él, aún seguiría en aquella residencia... vivía en una residencia para chicas descarriadas, ya sabes. Lo dijo como si estuviera hablando de una escuela de élite. Pero no creas que soy una chica cualquiera. Mi padre era catedrático, me lo contaron en la residencia. "Tienes que hacer que tu pobre difunto padre se sienta orgulloso de ti", me decían. Así que me portaba muy bien en clase. Y cuando me fui, era la primera de la clase en conducta y orden.

¿Fue él a buscarla allí?, preguntó Albert, demasiado sorprendido para poder digerir todo aquello.

Sí, dijo Tusnelda alegremente. Habló conmigo en la recepción, me dijo que me educaría y que sería su niña pequeña. Y ese mismo día me fui de allí en el tren. Soy huérfana, añadió con orgullo.

Eso me imaginaba, repuso Albert. Y enmudeció. Su mente sorprendida intentaba lidiar con esta turbia revelación y un sinfín de preguntas se agolparon en sus labios. Pero puso el máximo cuidado en contenerse, pues ahora sabía que debía elegir con cautela la próxima pregunta, que probablemente sería la última que le permitiría.

La niña estaba cada vez más inquieta. Empezó a canturrear de nuevo y de pronto se levantó y caminó hasta colocarse detrás de la silla de Albert. Se inclinó, apretando el pecho contra su hombro, y le susurró al oído.

Creo que podríamos poner el fonógrafo, dijo. Albert saltó de la silla y se volvió para mirarla. Pero dijiste que no podías, ¿no te acuerdas?

Había algo seco y asfixiante en aquella manera indolente de acercarse, como un reptil que se enrosca lentamente alrededor de su presa. Con esfuerzo, consiguió recuperar el tono jovial e intentó sonreír. Se atrevió incluso a extender la mano para agarrar la de ella.

Por favor, siéntate un poquito más, le suplicó. Parecía molesta. Él le tiró de la mano. Deberíamos terminar nuestra conversación, ¿no te parece?

Ya ha terminado, replicó Tusnelda, totalmente encerrada en sí misma. Pero Albert no estaba dispuesto a darse por vencido. Puedo contarte algo, dijo con picardía. Algo bonito. Intentaba pasar por alto que, obviamente, había perdido su confianza.

¡No me interesa!, dijo Tusnelda con el ceño fruncido.

Estaba claro que no tenía la más mínima oportunidad, la niña no iba a ceder. Él aventuró otra pregunta.

Escúchame. Eres una niña muy lista, cualquiera puede verlo. De hecho, yo ya había adivinado que tu padre era catedrático, me di cuenta enseguida. Pero cuéntame algo de Meridian, ¿es verdad que te enseña? ¿Te da clases todos los días? ¿O por las tardes, quizá? ¿Qué estudias con él?

Al oír esto, un esmalte incoloro, fino y duro se posó sobre las facciones del rostro de Tusnelda y fraguó en una máscara perfecta. El cambio fue tan brusco y radical que hasta la textura de su piel adquirió un aspecto cerúleo y glacial. Cruzó los brazos sobre el pecho y miró más allá de él. Por fin, esbozó una sonrisa remota, ligeramente inclinada, y dijo, ¿Por qué me preguntas eso? ¿Por qué te interesa eso?

Oh, pensé que igual…

No te molestes. Ahora tienes que irte. Llegarás tarde a cenar. Y eso no estaría nada bien. Le dio unas palmaditas en la espalda, y le empujó hacia la puerta.

En ese preciso momento, una clara vocecita dijo a sus espaldas: ¿Quién está ahí?

Albert se volvió. En la puerta, al final de la habitación, apareció una figura blanca, la niña pequeña, perfectamente definida bajo la luz deslumbrante. Tenía la hermosa cabeza alzada, y un porte sereno y arrogante. Sostenía un tenedor reluciente en la mano derecha. Los dos la miraron en silencio, desconcertados, como unos niños culpables sorprendidos en medio de una travesura. Tusnelda habló.

Una visita, dijo. Alguien que ha venido a hacernos una pequeña visita.

¡Cállate!, le interrumpió la niña pequeña. Atravesó la habitación, sin apartar la mirada de Albert. Te preguntaba a ti. ¿Cómo te llamas?

Albert. Albert Exodus. He venido a ver a tu institutriz, pero ya me iba.

Bueno, será mejor que te quedes.

Oh, lo siento, sonrió Albert, pero tengo que irme, de verdad. Tengo mucha prisa.

¡Tú te quedas!, ordenó la niña. Acompáñame a la otra habitación.

Sintió que le apretaban el brazo desde atrás. Miró a Tusnelda, que le aconsejó en voz baja, apresuradamente: Ve. Ve con ella.

Lo último que quería Albert ahora era quedarse. Tenía que cambiarse para la cena, no quedaba demasiado tiempo y su mente, además, se había concentrado de nuevo en otros problemas más acuciantes. No le apetecía nada seguir allí de cháchara con una niña. Pero un apremio funesto se dibujó en el rostro habitualmente inexpresivo de Tusnelda, que ahora parecía casi alarmada ante la posibilidad de que se marchara.

Bueno, de acuerdo, dijo Albert, encogiéndose de hombros y resignado. Pero solo unos minutos. Y siguió a la niña, que avanzaba esquivando los muebles desordenados para entrar en la otra habitación.

Si Albert había esperado encontrar un ambiente distinto en ese otro santuario se había equivocado de plano. La atmósfera general era exactamente idéntica, y el revoltijo de objetos descacharrados quizá aún mayor. Las mismas sillas doradas, la misma jungla de mesas con un solo rasgo en común: que parecían totalmente inservibles. La única diferencia en esta otra estancia era la ausencia de cualquier tipo de alfombra o de moqueta, que confería a aquellos objetos, incómodos en ese caos por no poder afianzarse sobre el suelo desnudo, un aspecto aún más acentuado de precariedad y expectación.

En un nicho semicircular rodeado de vidrieras emplomadas que contenía, además de la confusión habitual, un caballete cubierto con pieles de animales del desierto, había una mesita redonda con un mantel de encaje blanco y una cena intacta, con su copita de vino tinto incluida. Hasta allí le acompañó la niña y le invitó a sentarse. Albert se acercó al asiento de la ventana, pero la niña pequeña le señaló su propia silla y le dijo, No, tú te sientas aquí. Te vas a comer mi cena.

Albert no pudo evitar reírse. ¡Qué idea tan divertida!, exclamó. ¡Así que me voy a comer tu cena! Bueno, me gustaría complacerte, pero me temo que es imposible. Abajo me espera mi propia cena.

Empezó a sentirse realmente incómodo cuando la niña se quedó mirándolo fijamente con desaprobación, y aunque estaba decidido a no tomársela en serio, esa propuesta o, mejor dicho, esa exigencia, le sacaba de quicio.

Sí, tienes que comértela, dijo ella. Por lo menos, finge que te la comes. Y mientras lo haces, te enseñaré mi caja de los recuerdos.

Me encantaría ver tu caja de los recuerdos, dijo Albert. Tráela aquí.

No puedo, suspiró la niña con tristeza. A menos que comas...

Pero mi querida niña, le explicó él, marcando cada palabra. No me voy a comer tu cena.

En ese momento, se arrepintió de haber decidido pasar a la habitación. Le resultaba insufrible permanecer ahí sentado, aguantando la reprimenda de esa niña extraña, con sus zapatos de satén y sus grandes ojos febriles. Esos ojos, un fulgor tempestuoso, cegador, perturbador, más bien insoportable, sí, insoportable...

Ahora la niña le miraba con una mezcla de sufrimiento y malicia. Sin sonreír, se acercó, y mientras le dejaba caer su mano sobre la de él, le dijo: Si no haces lo que te digo, se lo diré a papá. Y miró solemnemente al estupefacto Albert. Le diré a papá que has estado aquí y no le gustará.

Albert se levantó. Miró a su alrededor en busca de Tusnelda, pero se había quedado en la otra habitación. ¿Sabes?, dijo, enfrentándose a la niña, ¿te das cuenta de que me estás haciendo chantaje?

Me da igual. ¡No me importa lo que sea! Solo quiero que me complazcas. Se detuvo, bajó la mirada hacia el suelo y añadió: de todas maneras, a papá no le caes bien, y se enfadará mucho si le digo que has estado aquí.

¿Por qué dices eso? ¿Cómo sabes que no le caigo bien a tu padre?, preguntó asombrado.

Bueno, dijo, y se alborotó la larga melena, porque no le gusta ninguno de los chicos que vienen por aquí. Los desprecia. Y, además, dice que todos están esperando a que yo crezca. Bueno, no pienso casarme con ninguno de ellos. Le prometí a papá que no lo haría. ¡Son *inferiores*!

Esta última palabra la pronunció con un énfasis tan exagerado que Albert sospechó que no conocía su significado. Pero este giro de la conversación le llenó la cabeza de pensamientos retorcidos. De nuevo, parecía estar cerca de obtener la revelación que andaba buscando. Y aunque se sentía cansado y un súbito dolor de cabeza había empezado a apoderarse de él, se volvió hacia ella y le preguntó aturdido: Bueno, ¿qué es lo que quieres que haga?

¡Cómo se le iluminó la cara a la niña! La sombra de preocupación de su mirada se desvaneció, y le dedicó una sonrisa de una belleza tan deslumbrante que él tembló y retrocedió instintivamente, como si sintiera dolor.

¿No te acuerdas, tonto?, dijo ella con dulzura. Siéntate aquí y acábate la cena.

Y ante su propia perplejidad, tuvo la extraña sensación de ver desde fuera cómo caminaba hacia la mesa, se sentaba y se llevaba a la boca un bocado de carne. Miró la copita de vino, la levantó y la apuró de un trago. Parecía haber olvidado que toda aquella actuación era una pantomima y un soborno, pues estaba ahí sentado engullendo la comida como si fuera un mendigo muerto de hambre, con la mirada perdida y la cabeza inclinada sobre el plato. Hasta que no despareció la última migaja, no soltó el cuchillo y el tenedor. Y aunque la niña se le había acercado bastante, apretando entre las manos una caja de madera alargada decorada con querubines, siguió sin levantar la mirada y permaneció inmóvil, absorto ante el plato vacío. Ella le rodeo los hombros con su bracito desnudo.

¿No quieres ver mi caja de los recuerdos?, susurró.

A duras penas, Albert consiguió levantar la vista de la mesa y le miró a la cara. Sentía un dolor asfixiante en el pecho. Devoró con los ojos su boquita roja, su cuello, su pelo, el vestido blanco, de la misma manera que su boca había devorado el plato de comida. Algunas palabras extrañas subieron hasta sus labios y se quedaron ahí revoloteando, sin dejarse decir; el rostro se le desfiguró. Pero ella permaneció impasible, esperando, sin sorprenderse, sin dejar de sonreír.

Ven, le dijo la niña, con una voz cargada de dulzura, vamos a sentarnos en el sofá para ver la caja de los recuerdos.

Y él se dejó llevar una vez más. Con la cabeza a punto de estallar, sumido en una especie de trance, con el ánimo anulado por un letargo apabullante, acató sus órdenes como un perro. Sentado a su lado, mientras el melifluo perfume infantil de la niña le envolvía como un sueño, observó cómo abría la caja, y las palabras que ella parloteaba acerca de su contenido le llegaban a los oídos transformadas en una música de otro mundo. En ningún momento se le ocurrió pensar que los objetos de la caja eran de una rareza sin igual. Y cada vez que ella metía la mano en la caja y sacaba trocitos de piel, patas y cabezas de pájaro, reptiles e incluso ojos metidos en frasquitos, lo único que era capaz de apreciar eran las campanillas doradas de su voz, su perfume y la soberbia conciencia de su presencia.

¿Te gusta este? Es de coyote. ¡A *mí* me parece adorable! Y le acercó hasta los ojos uno de los frasquitos.

Sí, dijo Albert. Es verdaderamente adorable.

El ojo flotaba en un líquido viscoso. Me alegro tanto de que te hayan gustado, le dijo la niña después de guardarlo. Sabía que te gustarían. Nunca se los había enseñado a nadie, absolutamente a nadie, ni siquiera a Tusnelda. ¡Y a ella le encantaría verlos! No puede soportar que tenga secretos. Sé que todos los días se cuela aquí y busca por todas partes mi caja de los recuerdos. ¡Que la busque! Nunca la encontrará. No le digas nada de la caja... sé que no lo harás, por supuesto... Y lo envolvió de nuevo en su sonrisa resplandeciente.

Ahora voy a enseñarte el mejor. Me lo ha traído mi amigo hoy mismo.

Se levantó y atravesó la habitación hasta llegar a un pequeño aparador sobre el que había un búho disecado. Rebuscó debajo del ala del animal y sacó un objeto envuelto en papel azul.

Tusnelda ha intentado quitármelo, prosiguió. Yo estaba abajo, en el comedor. Mi amigo me lo acaba de dar afuera... Con la máxima delicadeza, desenvolvió el paquete y un ojo enorme quedó al descubierto: el iris era de color miel, la pupila se había contraído hasta desaparecer casi por completo, el globo era de una blancura azulada. Se le había pegado un poco de papel y ella comenzó a retirar con delicadeza los trocitos de papel.

¿A qué clase de criatura pertenece?, preguntó Albert.

¡Ay, *eso* no te lo puedo decir!, exclamó riendo y negando con la cabeza. Pero ¿te gusta o no?

Por supuesto, dijo Albert, escudriñando el precioso rostro de la niña. Sin duda es el mejor.

La cabeza le daba vueltas. Aquella habitación atestada se mecía ante sus ojos con una cinética diabólica. Los contornos de los objetos se ondulaban, se fundían y fluctuaban. El único eje fijo y tangible era la figura de la niña y todo lo demás giraba frenéticamente a su alrededor. Cercana, íntima y sin embargo remota como una estrella, la niña seguía sentada a su lado, en su fragante calidez, y la luz de sus ojos se precipitaba sobre su cerebro como una lluvia de meteoritos. De pronto se le ocurrió que él también tenía que traerle un trofeo para su caja de los recuerdos, sin reparar en los peligros ni en la pasión que aquello pudiera acarrear. Él también se convertiría en un amigo, hablaría su mismo lenguaje, compartiría con ella sus secretos incomparables. Sí, cometería un crimen, si era necesario, un crimen maravilloso, y le traería su presa a la niña, envuelta en papel azul, un talismán nuevo y más precioso que ella guardaría en un frasquito. Le tomó la mano.

Tus tesoros son muy hermosos, le dijo, pero yo te traeré uno aún mejor. Y yo también soy tu amigo. ¿Me crees?

Por un momento, permaneció callada. Bajó la mirada, observó la caja, dejó el enorme ojo amarillo en un pequeño compartimento y cerró la tapa. Después, se volvió hacia él.

Sí, eres mi amigo. Mi amigo secreto. Si no, no te habría enseñado todo esto. Pero... mi otro amigo es diferente. Es el único que puede traerme cosas. Tu no podrías hacerlo. No, no podrías.

Pero ¿por qué?, ¿por qué? ¿Crees que no tengo el valor necesario? ¿Crees que no soy capaz? ¿Crees –y en ese momento, volvió la cabeza y se oyó decir– que no te quiero lo suficiente?

Bueno, verás, le respondió con dulzura, no podrías ser como mi otro amigo porque él es un animal.

Albert abrió los ojos de par en par. ¿Un animal?

¡Ay, ahora conoces todos mis secretos! ¡Ahora sí que tengo que confiar en ti! ¡Ay, como se lo cuentes a Tusnelda! Por primera vez, pudo apreciar cierto tono suplicante e infantil en su voz. ¡Pero seguro que no lo harás! ¡Por favor, di que no lo harás! Y se le llenaron los ojos de lágrimas.

No, murmuró Albert, no se lo diré... a nadie.

"Abyss" fue publicado por primera vez en *Zero: A Quarterly Review of Literature and Art*, n°s 3-4, otoño de 1949-invierno de 1950, pp. 138-150. Posteriormente su autora lo reescribió y publicó como una novela corta, *Abyss*, Nueva York, Standard Editions, 1977. La tercera versión del relato es *Chasm: A Weekend*, Nueva York, Overlook Press y Londres, Virago Press, 2004.

Collage (La Femme 100 Têtes)
(para M. E.)

Un mediodía en el estudio.
Abajo a la izquierda contigo, a la mesa del caos
convidado o no, da igual
bajo tu mano: germinal,
polvo acumulado, tribus mosaicas, una isla nocturna,
                                                            hendida
Más allá de la ventana, lluvia.

Una leoparda bidimensional envuelta en el instinto
se ama a sí misma a solas. La tallas en el papel,
                                                    fuera de contexto.
El pegamento se espesa como una trama.

El escenario evocado: el plan de las tijeras estalla.
¿Si no de qué otro modo hacer flotar tu silla favorita
entre las olas para después sentarse en ella?
Tu cortar y pegar niega esta obra
cuyos capítulos se esparcen por el suelo como arena.

En algún lugar una puerta se despliega.

La perturbación, tu hermana, busca tu mano,
la mujer cien cabezas abre su augusta manga.

Todo cobra sentido, respirándose,
                                          creando una bella proporción.

Desconcertados, nuestra confusión gotea.
Tu despojo es el código,
la razón para este día de lluvia,
para todas las cosas increíbles   creídas.

"Collage (La Femme 100 Têtes)" fue publicado por primera vez como "Collage" en *Literary Imagination: The Review of the Association of Literary Scholars and Critics*, vol. 2, nº 1, invierno de 2000, p.101. Esta traducción de Marta López Luaces en Dorothea Tanning, *Índice*, Madrid, Vaso roto, 2018, pp. 39, 41.

El título de este poema, así como el verso en cursiva, hacen referencia a la novela-collage de Marx Ernst *La Femme 100 Têtes*, que contiene un juego de palabras, dado que al leerse en voz alta en francés puede entenderse como "sans" (sin) como "cent" (100). [N. de la T.]

Espacio desarmado

(para Merce Cunningham)

Cuando 5 cuerpos apenas
creíbles
se vuelven
1 razonamiento;

cuando en
1 interminable instante
traen
principio y
fin de su
separación de

1 idea y su resultado,

1 intriga
y su desenredo

y si, por casualidad,

1 operación fortuita
brota espontáneamente
hacia
tu diseño abierto,
como un tigre en un claro;

entonces,
en ese momento,

la trascendencia se deja notar
en nuestra
respiración
contraída.

"Space Disarmed" fue publicado por primera vez en 2004.
Esta traducción de Marta López Luaces en Dorothea Tanning, *Índice*, Madrid, Vaso roto, 2018, pp. 159, 161.

Lo único

Se retiró y se refugió entre las sombras, se cortó las uñas, llevaba sombrero;
a veces –una antigua costumbre– cerraba los ojos y veía

de nuevo lo que ya no deseaba, y lo que ya no deseaba
era lo que en tiempos había sido para ella lo mejor, lo salvaje,

lo único. De sus turbios mientras tantos, trabajando
para conseguir lo que otros deseaban, era fácil escapar

con el tictac de unas horas irreales frente a la pequeña pantalla.
La llave de su puerta, su cómplice, se abrió hacia un lugar donde,

sin ninguna reminiscencia en particular, la perseverancia había extendido
su alfombra de musgo, y el ruido de la calle llamó a la ventana.

Entonces, cuando llegó, filtrándose a través de la confusión y el sobresalto
de una noche como otras mil, chirriando cada vez más cerca,

pululando por las escaleras: una voz descuidada en el tono
y en el ritmo, pero dulce para los oídos, como si no fuera un imponente

torrente de sonido lujurioso que él profería, sino una canción que se ensartaba
en el mundo, ella la atrapó desde su habitación en la tercera,

y el propio aire era un cáliz rebosante, apurado sobre sus palabras
–si es que eran palabras–, y mientras escuchaba, de pie entre

la cama y la mesa, con los ojos cerrados y los brazos levantados,
se mecía al ritmo de ese ruido enfebrecido que se escuchaba al otro lado

de la puerta y vio con claridad, una vez más, lo que en otro tiempo había sido
para ella lo radiante y lo salvaje, lo único.

"The Only Thing" fue publicado por primera vez en *Salmagundi*, nos 148-149, otoño de 2005-invierno de 2006, p. 152. También incluido en *Dorothea Tanning, Coming to That: Poems*, Nueva York, Graywolf Press, 2011, pp. 8-9.

Trapecio

Me oprime este cambio de estación,
me deja sin aliento, como estas viejas fotografías

que observo bajo la lámpara. Sonrisas perfectas que seguirán
sonriendo para siempre; una pelota clavada

en el espacio que nunca se volverá a mover, y los bañistas
que acaban de tirarse al agua, tampoco llegarán a tocarla.

Ni siquiera las hojas del otro lado de mi ventana
se mueven. Bañadas en oro ahora, posan:

hojas de una fotografía perfecta que posan para mí...
o para cualquiera que las observe en el futuro

y descubra el número de trapecio que representan:
un saludo al público, un revuelo y piruetas

en el aire hasta soltarse;
después, el juego vertiginoso con el viento

repentino, faldas amarillas que se levantan en una exuberante
espiral antes de caer en picado.

"Trapeze" fue publicado por primera vez en *Southwest Review*, vol. 91, nº 3, 2006, p. 342. También incluido en Dorothea Tanning, *Coming to That: Poems*, Nueva York, Graywolf Press, 2011, p. 7.

Cedar Fork

Como un foco reflector, el sol
del verano sobre la vergüenza de la ciudad:
el tajo abierto de su cloaca,

el arroyo de Cedar Fork, se dirigía
sin duda hacia otro lugar
y nosotros teníamos que encontrarlo.

Los caminos de las vacas, ¿llevan a Citerea?
Después de la caminata, solo encontramos la sed.
Inmensa, la tarde

dejó caer su peso sobre nosotros
mientras las moscas se bebían nuestro sudor
y los chistes no hacían gracia.

Hasta que ese otro lugar
nos llamó desde su
lecho acuoso, y comprendimos

que Citerea no estaba lejos.
Nuestro arroyo, fluyendo con su propia
música, no faltaría a su cita

con el océano, orgulloso de trasladar
la vergüenza de la ciudad hasta
el mar, inmaculado.

"Cedar Fork" fue publicado por primera vez en *Southwest Review*, n°s 162-163, primavera-verano de 2009, p. 96. También incluido en Dorothea Tanning, *Coming to That: Poems*, Nueva York, Graywolf Press, 2011, p. 36.

La jerga del arte

Si el arte pudiera hablar, se mostraría por fin
tal y como es en realidad, y nos revelaría lo que ardemos en deseos de saber.

Nuestras certidumbres, después de bostezar aburrida,
en un minuto las barrería y las escondería bajo la alfombra:

certidumbres consagradas, tan absurdas como el acto de esconder el polvo
bajo la alfombra. Ha llegado el momento de escuchar, queridos.

Por fin, el arte tomaría la palabra, cubriría el cielo como una boca,
se aclararía la garganta convulsa, mientras el fulgor y el estruendo

se desata sobre su voz: una avalancha de estrellas fugaces y
visiones alborotadas, reforzada por el susurrante estrépito

de los sonidos que escucharíamos mientras desciframos sus augustas palabras:
"a b c d e f g h i j k l m n o p q r s t u v w x y z".

"Artspeak" fue publicado por primera vez en *Southwest Review*, vol. 94, nº 2, 2009, p. 186. También incluido en Dorothea Tanning, *Coming to That: Poems*, Nueva York, Graywolf Press, 2011, p. 44.

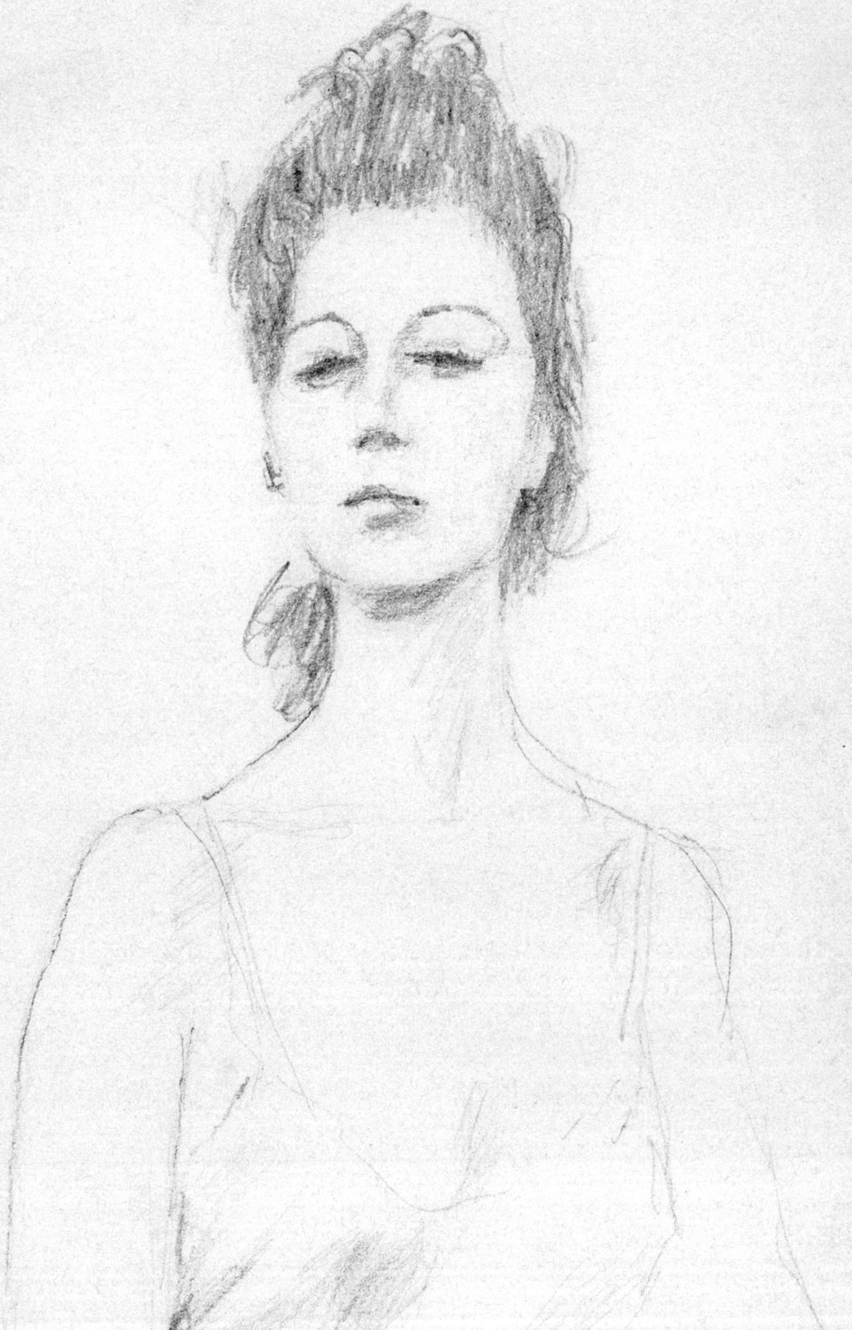

self-portrait
sketch
Sept. 12, 1947

Catálogo

Self-Portrait [Autorretrato], 1947

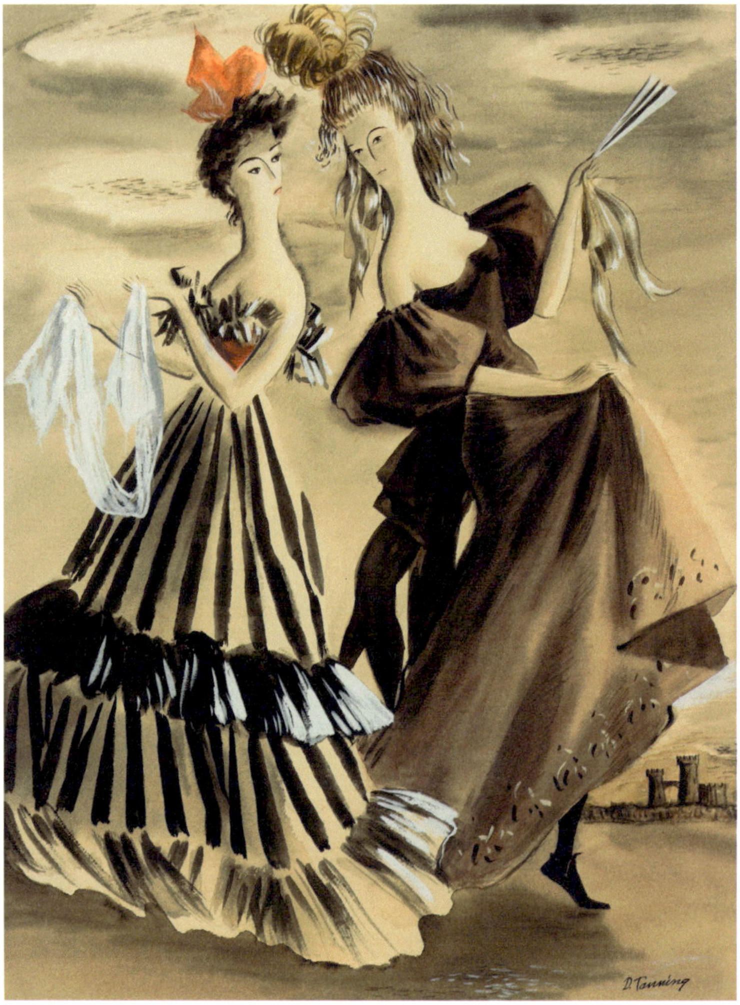

Tarantelle [Tarantelas], 1939

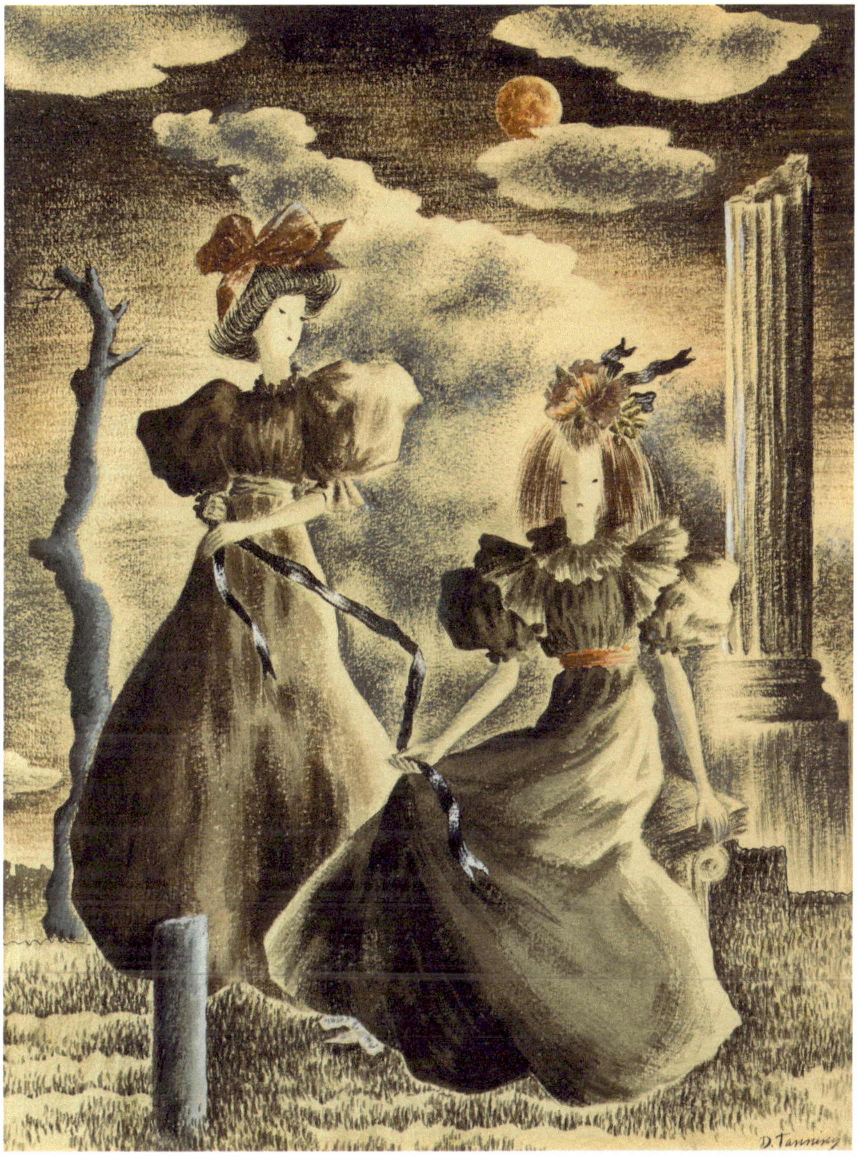

Two Women (Blue) [Dos mujeres (azul)], 1939

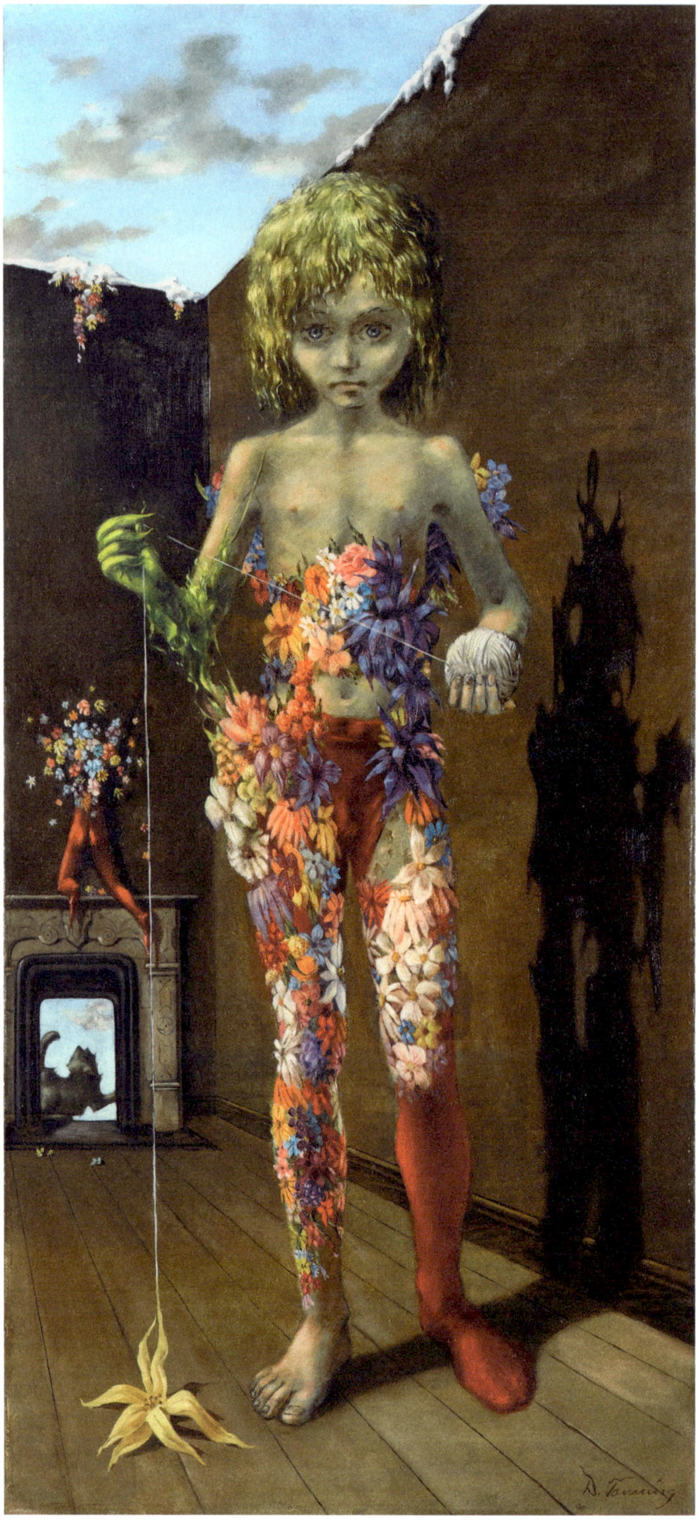

The Magic Flower Game [El juego de la flor mágica], 1941

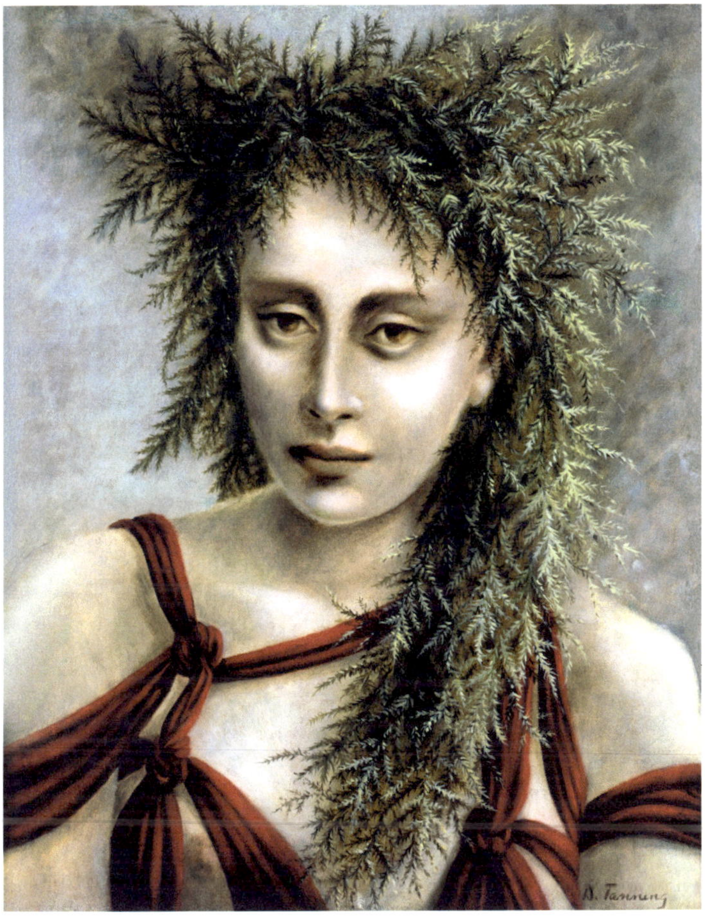

Deirdre, 1940

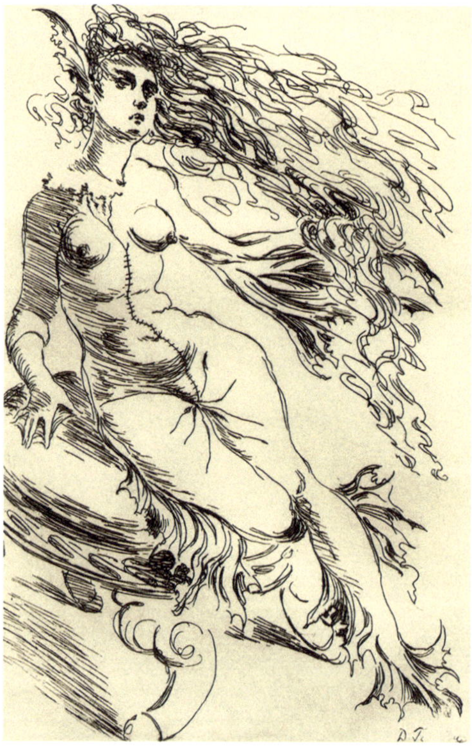

Sin título, 1942

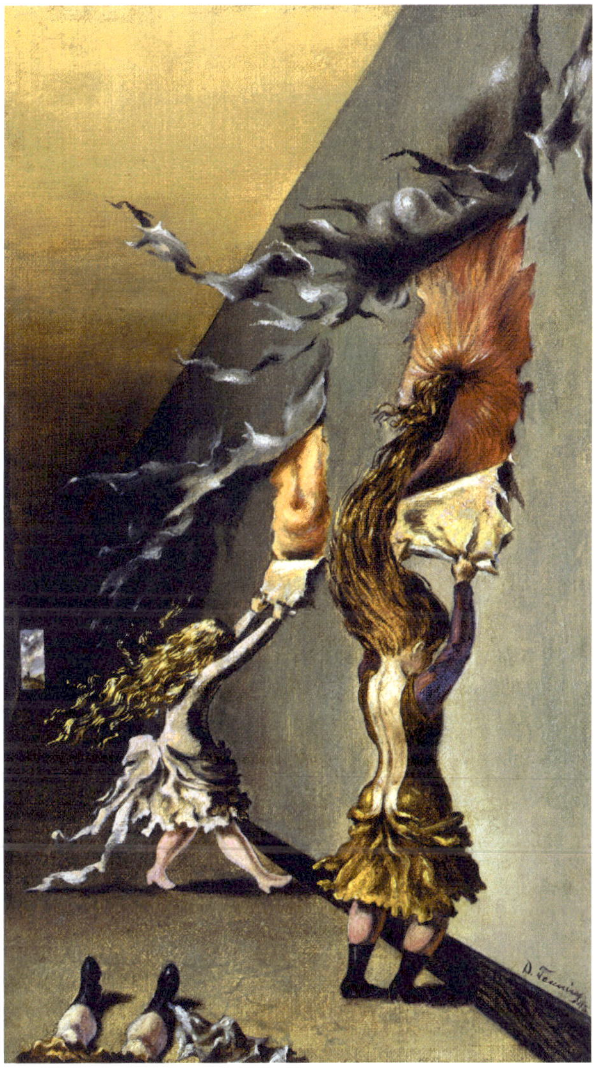

Children's Games [Juegos de niños], 1942

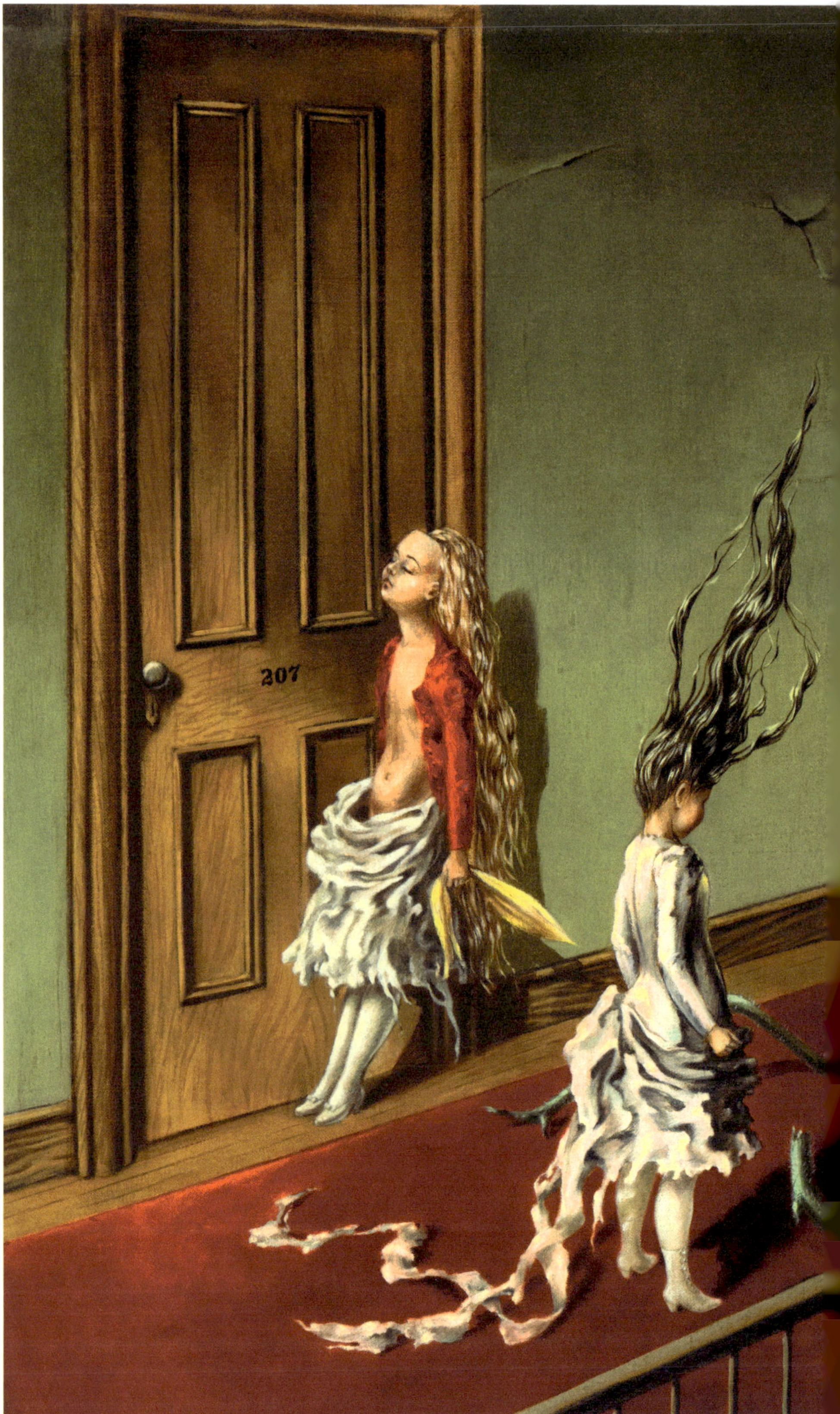
207

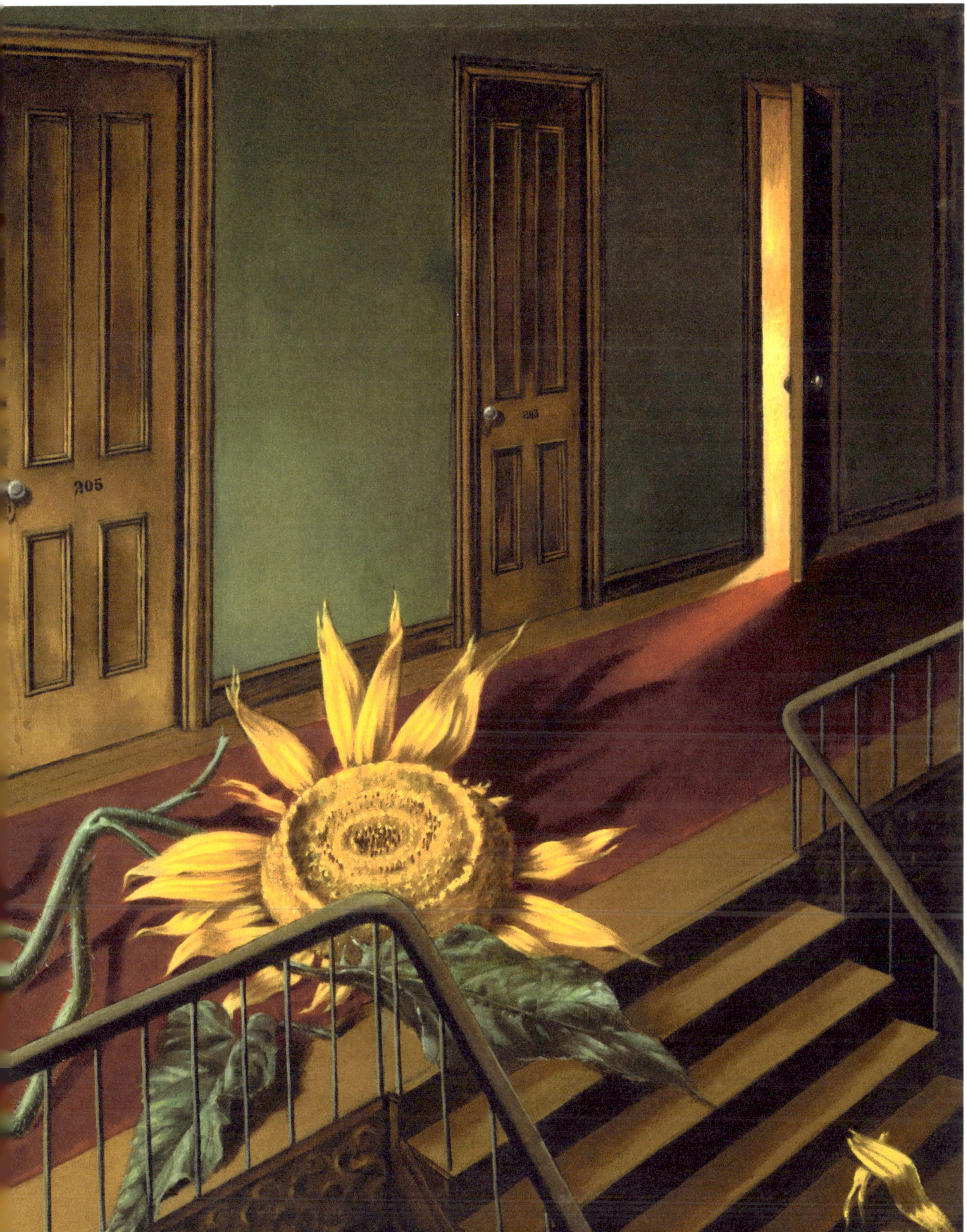

Eine Kleine Nachtmusik, 1943

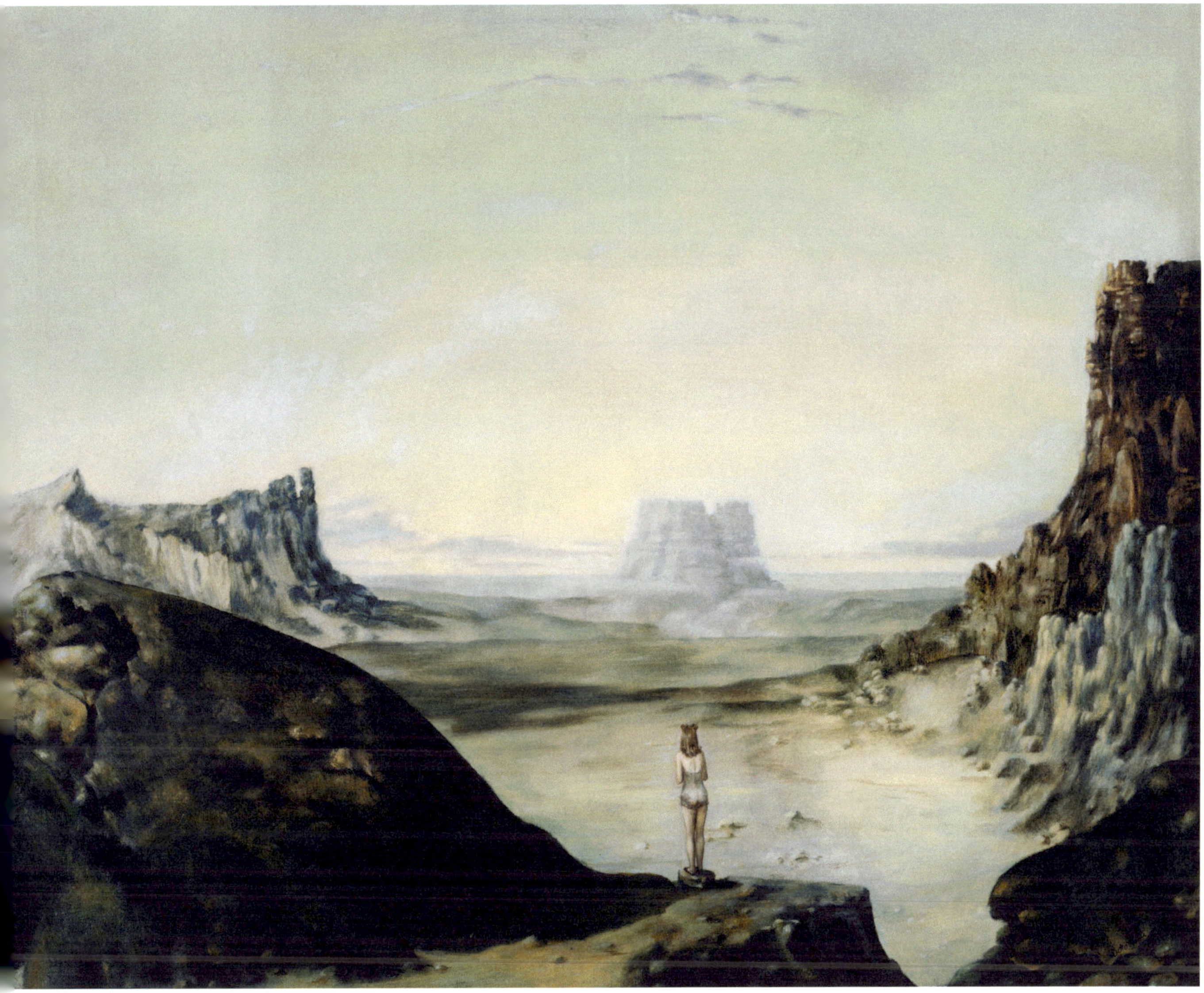

Self-Portrait [Autorretrato], 1944

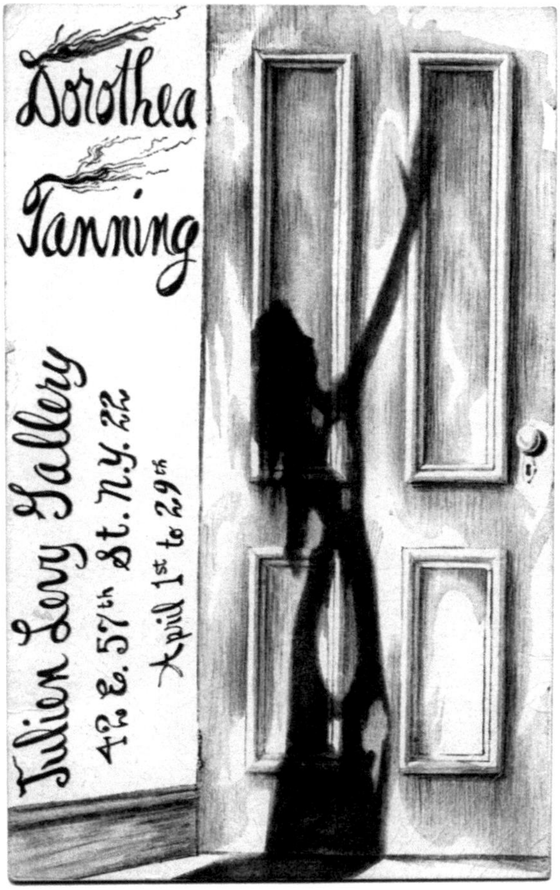

 Invitación para *Dorothea Tanning*, exposición individual en la Julien Levy Gallery, Nueva York, 1944

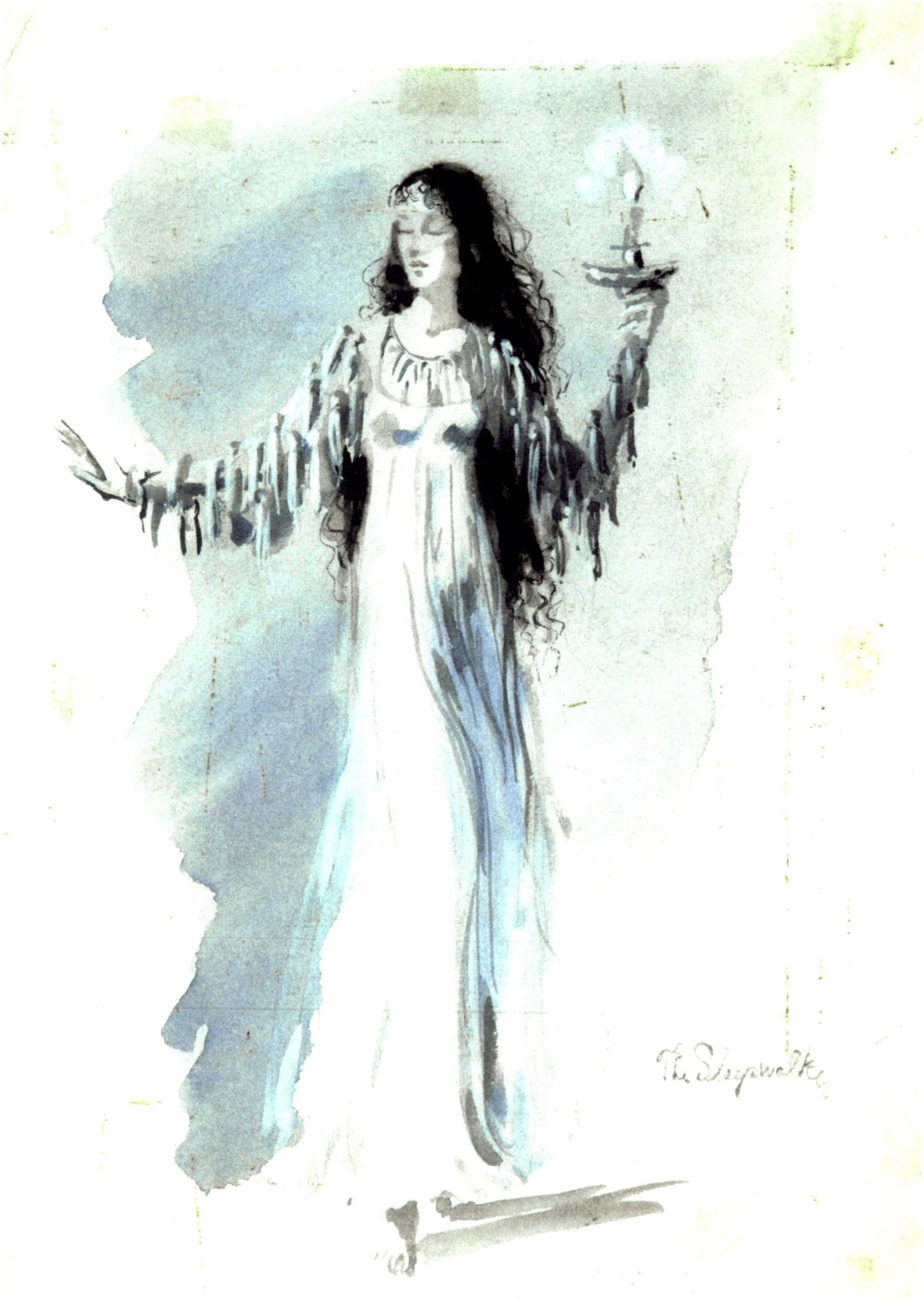

"La Sonámbula". Diseño de vestuario para *Night Shadow*, ballet de George Balanchine, 1945

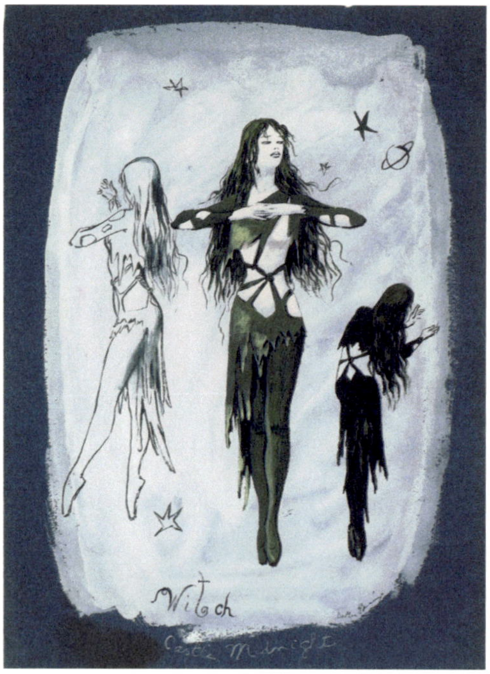

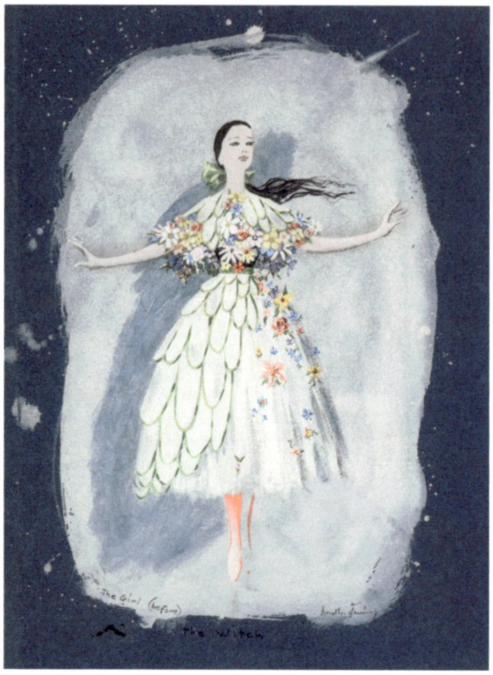

"El Castillo de medianoche" y "La Chica". Diseños de vestuario para *The Witch*, ballet de John Cranko, 1950

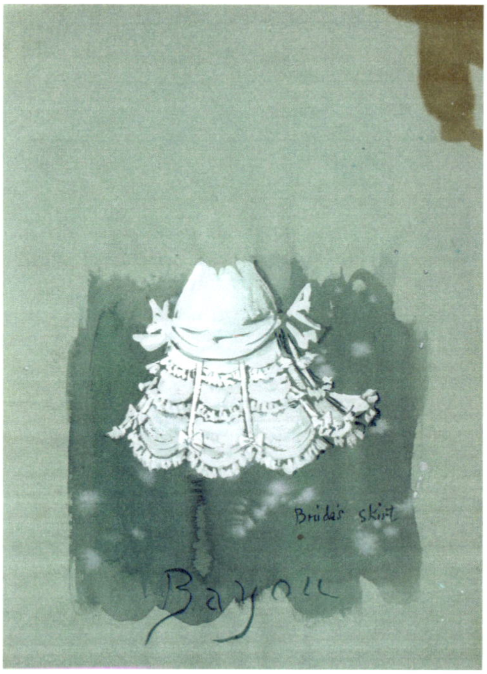

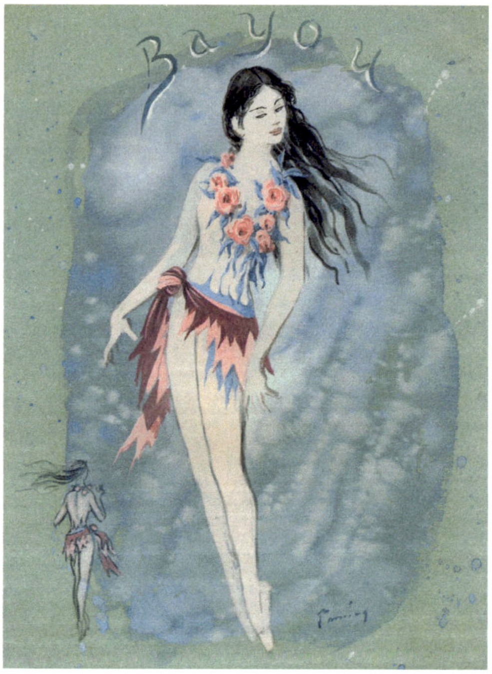

"La Falda de la novia" y Sin título. Diseños de vestuario para *Bayou*, ballet de George Balanchine, 1951

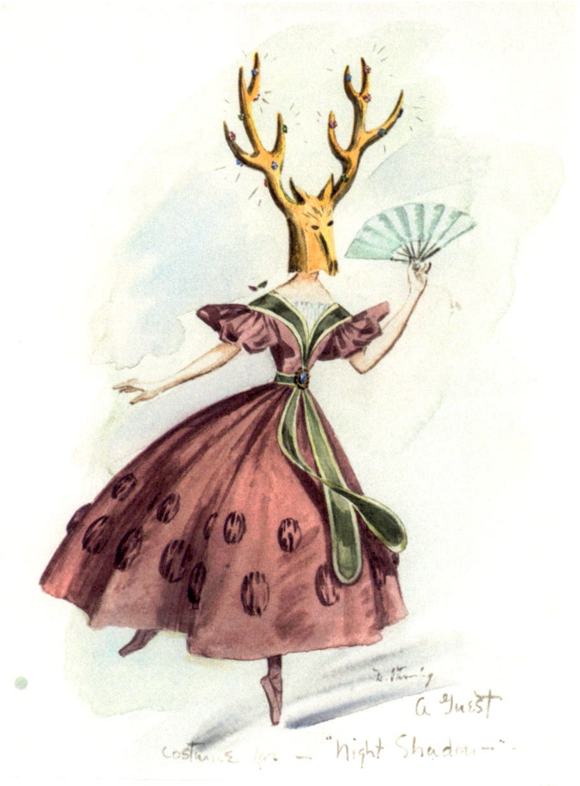

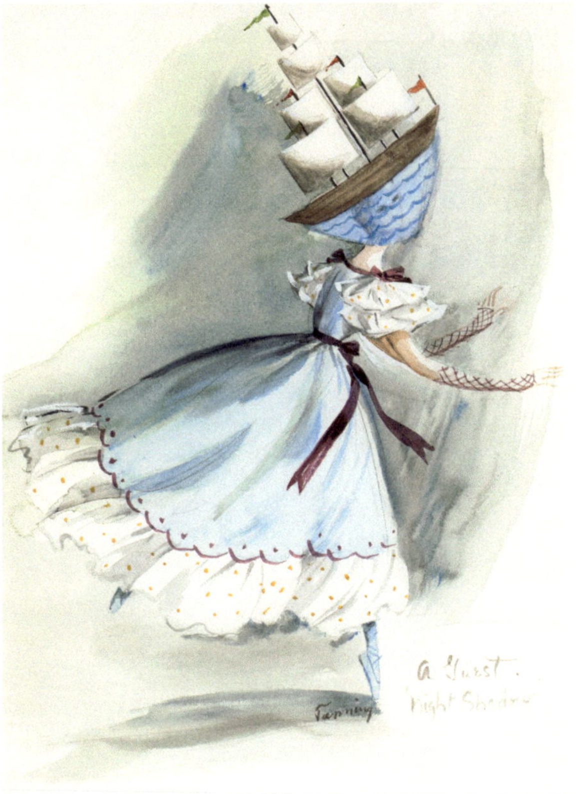

"Invitadas". Diseños de vestuario para *Night Shadow*,
ballet de George Balanchine, 1945

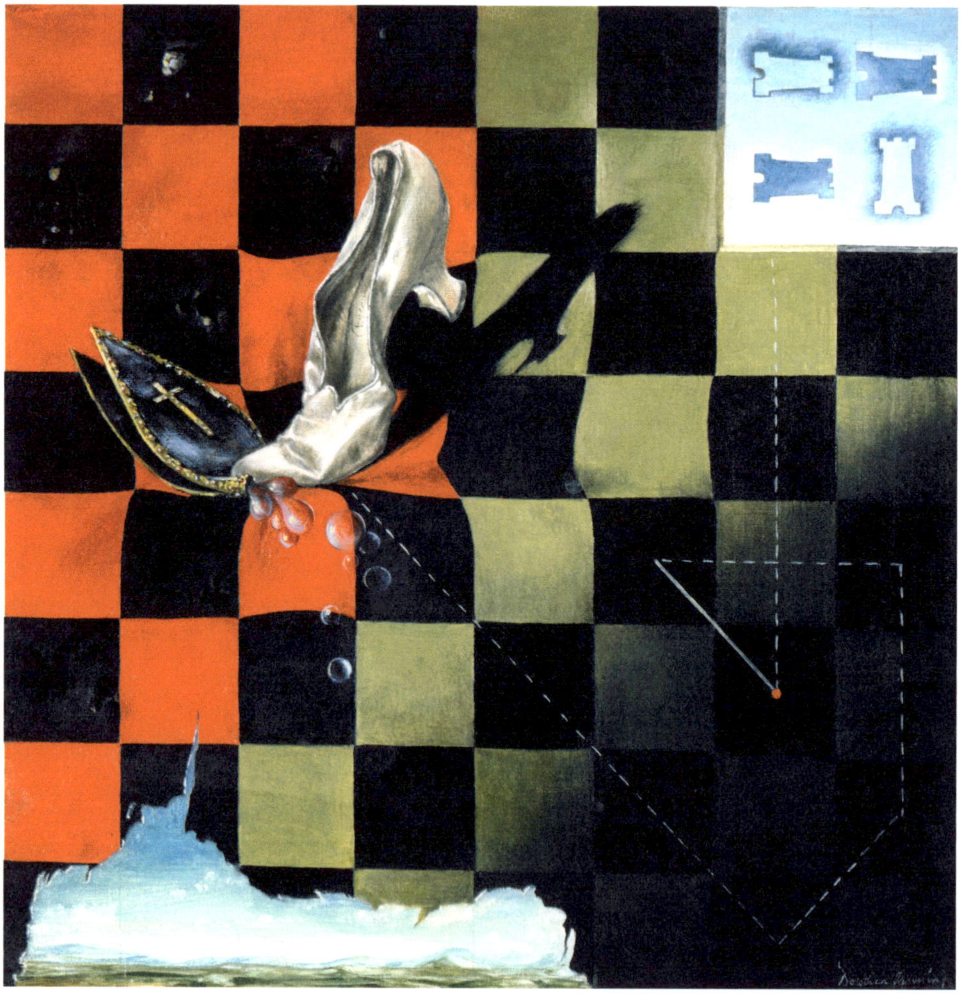

Endgame [Fin del juego], 1944

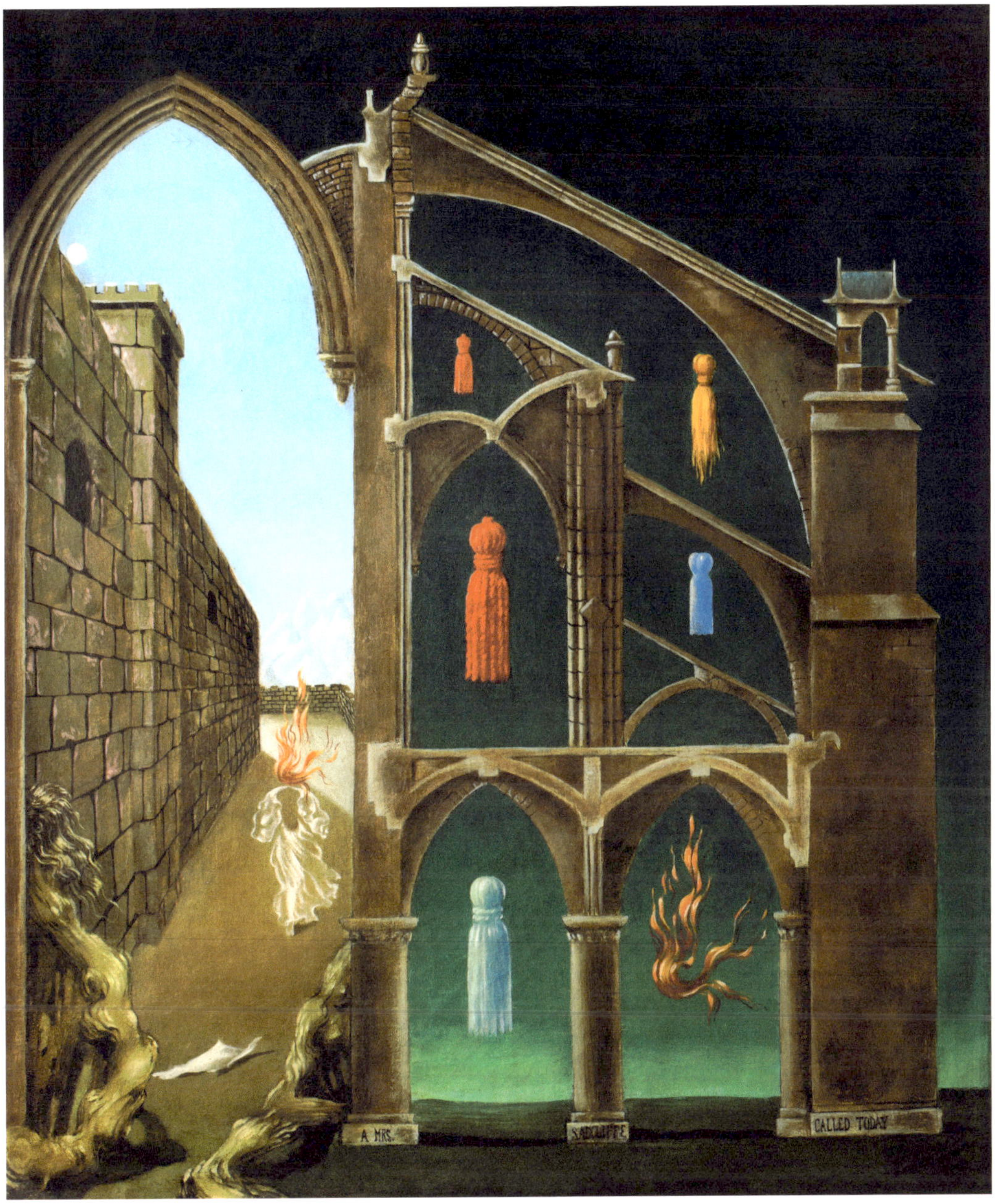

A Mrs. Radcliffe Called Today [La señora Radcliffe llamó hoy], 1944

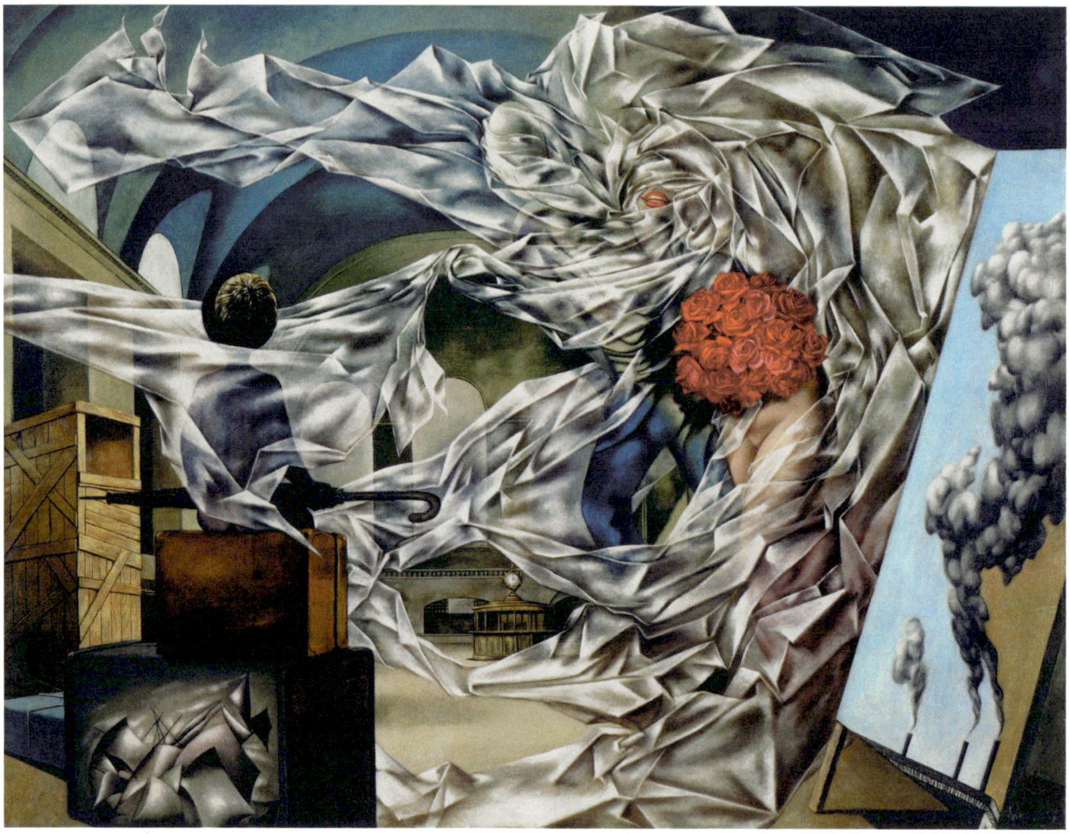

 A Very Happy Picture [Un cuadro muy feliz], 1947

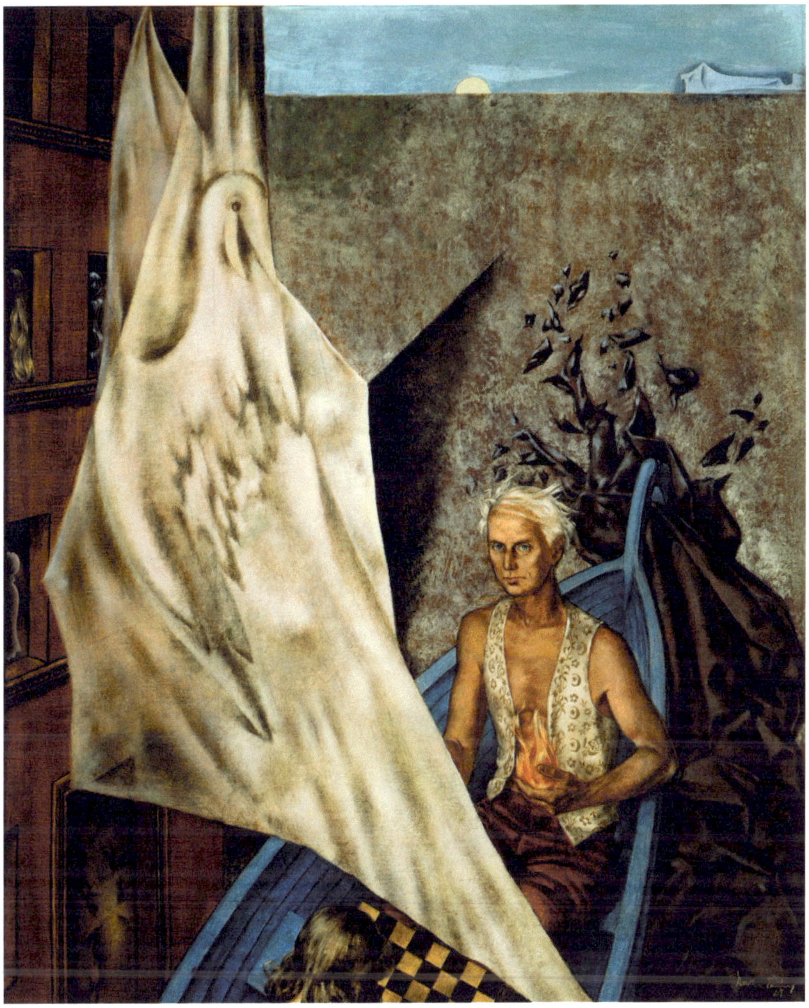

Max in a Blue Boat [Max en un bote azul], 1947

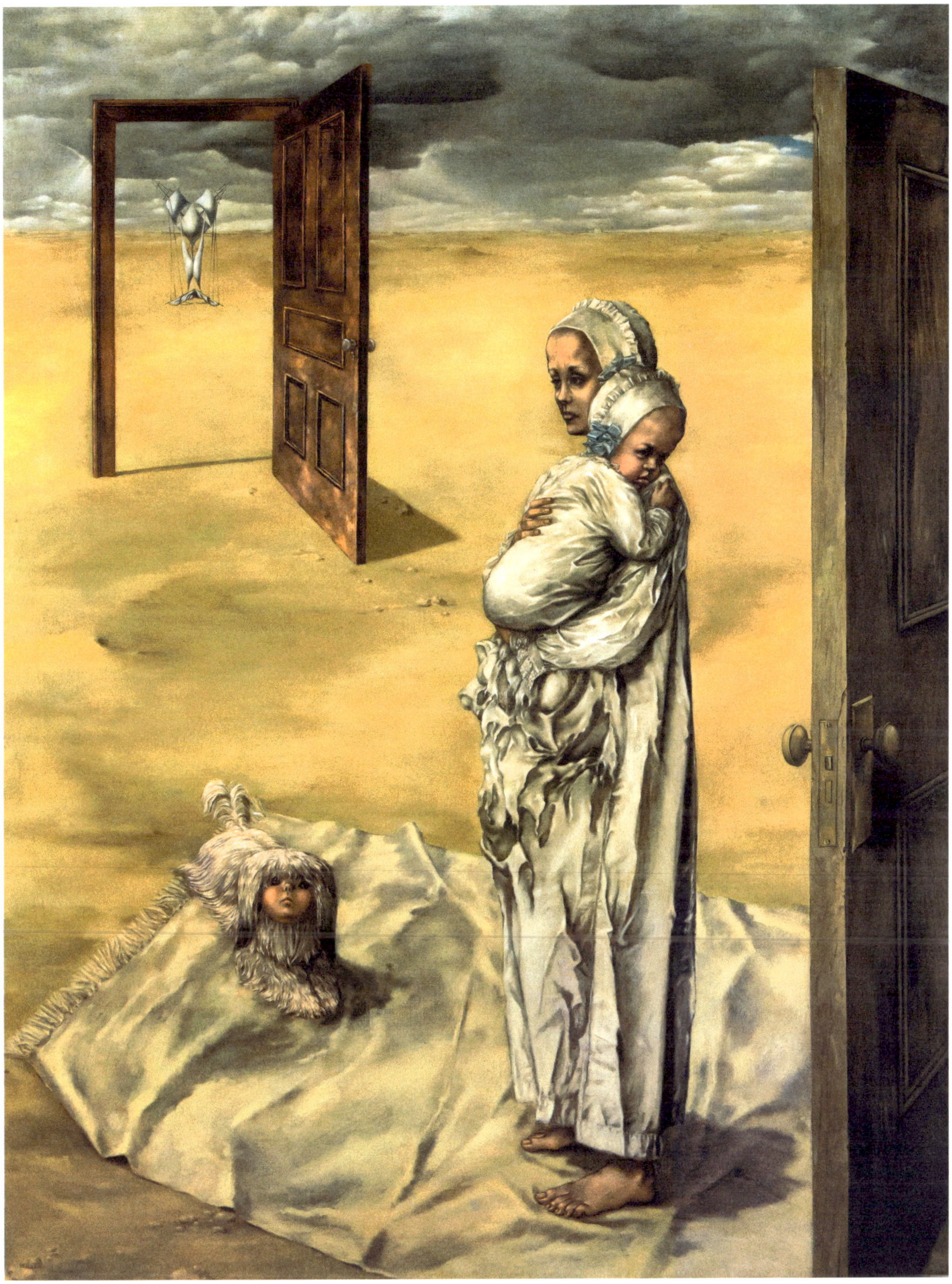

Maternity [Maternidad], 1946-1947

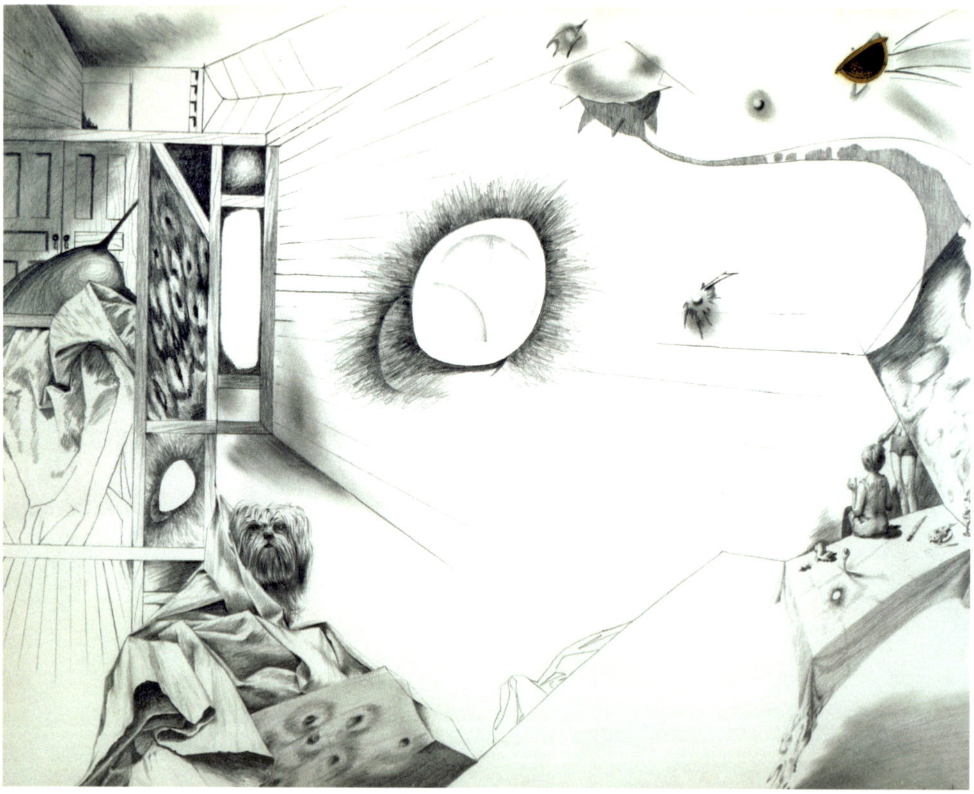

L'Auberge [La pensión], 1949

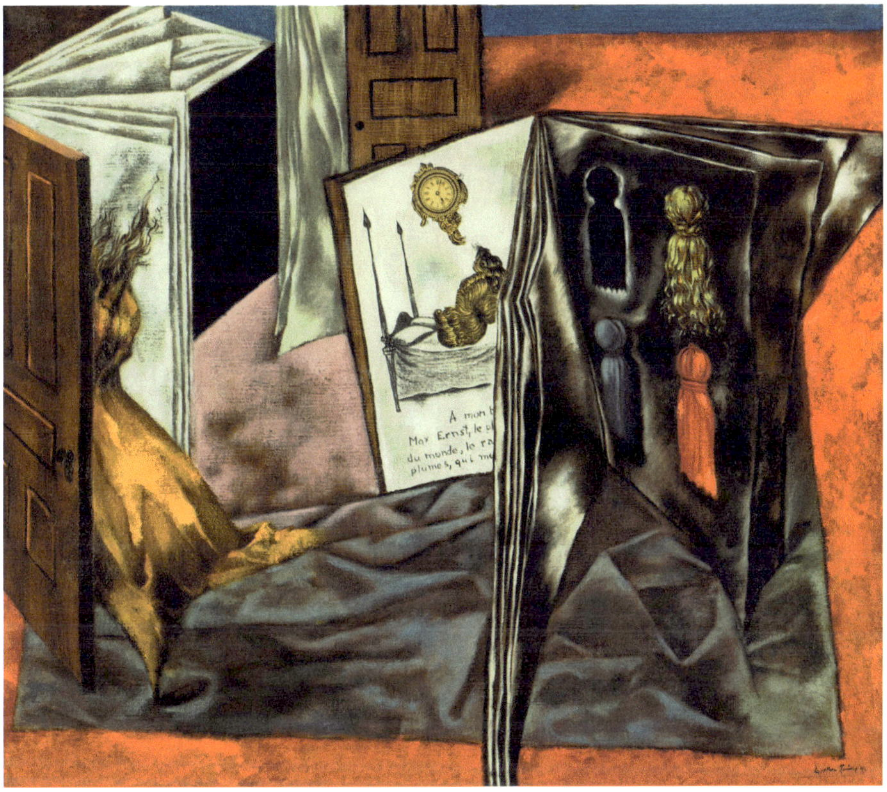

Lettre d'Amour [Carta de amor], 1948

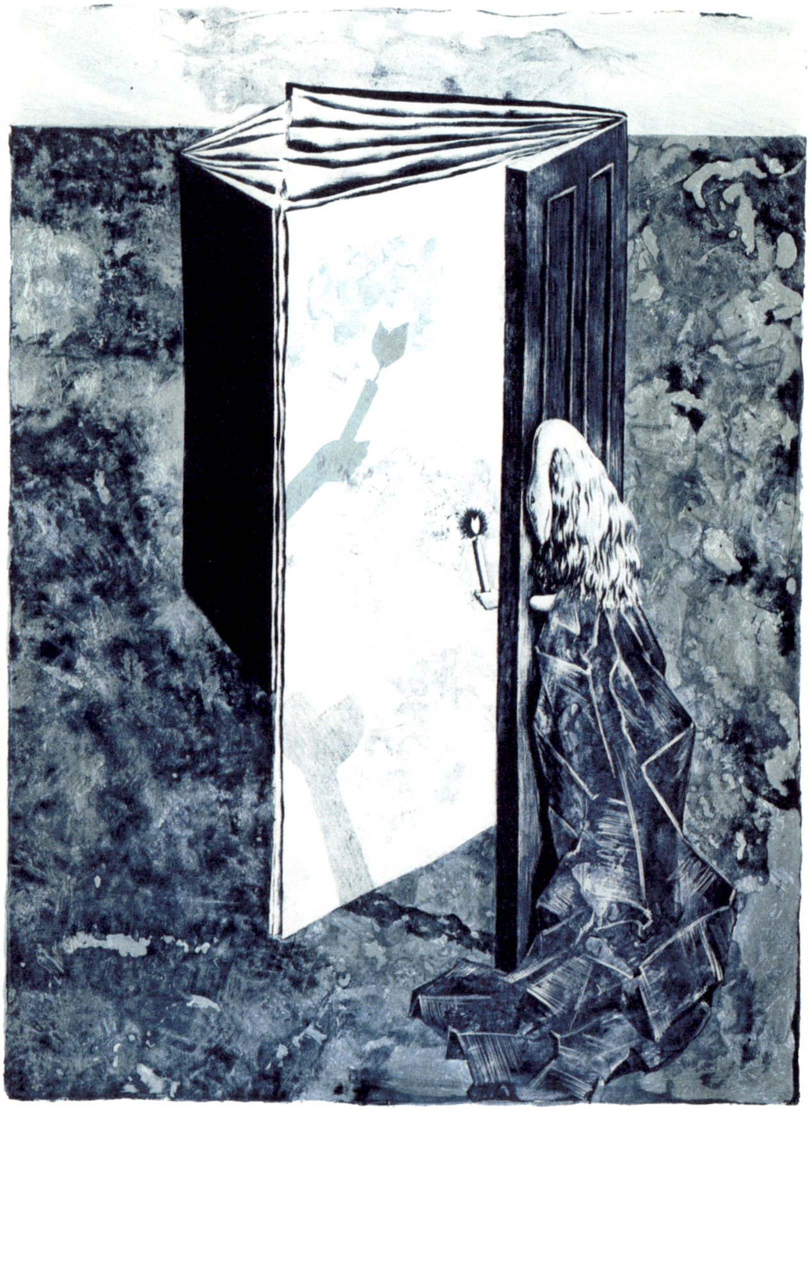

Les 7 périls spectraux (1ère péril) [Los 7 peligros espectrales (primer peligro)], 1950

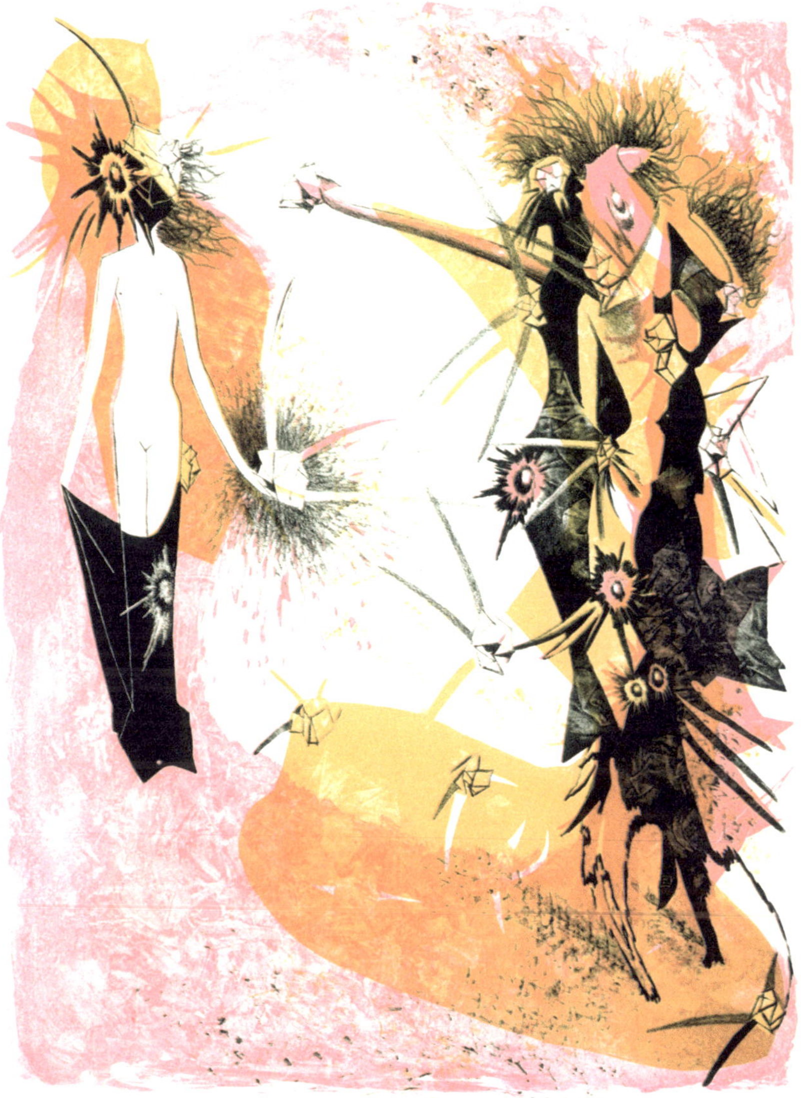

Les 7 périls spectraux (2ème péril) [Los 7 peligros espectrales (segundo peligro)], 1950

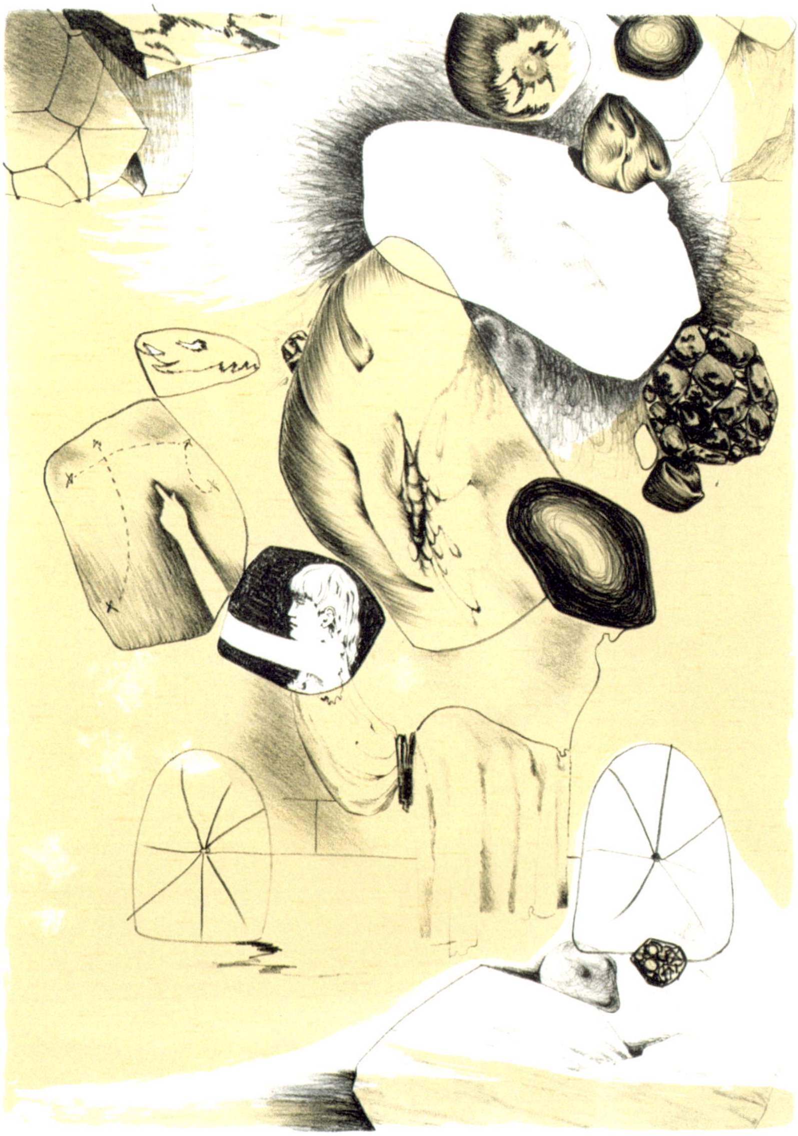

 Les 7 périls spectraux (3ème péril) [Los 7 peligros espectrales (tercer peligro)], 1950

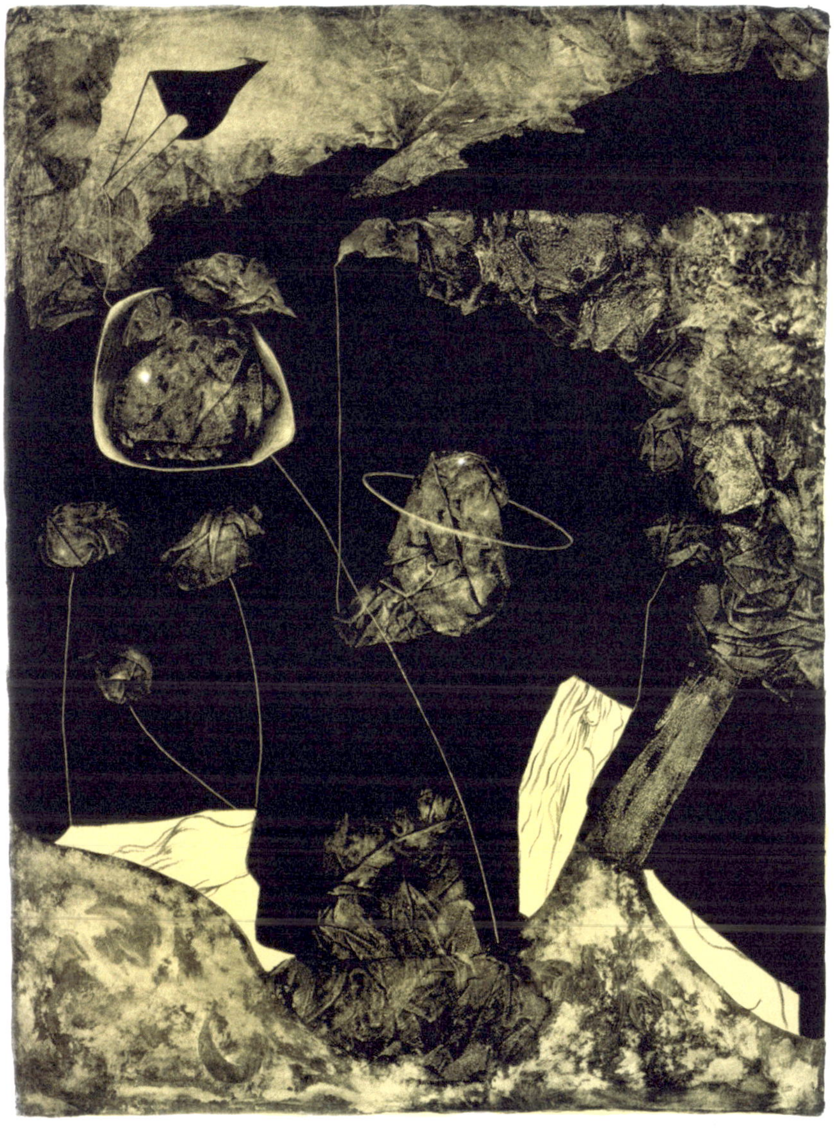

Les 7 périls spectraux (4ème péril) [Los 7 peligros espectrales (cuarto peligro)], 1950

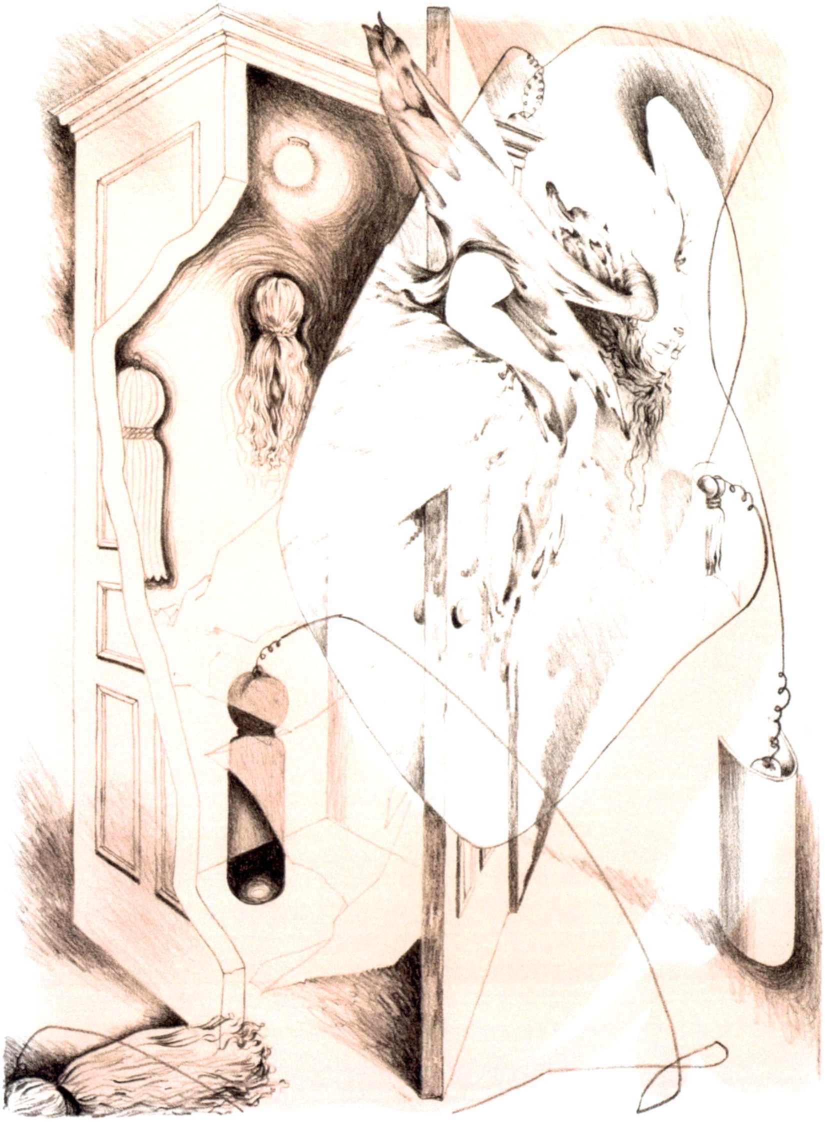

 Les 7 périls spectraux (5ème péril) [Los 7 peligros espectrales (quinto peligro)], 1950

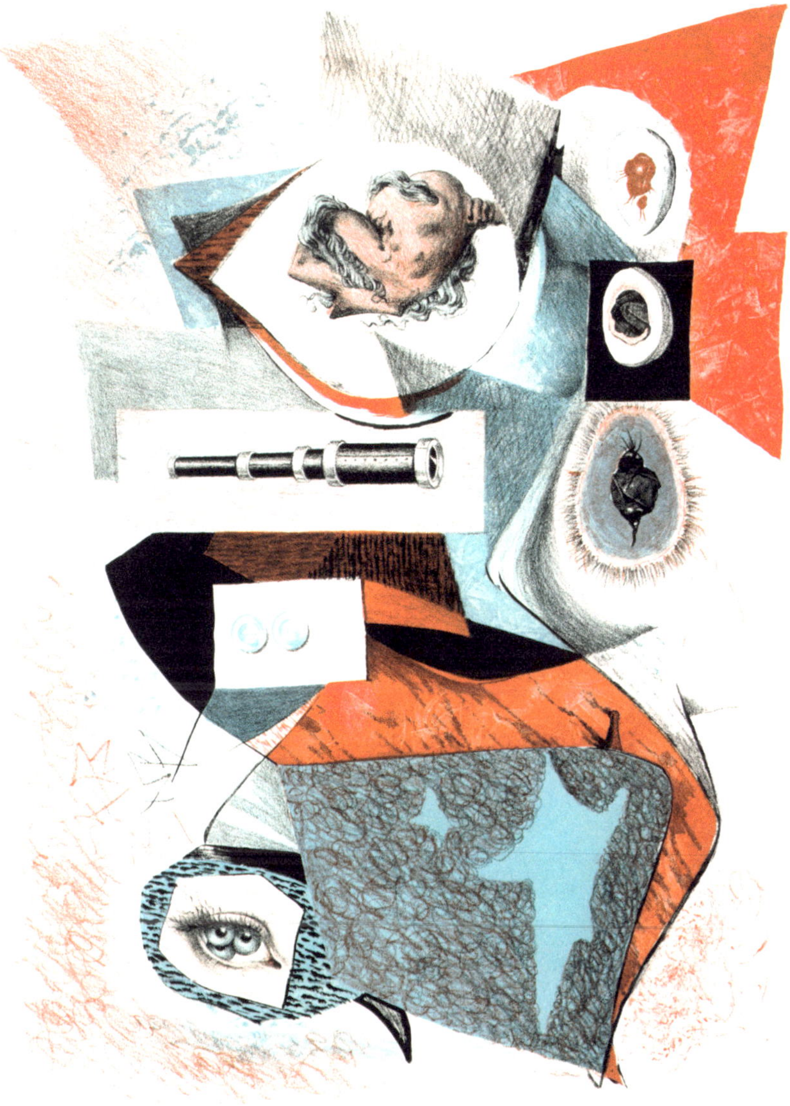

Les 7 périls spectraux (7ème péril) [Los 7 peligros espectrales (séptimo peligro)], 1950

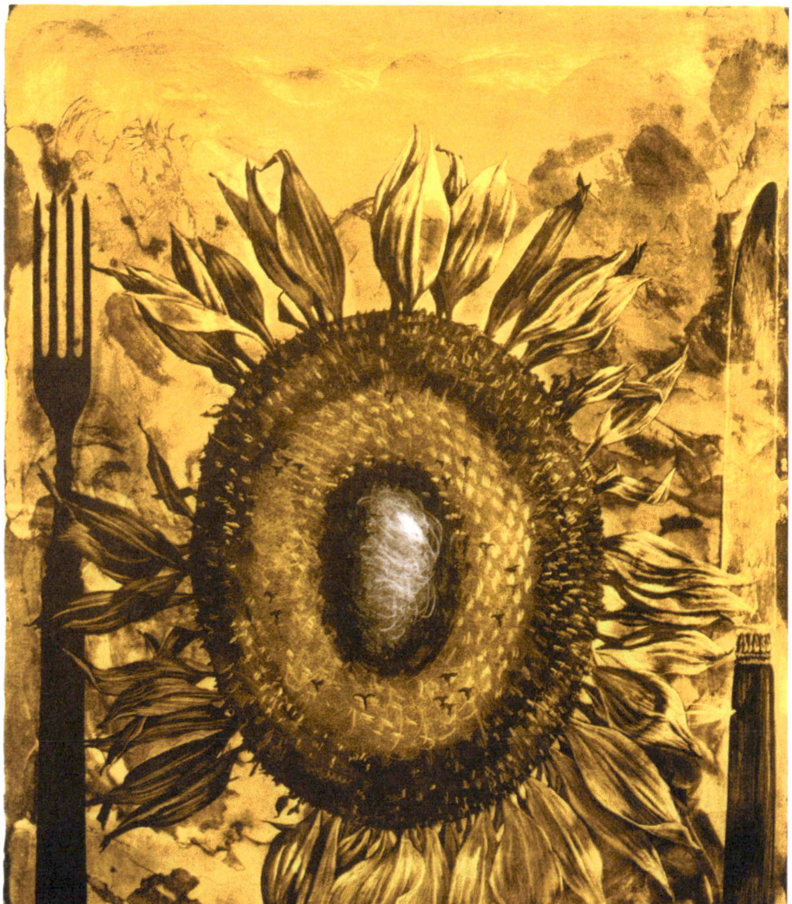

 Les 7 périls spectraux (6ème péril) [Los 7 peligros espectrales (sexto peligro)], 1950

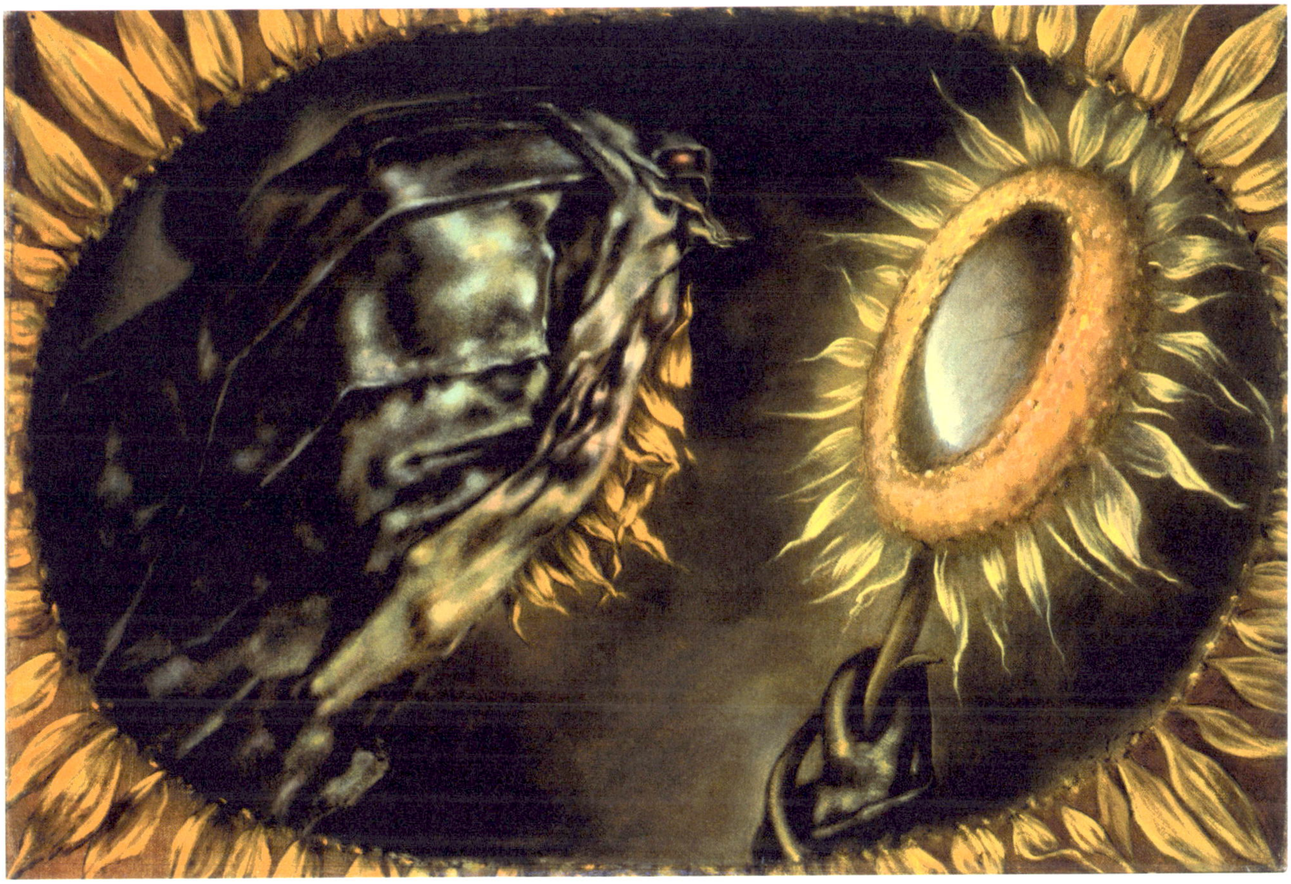

The Mirror [El espejo], 1950

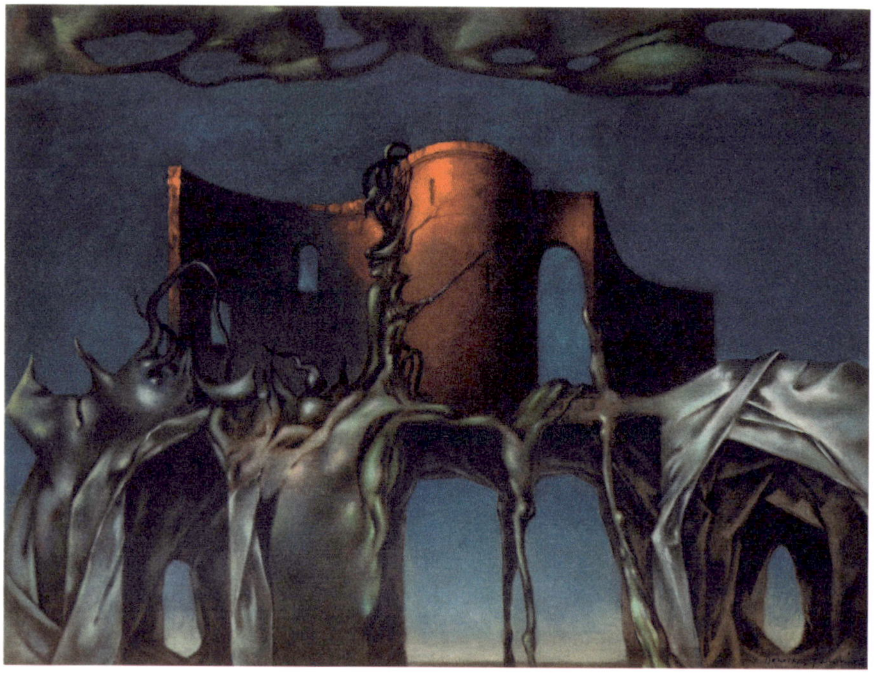

 Diseño de escenario para *The Witch*, ballet de John Cranko, ca. 1950

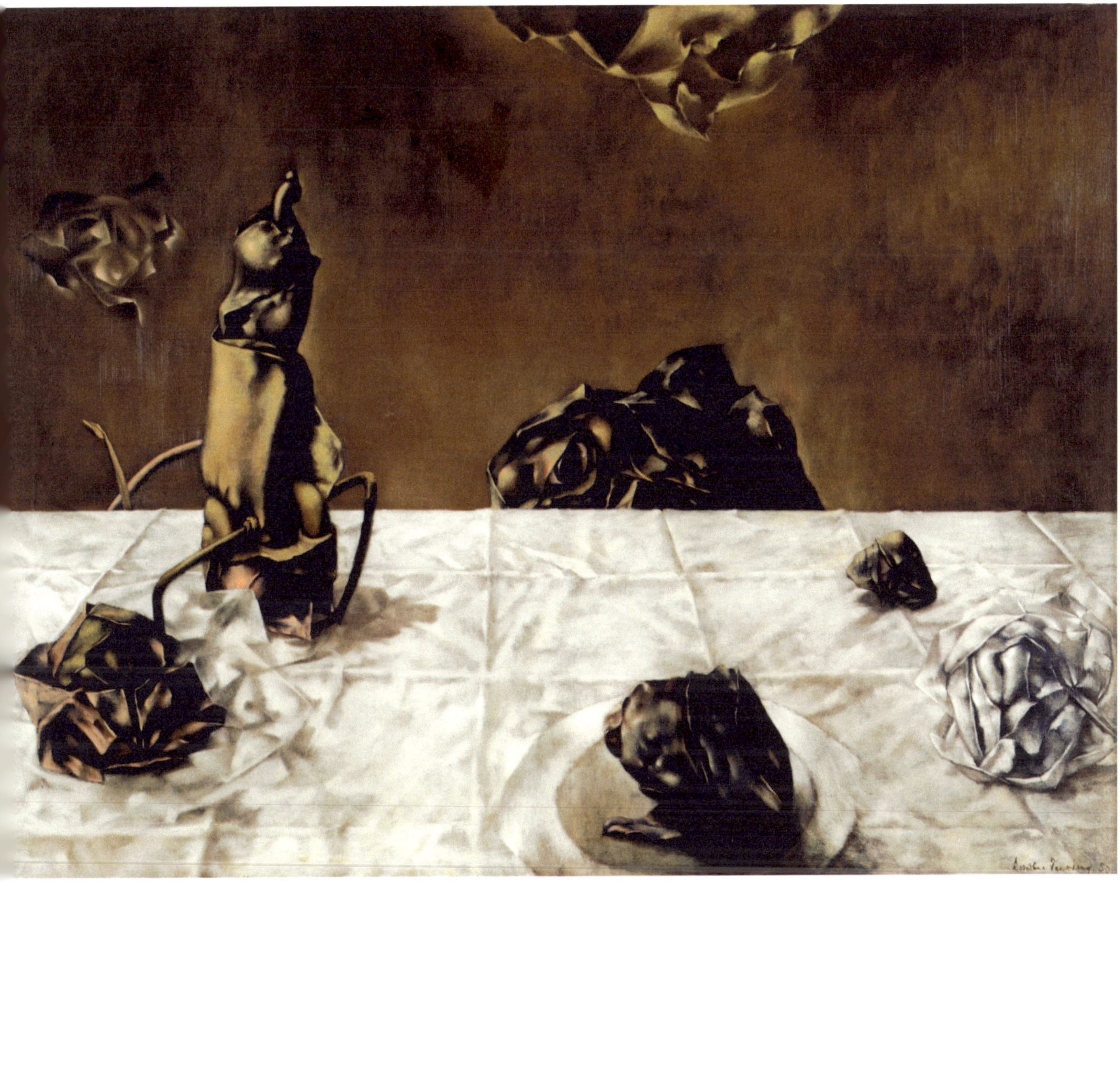

Some Roses and Their Phantoms [Algunas rosas y sus fantasmas], 1952

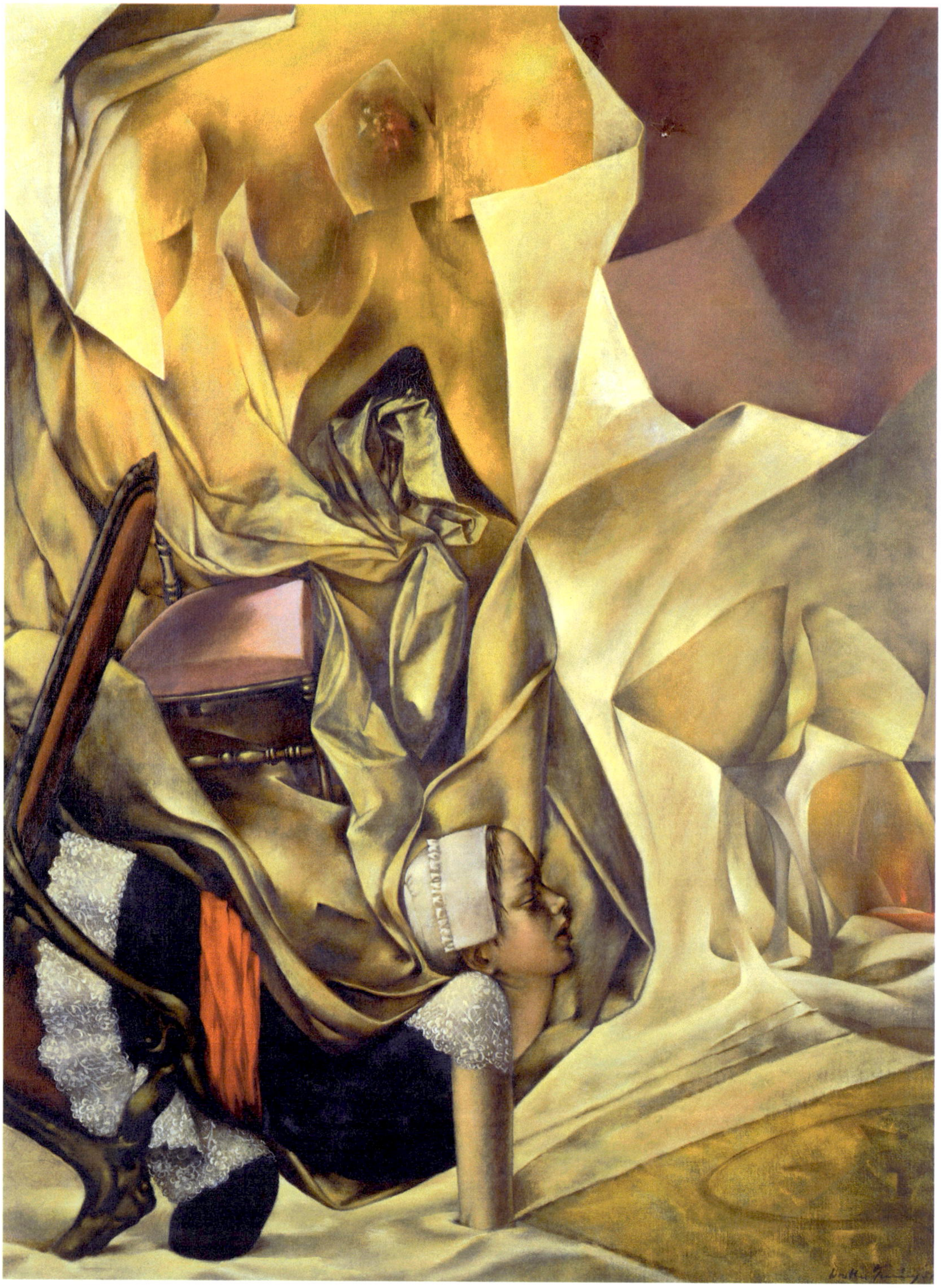

Musical Chairs [Sillas musicales], 1951

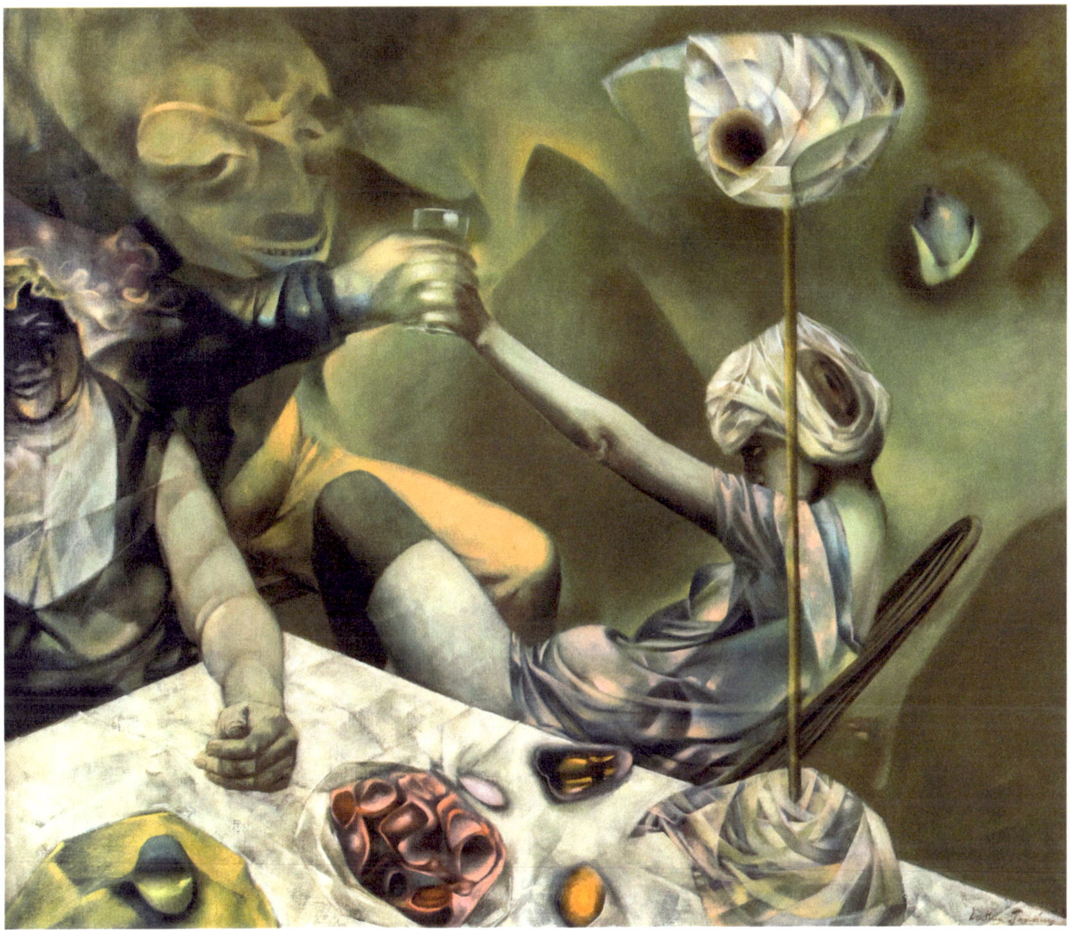

The Philosophers [Los filósofos], 1952

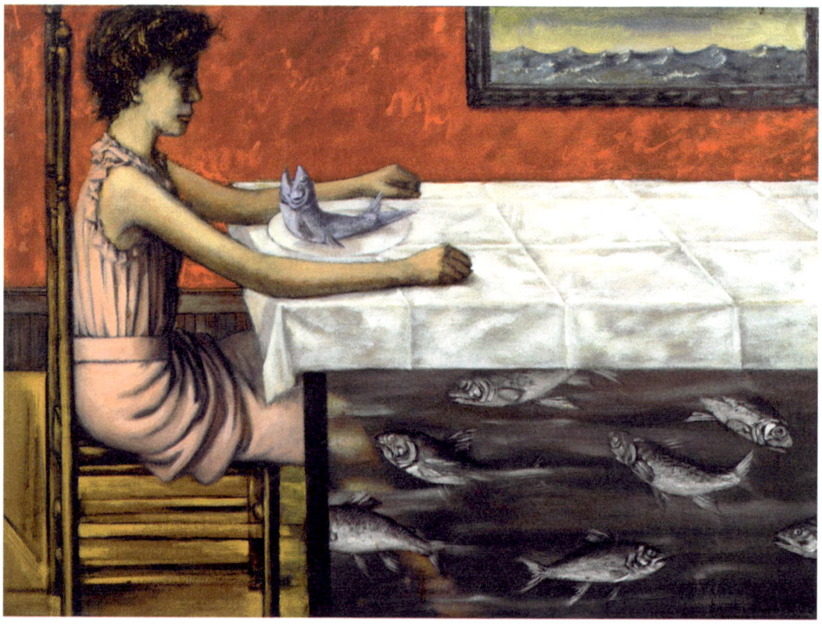

La Truite au bleu [La trucha hervida], 1952

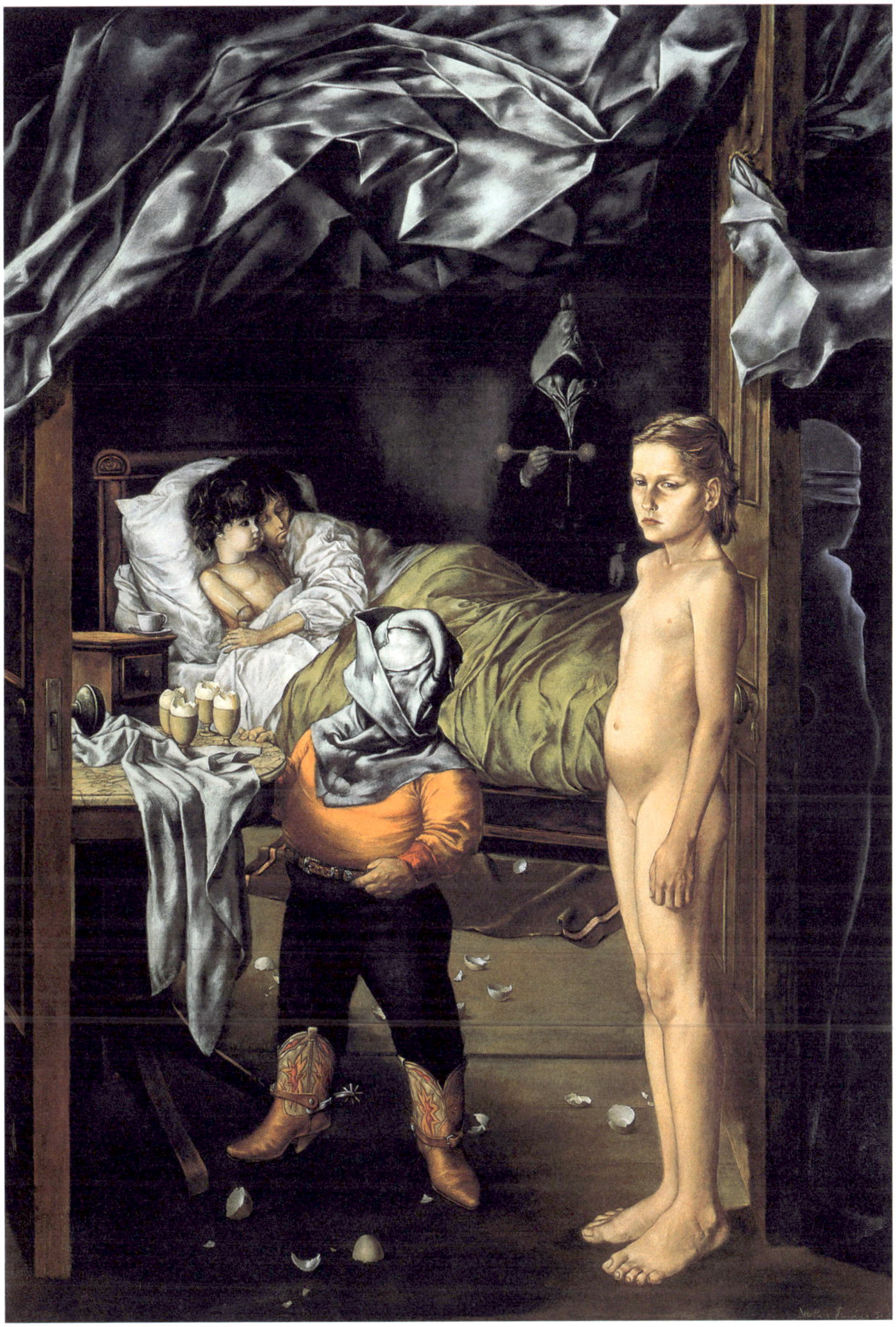

The Guest Room [La habitación de invitados], 1950-1952

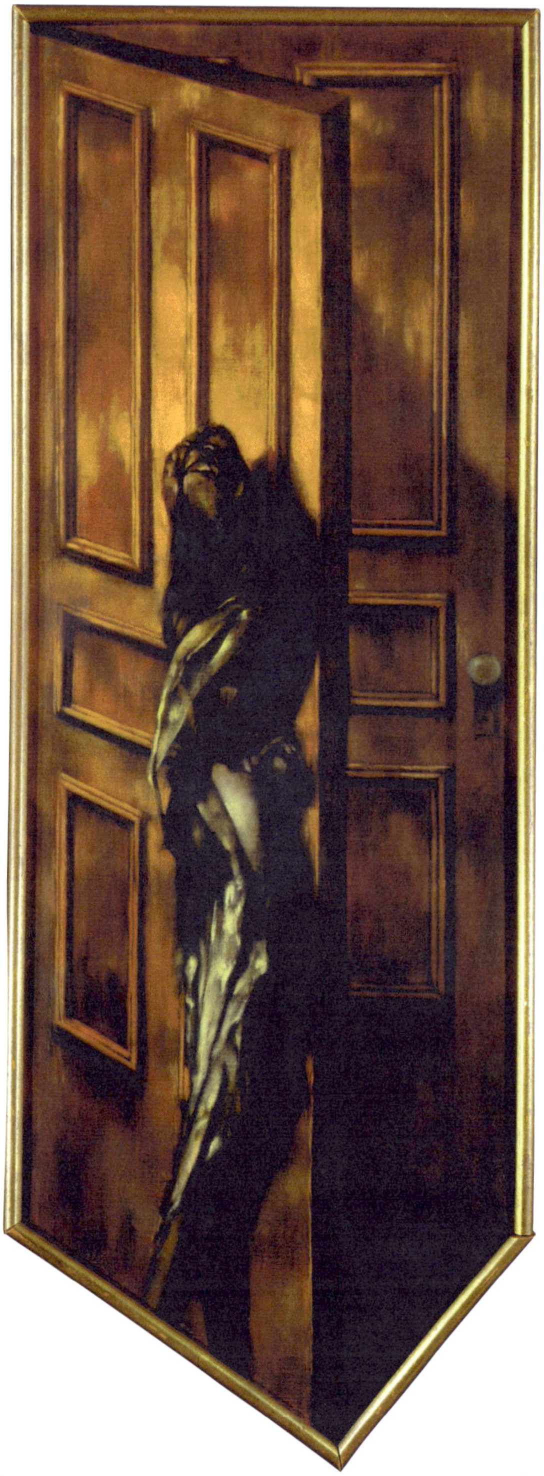

Lumière du foyer [La luz del hogar], 1950-1952

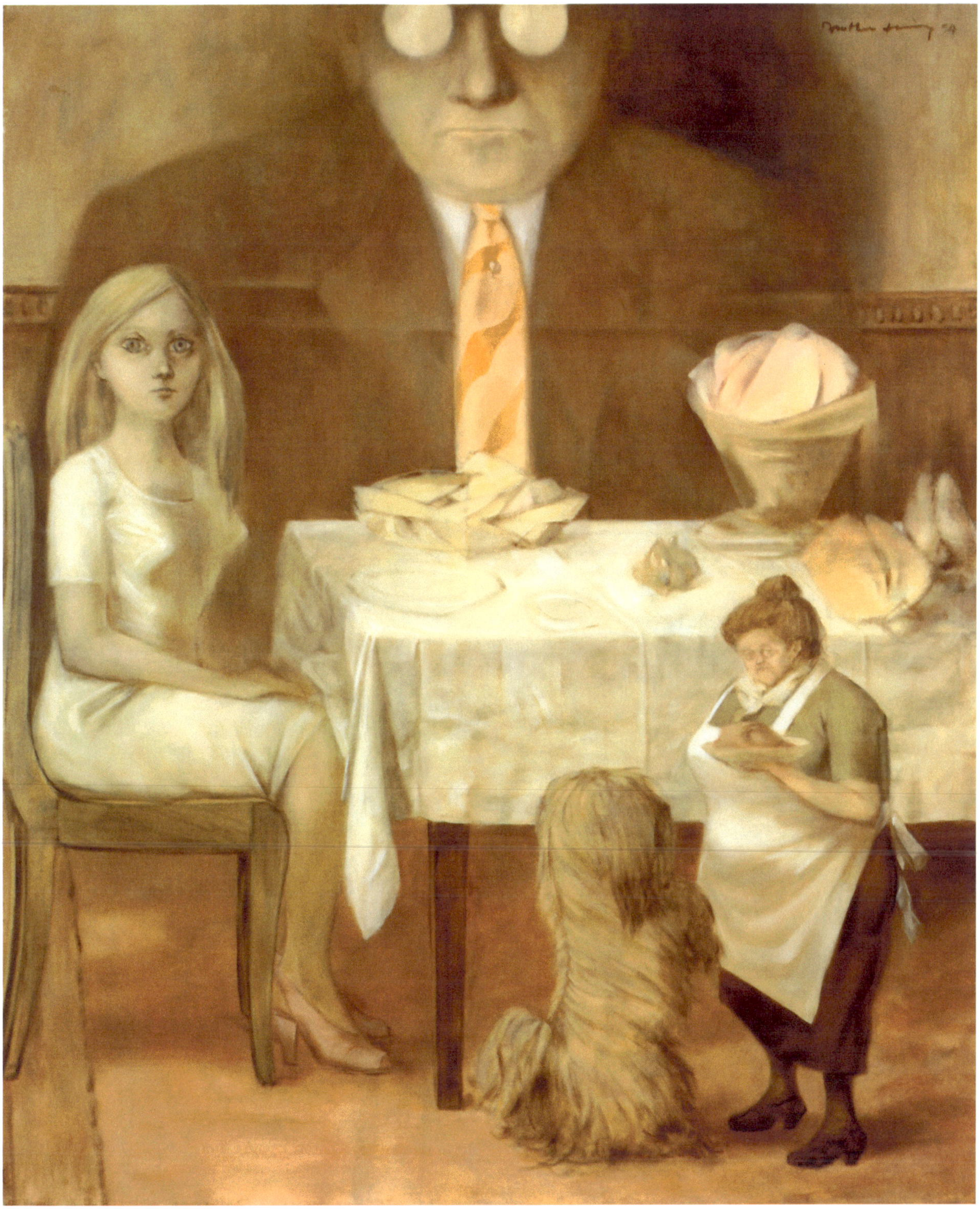

Portrait de famille [Retrato de familia], 1954

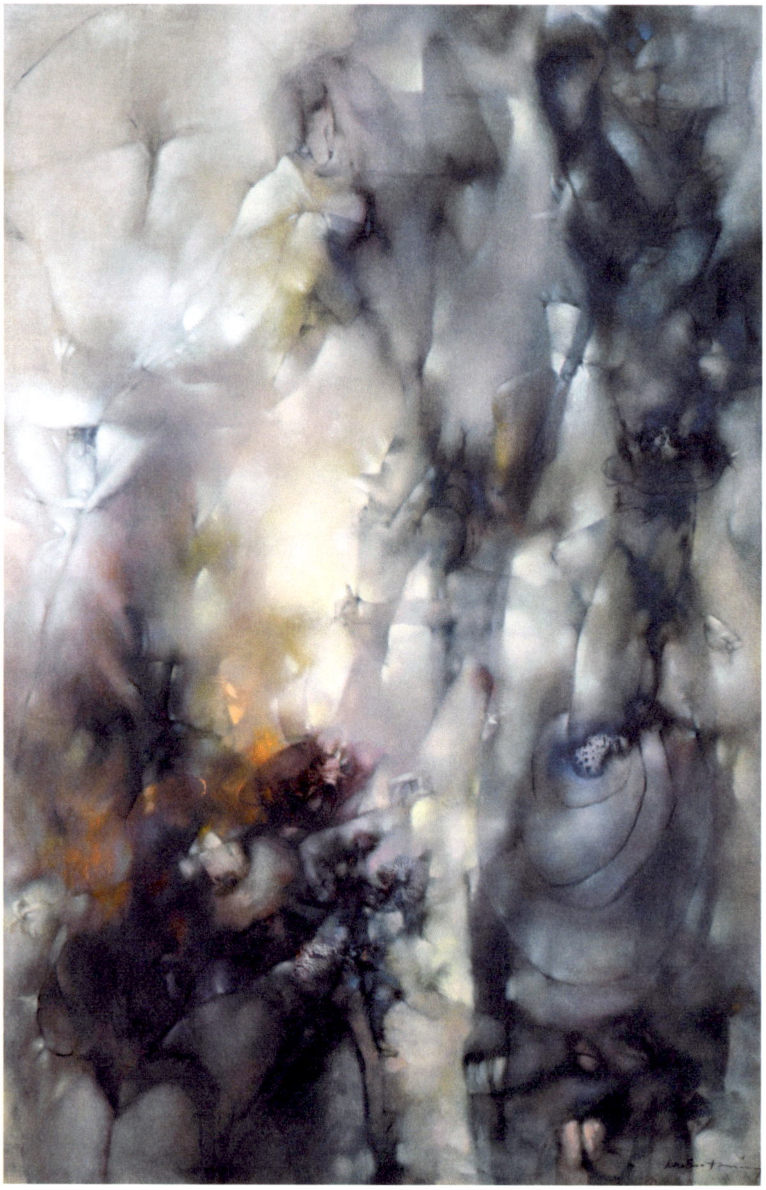

Tourists of Prague III [Turistas de Praga III], 1961

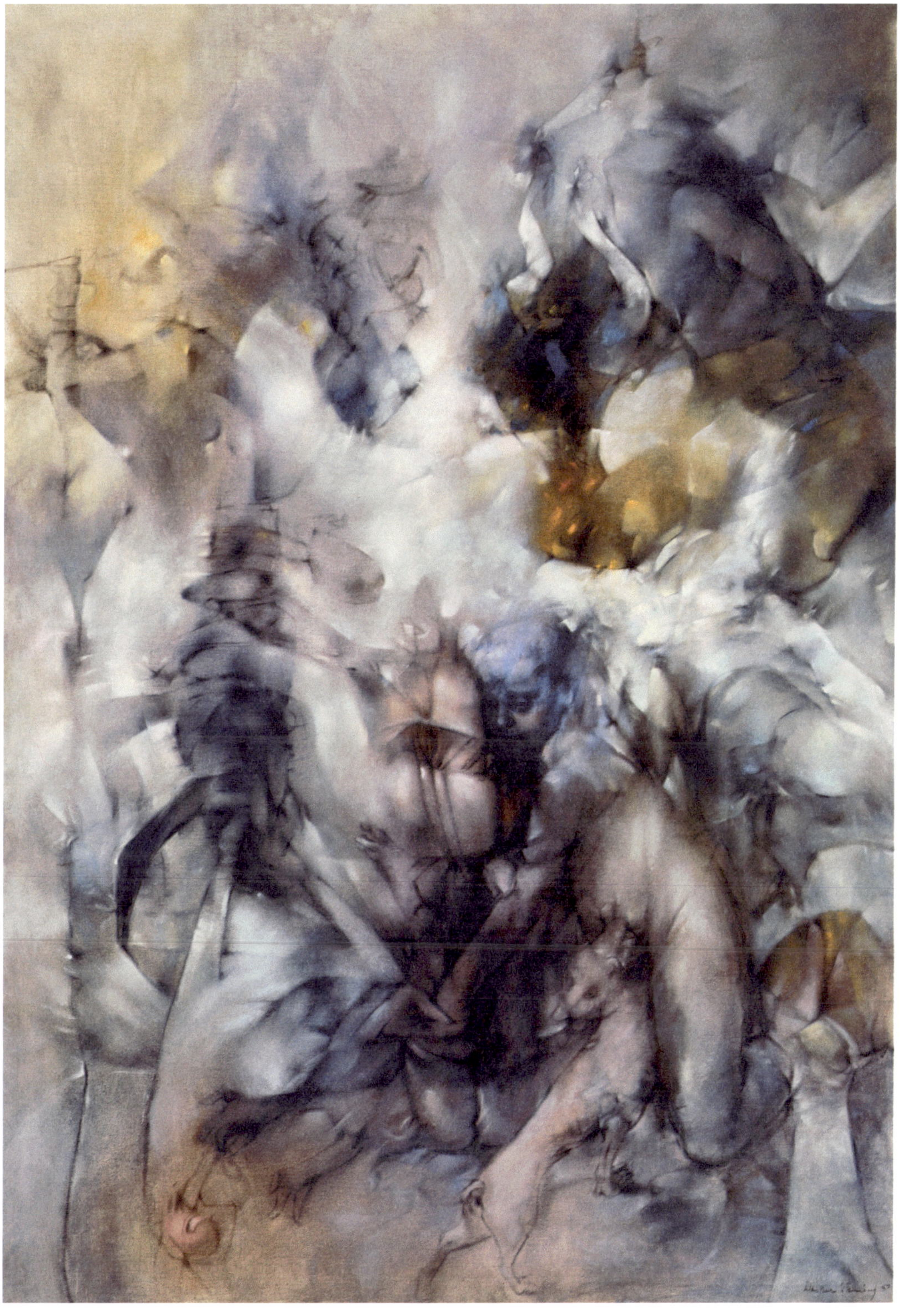

Insomnies [Insomnios], 1957

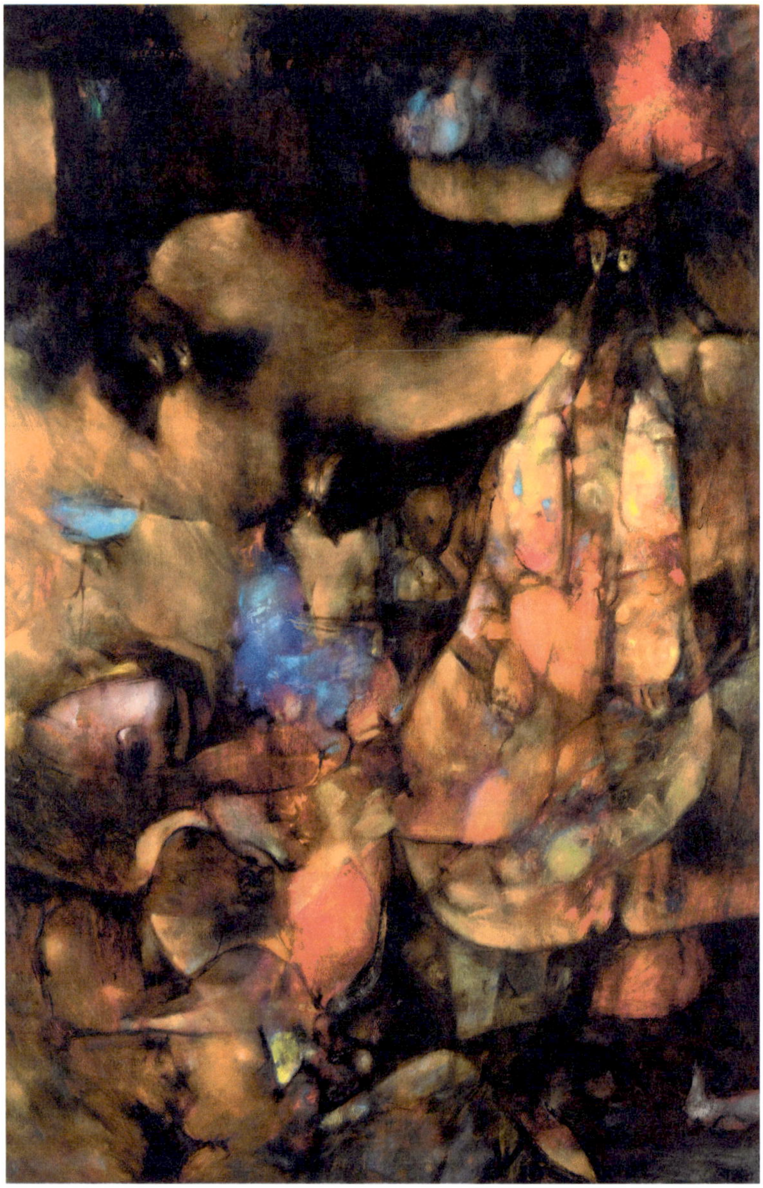

 Mêlées Nocturnes [Melés nocturnos], 1958

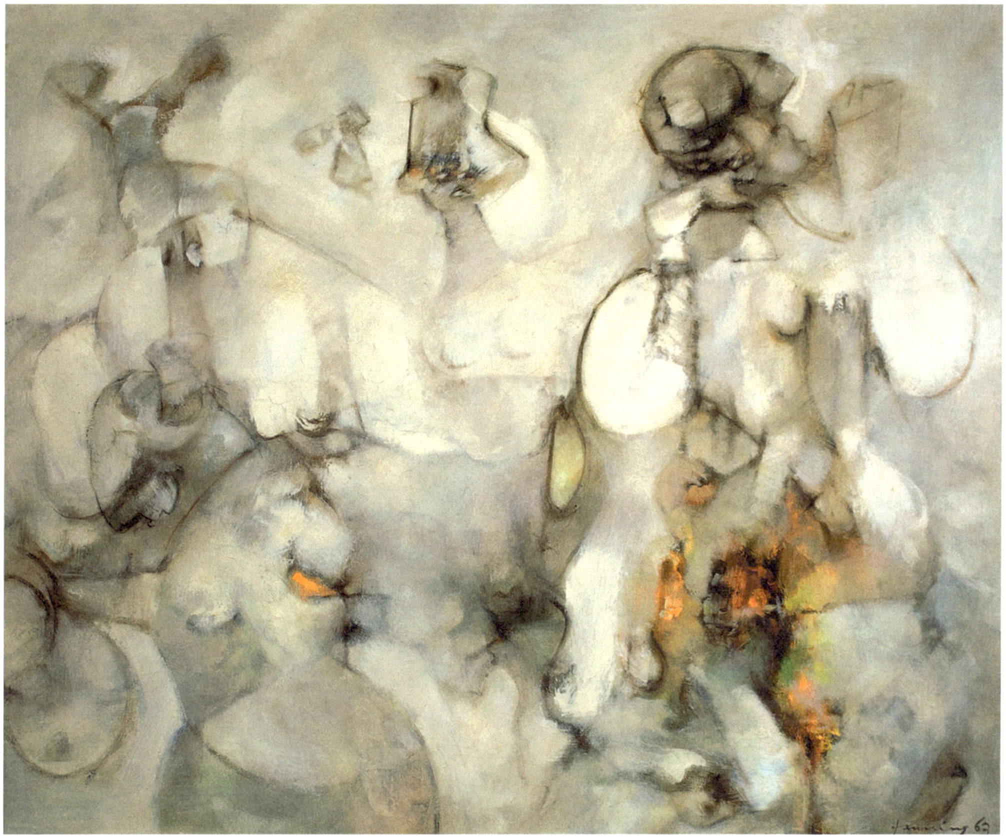

Assez causé [Queda claro], 1962

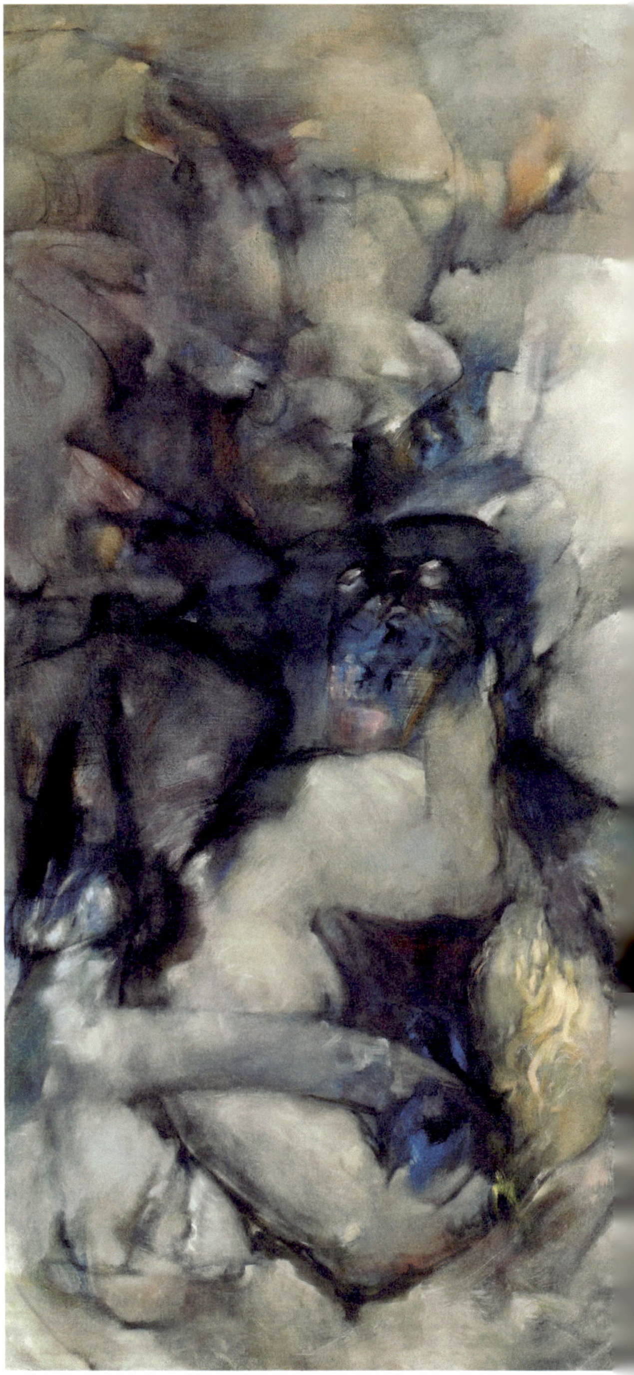

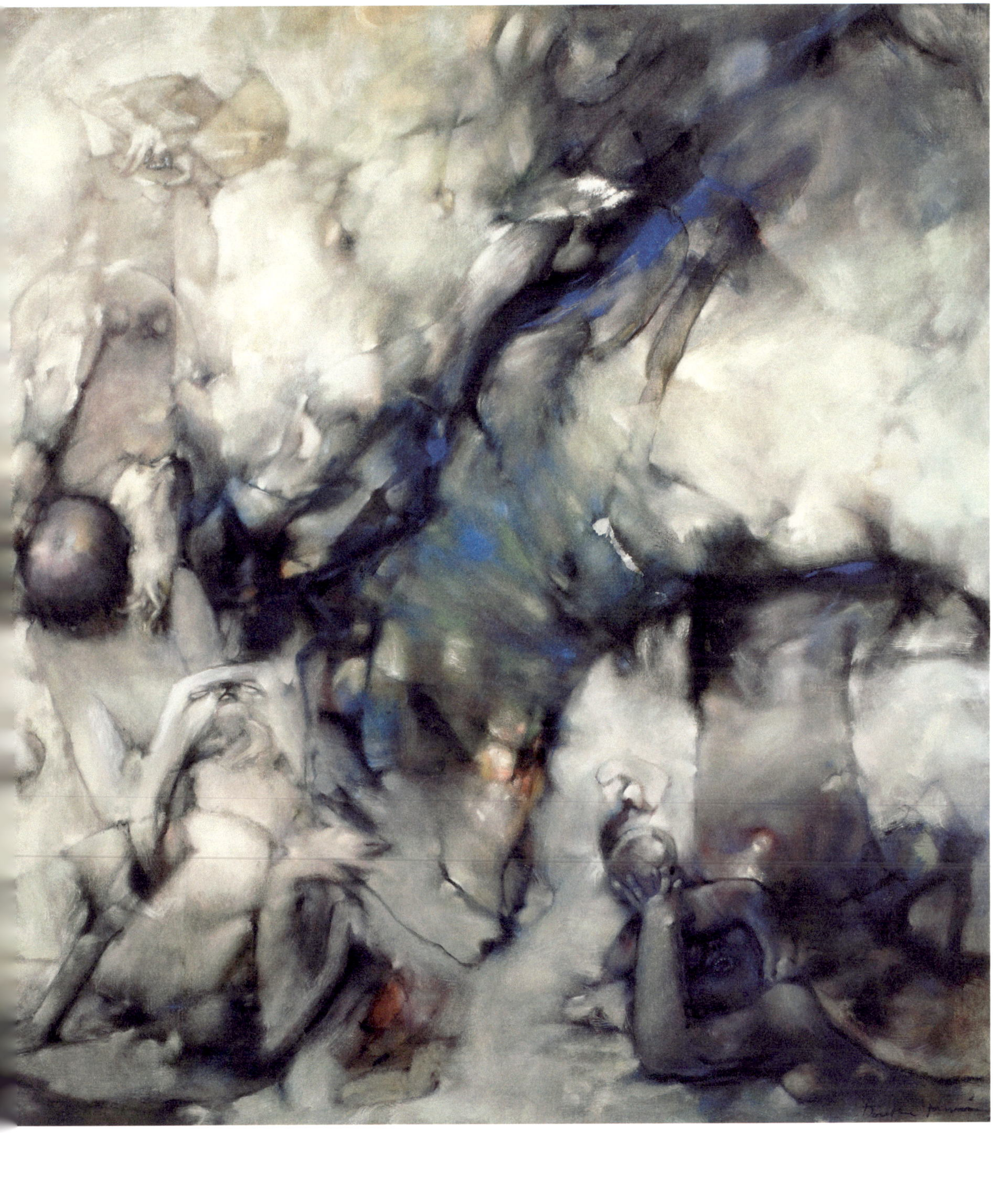

Chiens de Cythère [Perros de Citerea], 1963

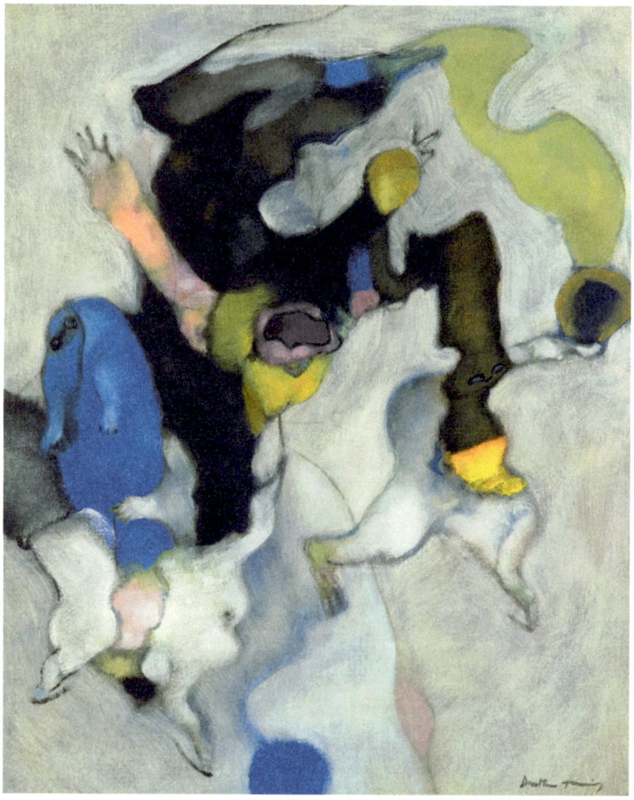

Bonimenteurs [Aduladores], 1966

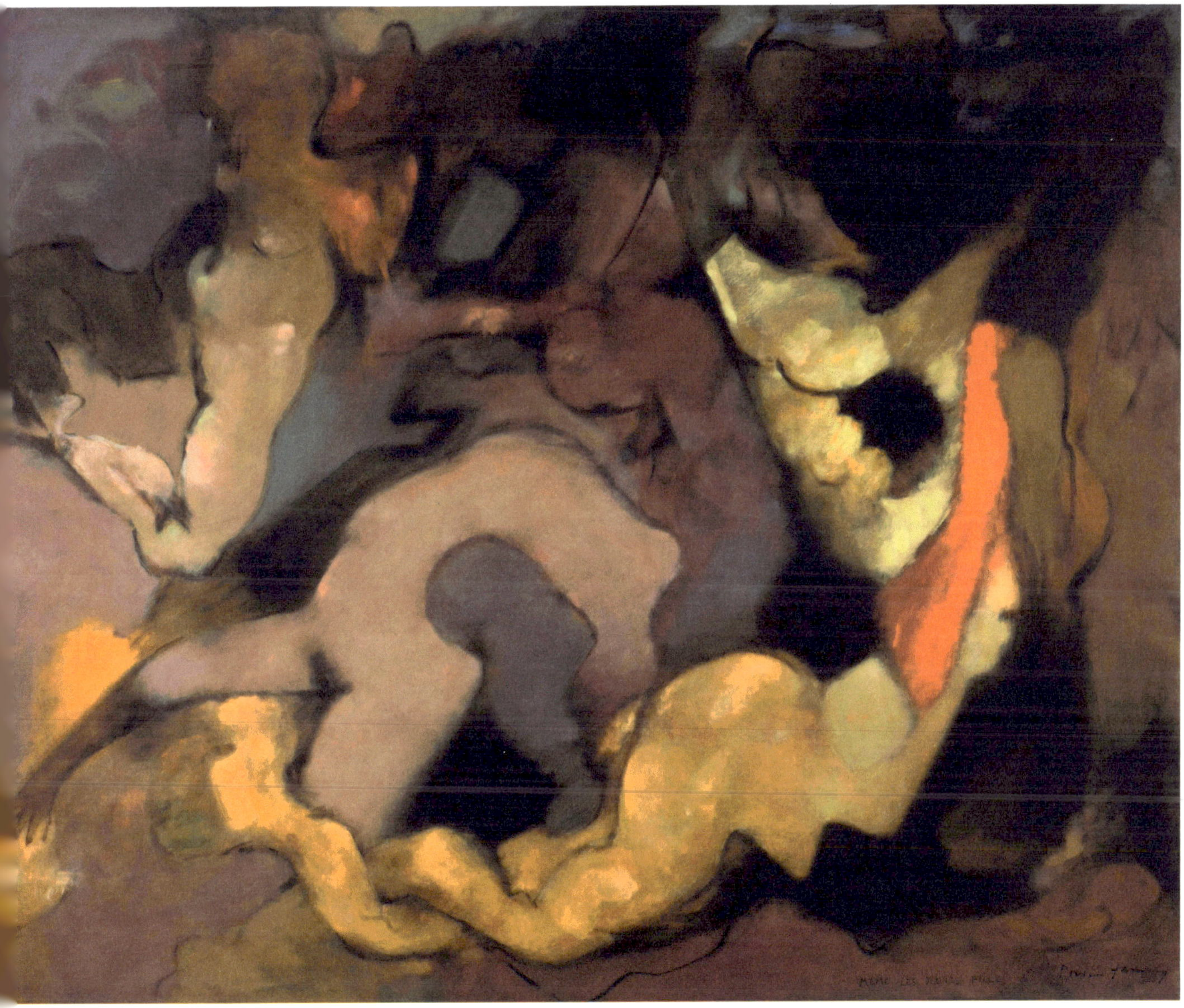

Même les jeunes filles [Incluso las niñas], 1966

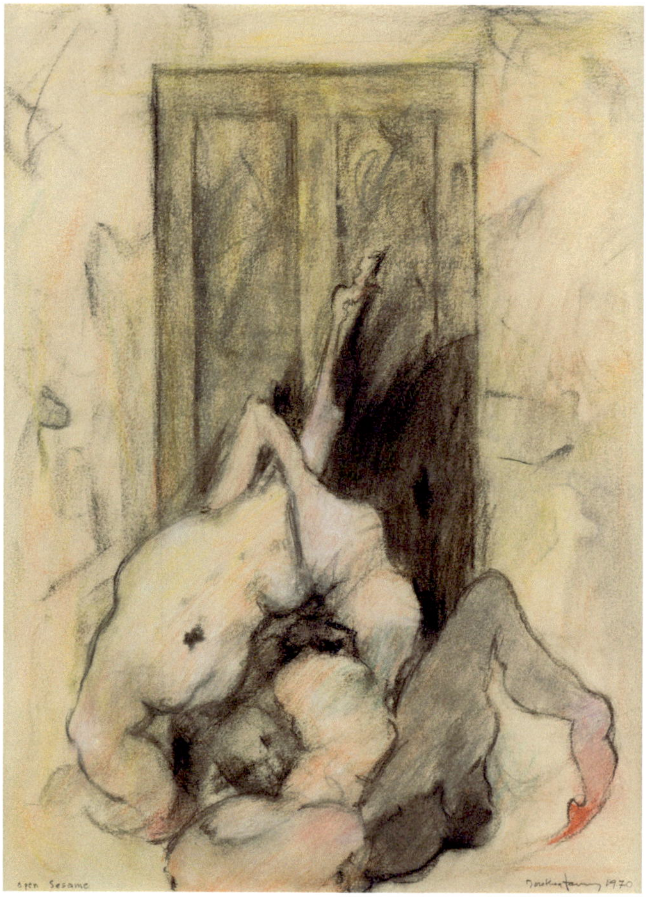

Boceto para *Ouvre-toi* [Ábrete Sésamo], 1970

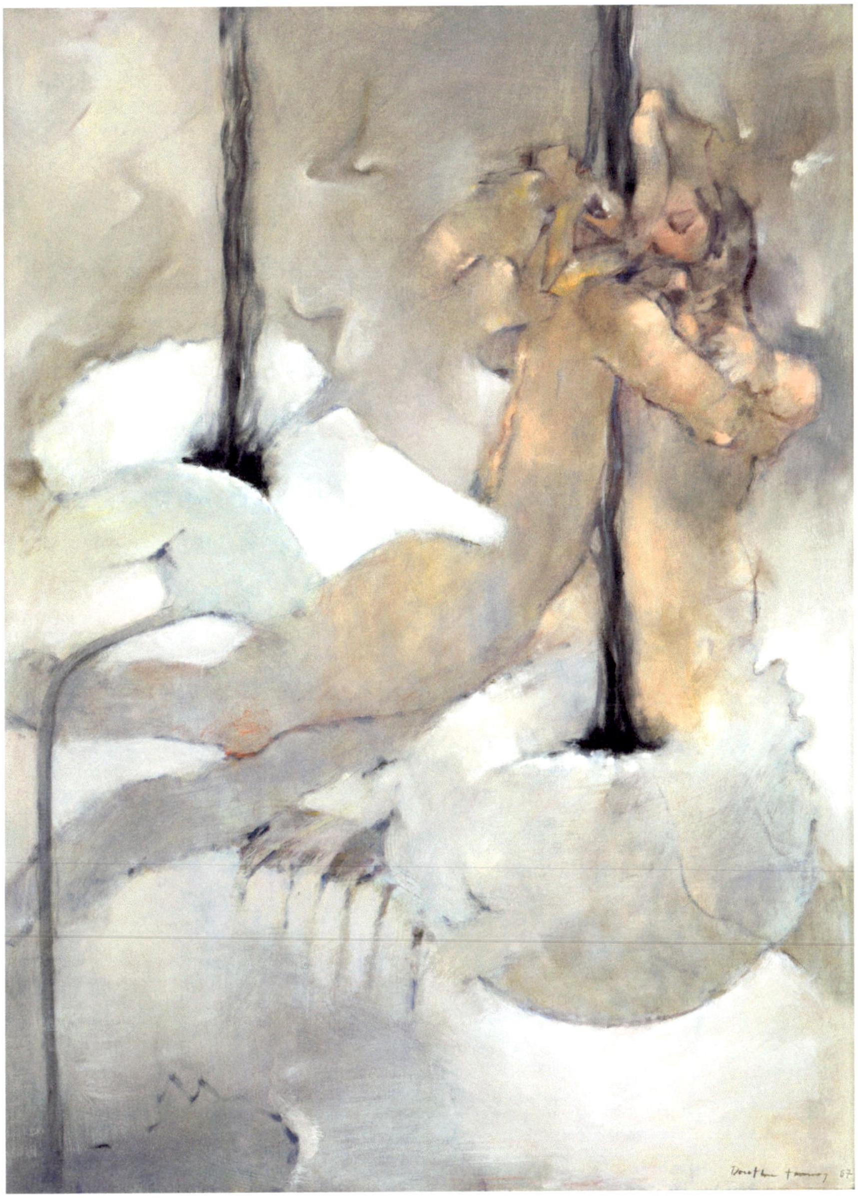

Poppies [Amapolas], 1987

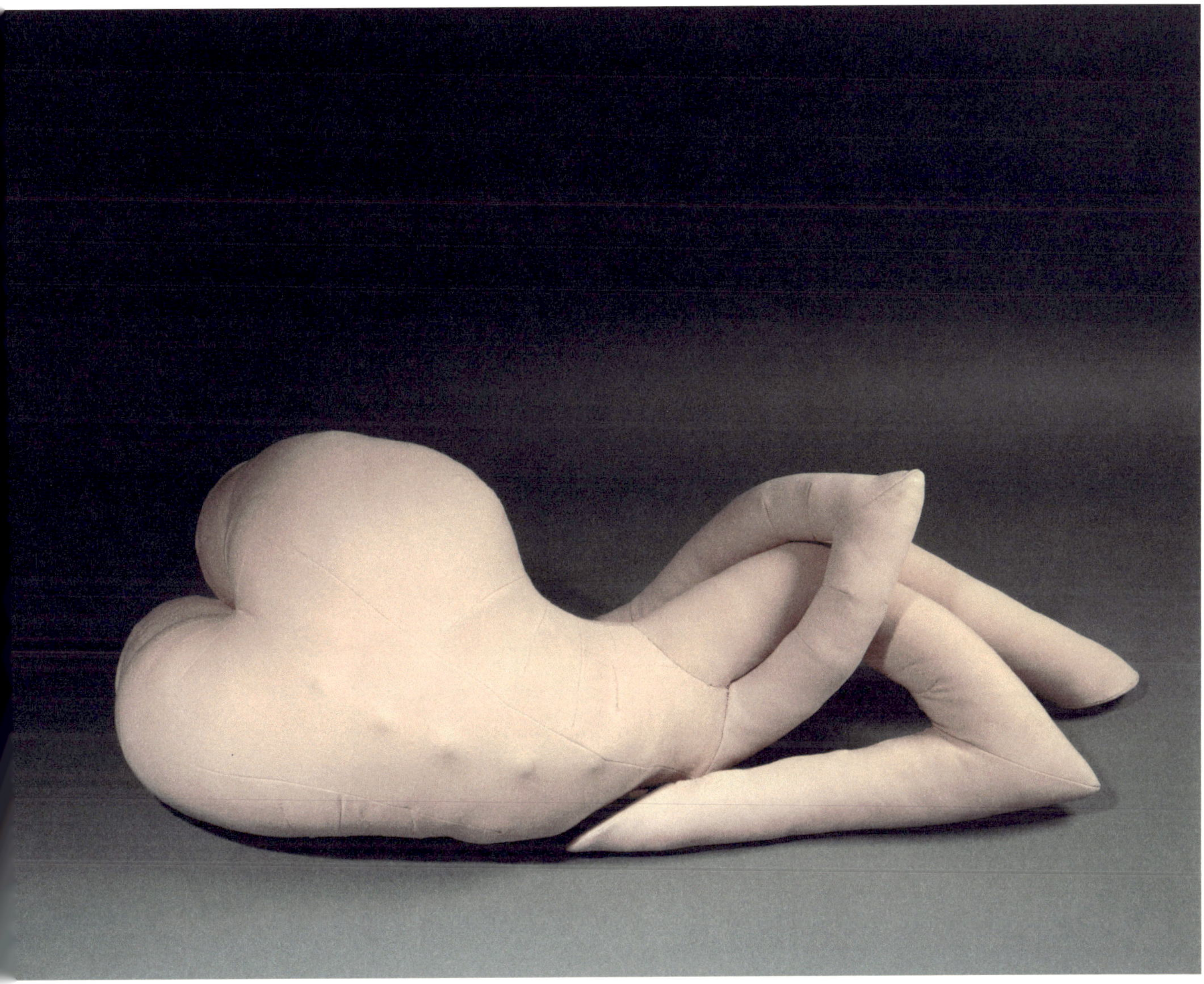

Nue couchée [Desnudo tumbado], 1969-1970

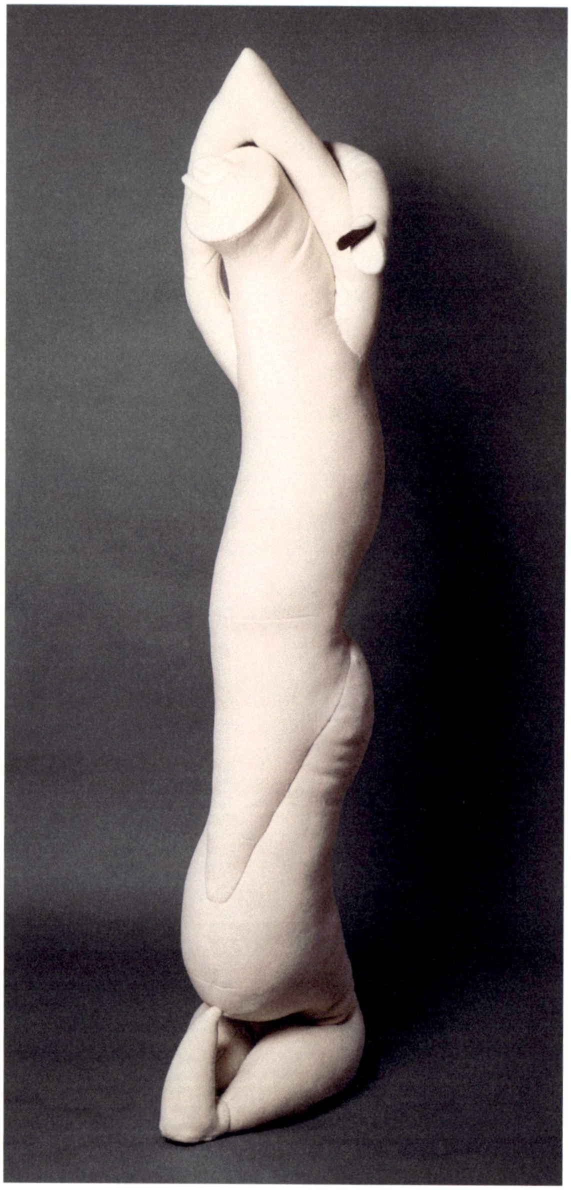

Xmas [Navidad], 1969

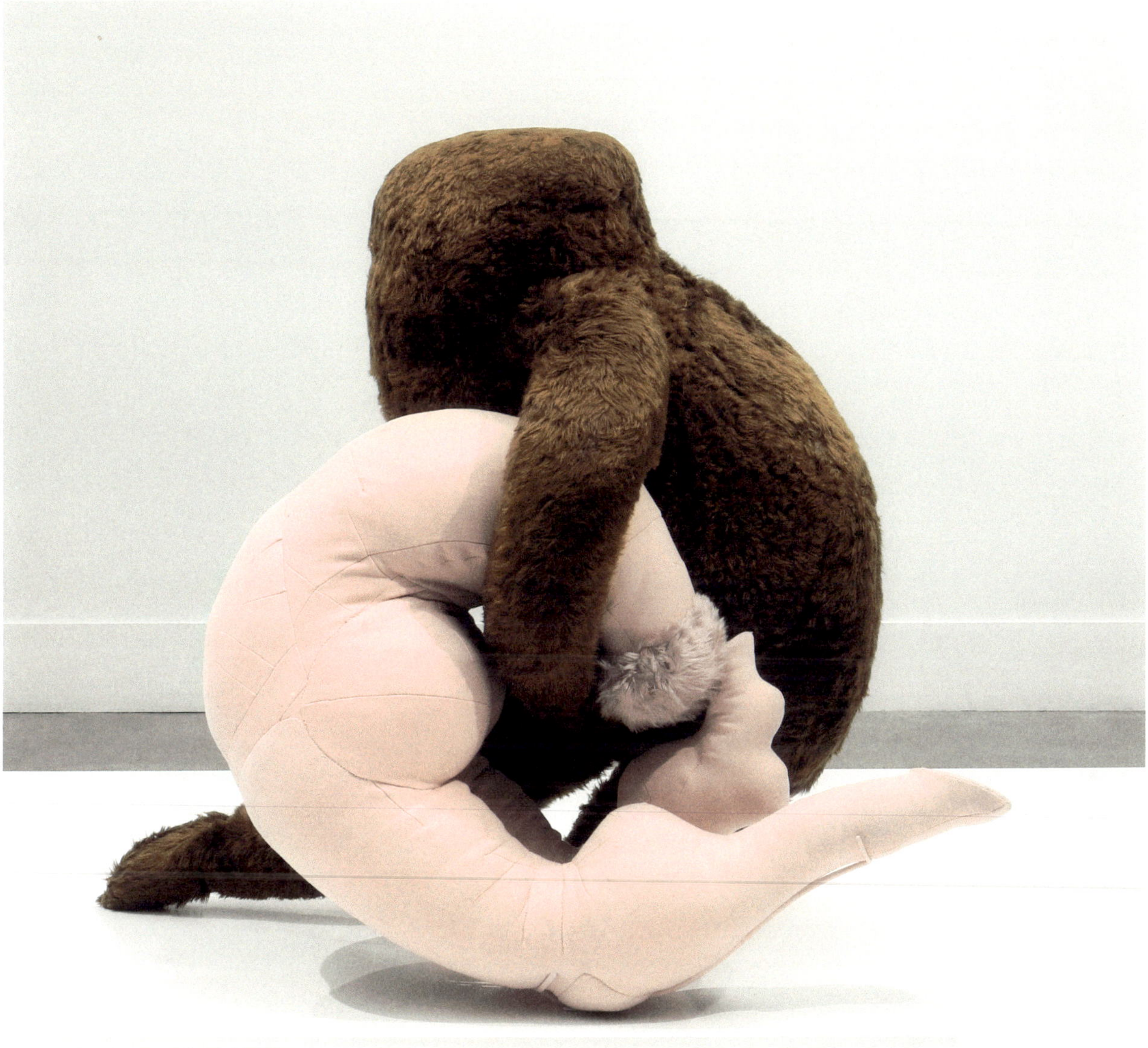

Étreinte [Abrazo], 1969

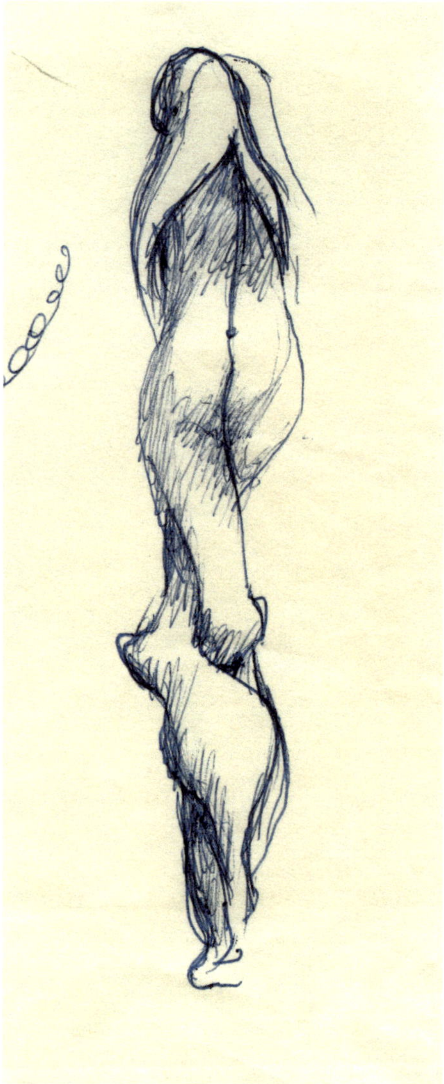

Boceto para *De quel amour* [De qué amor], 1969

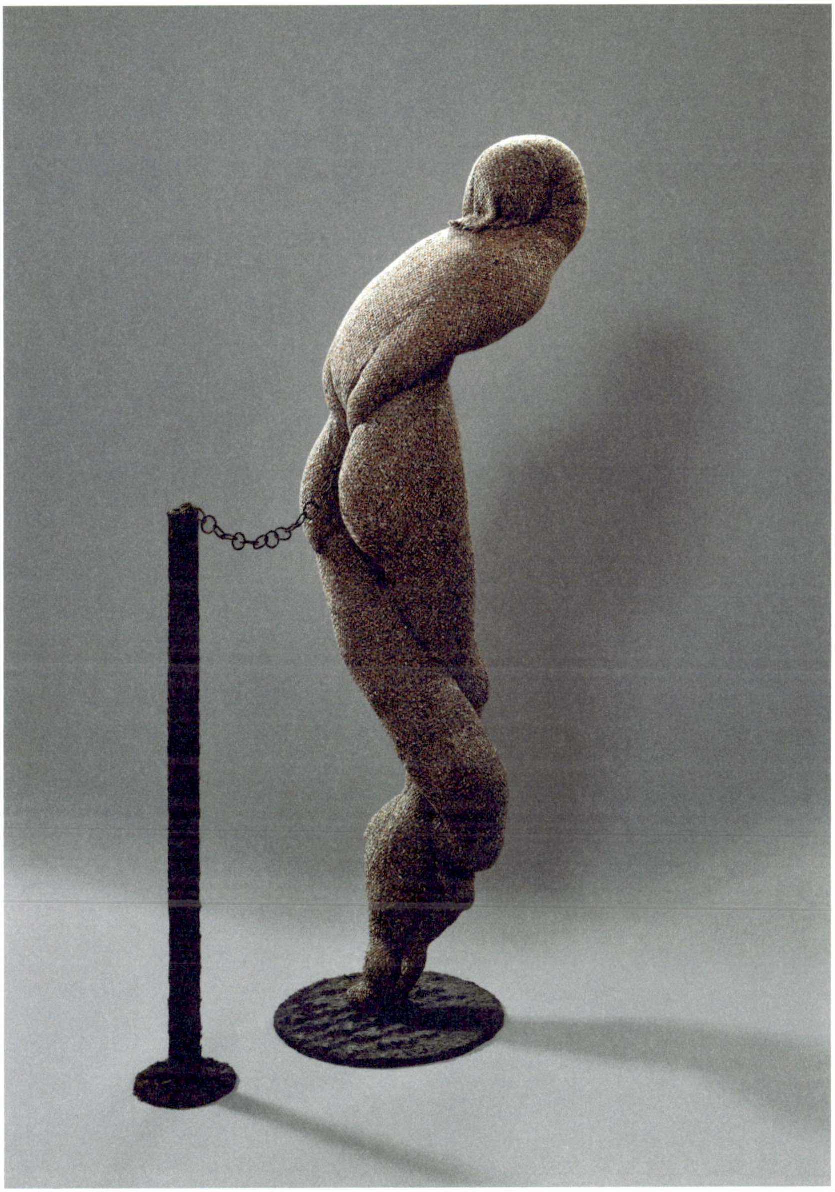

De quel amour [De qué amor], 1970

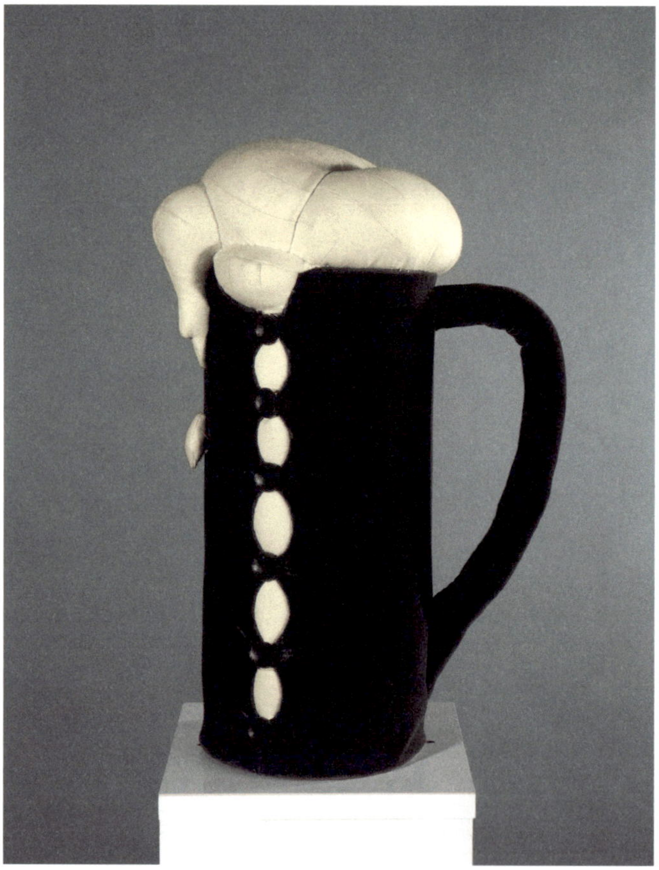

Don Juan's Breakfast [El desayuno de Don Juan], 1972

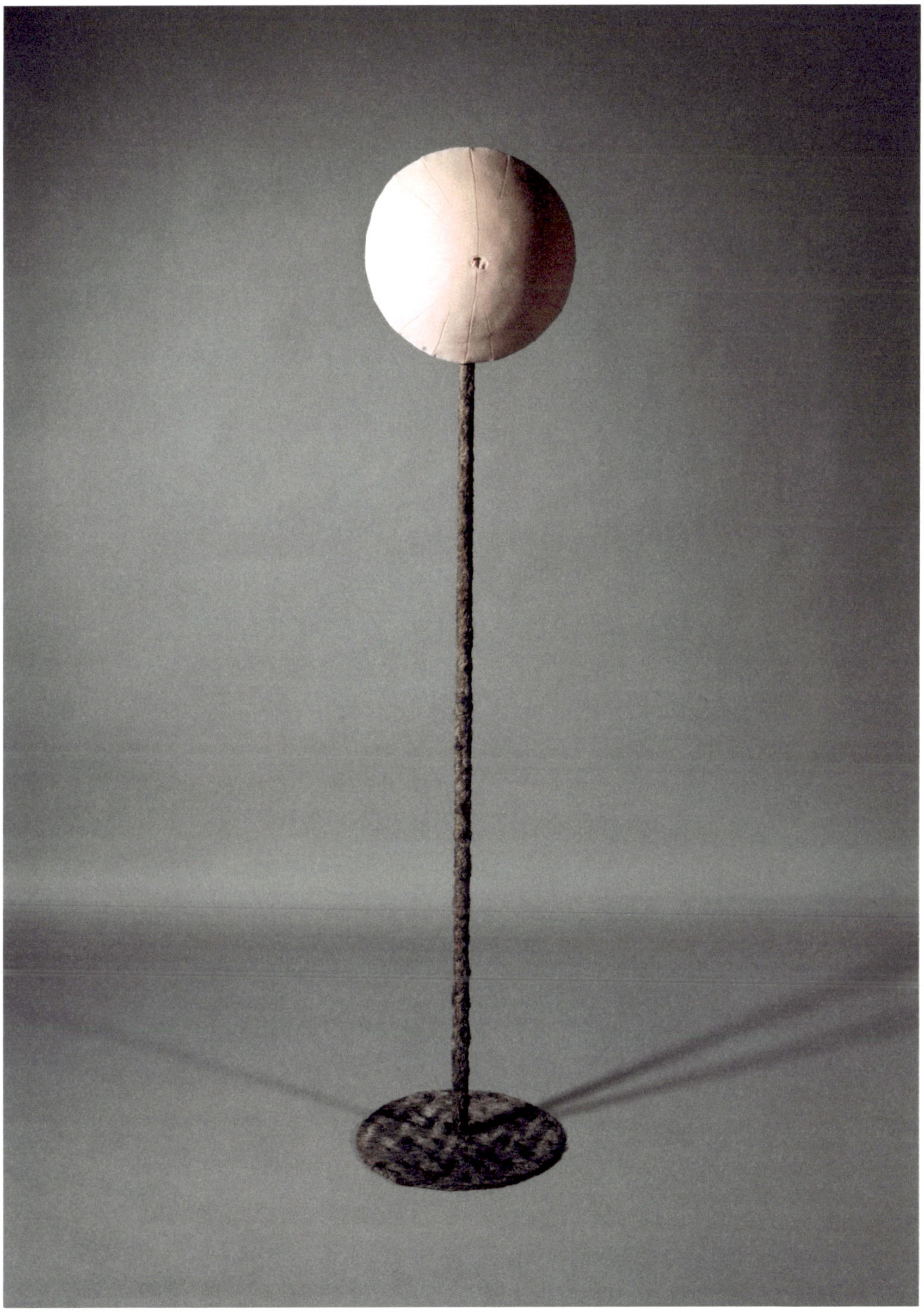

Traffic Sign [Señal de tráfico], 1970

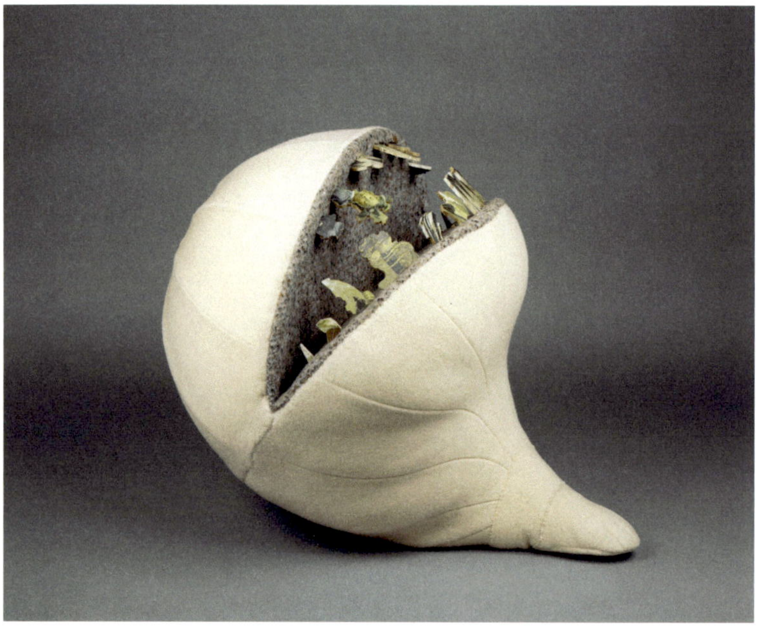

Verbe [Verbo], 1969-1970

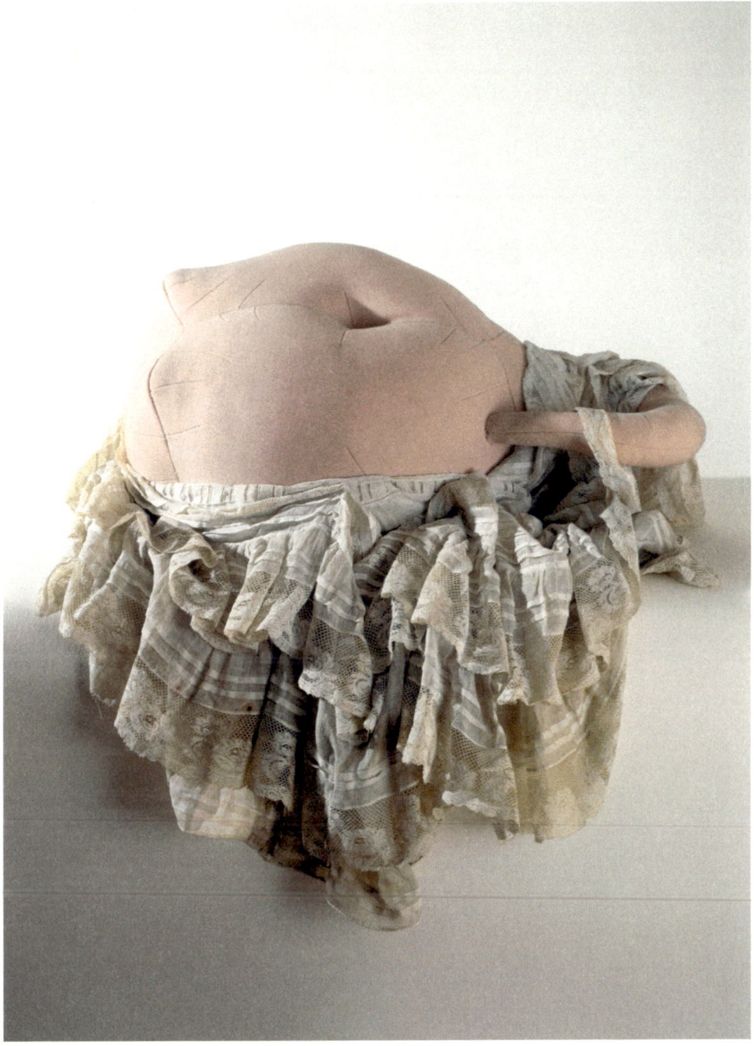

Emma, 1970

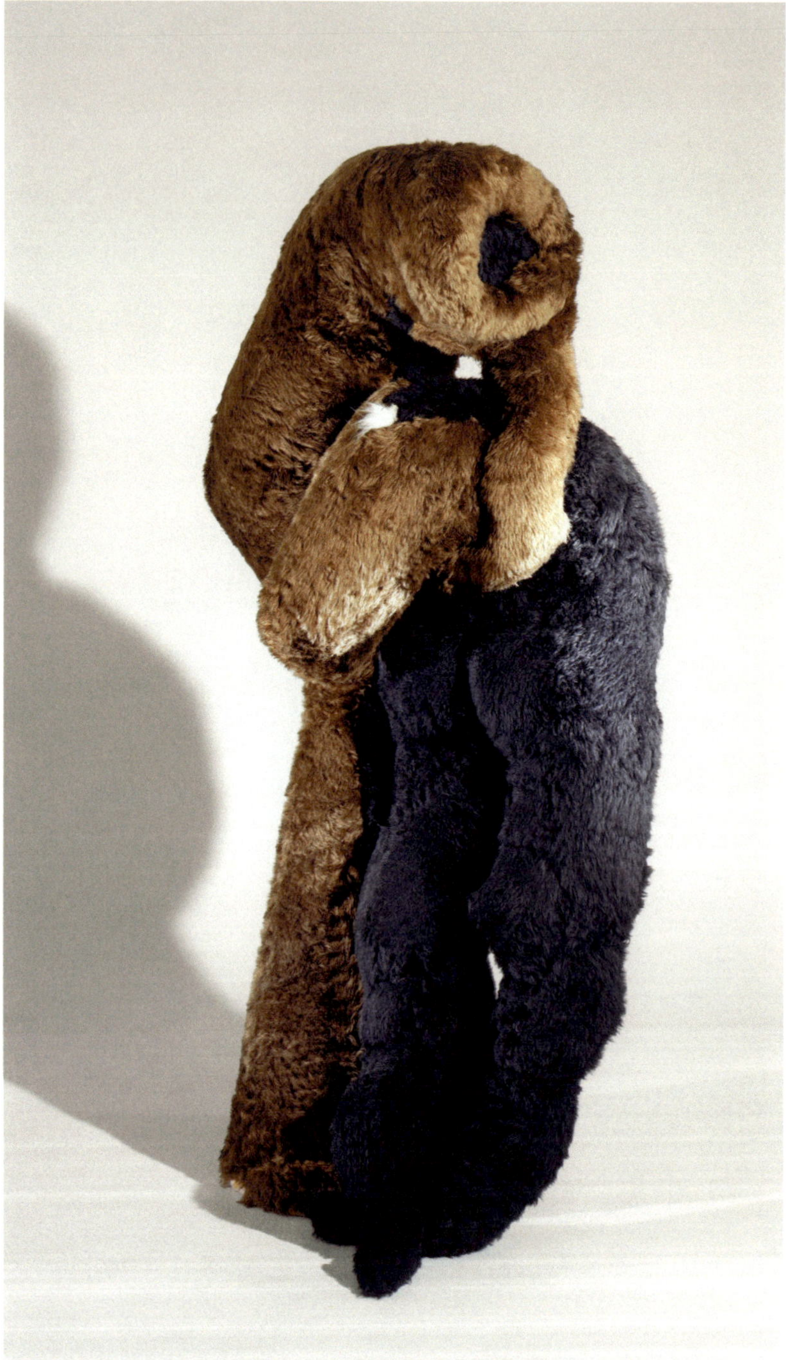

Cousins [Primos], 1970

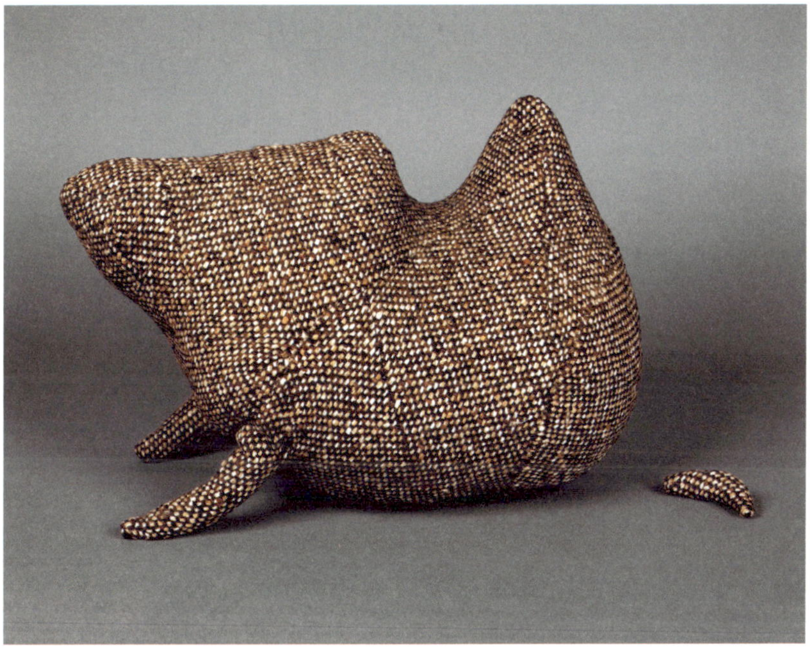

Tweedy, 1973

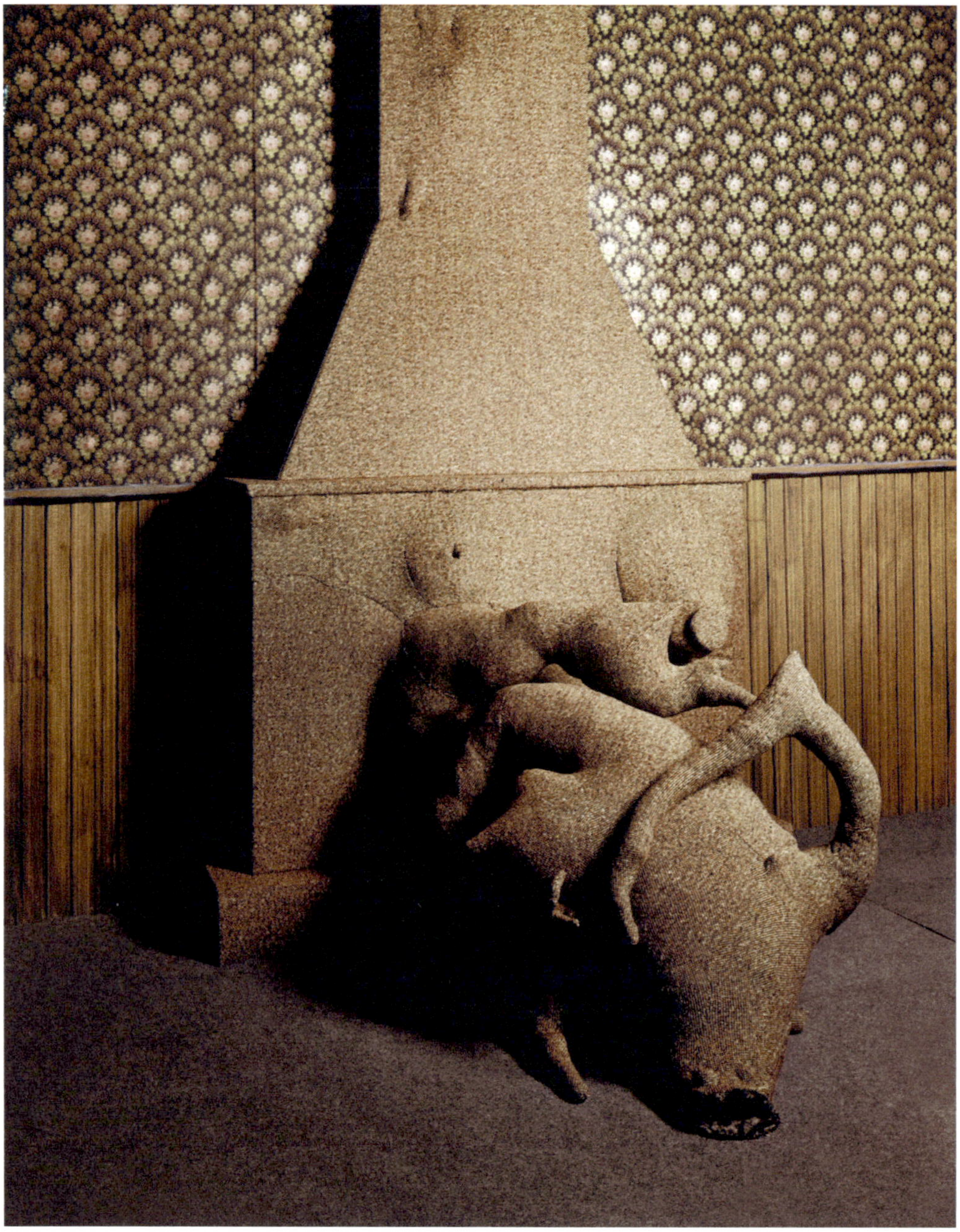

Time and Place [Tiempo y espacio] de *Chambre 202, Hôtel du Pavot*
[Habitación 202, Hôtel du Pavot], 1970-1973

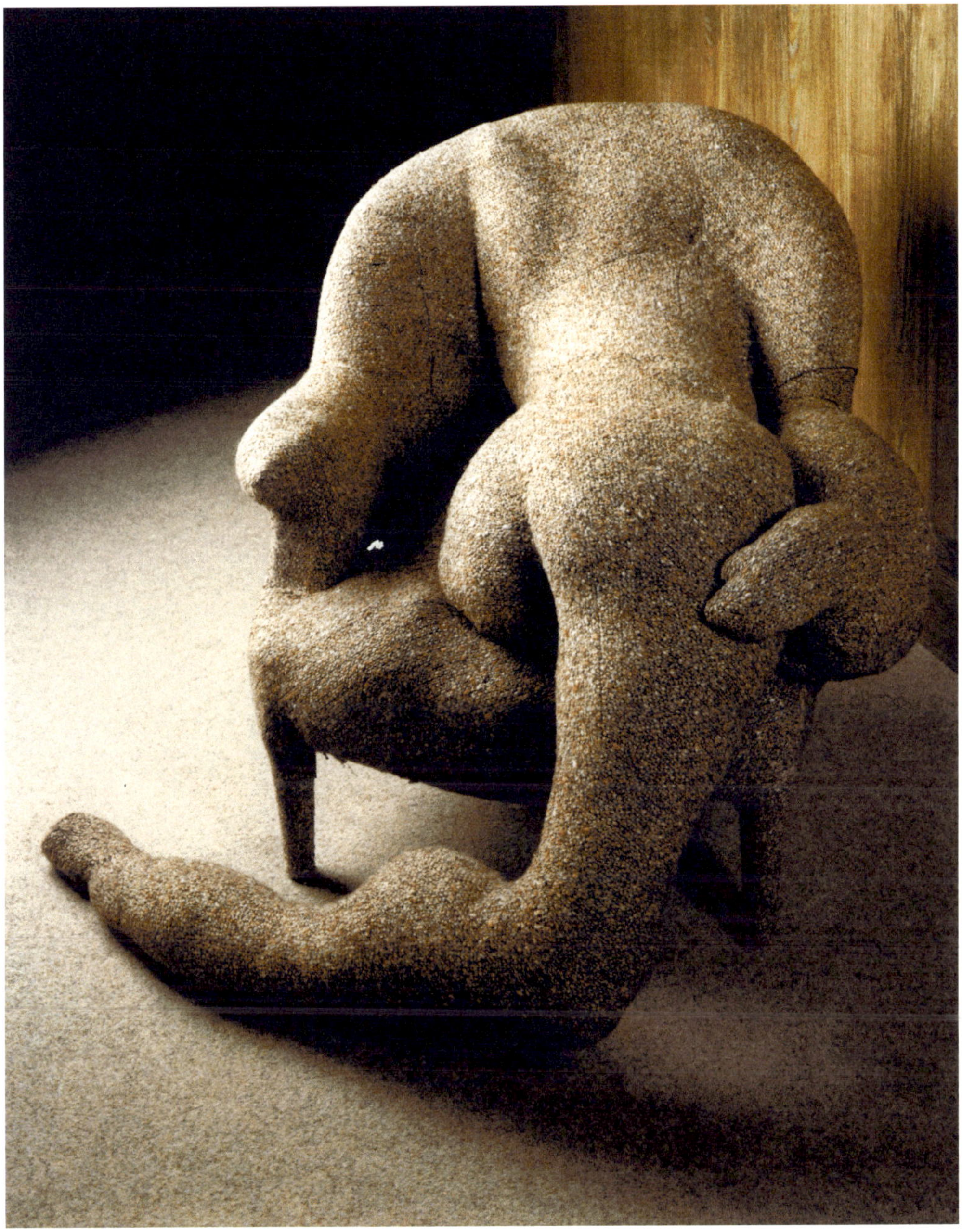

Révélation ou la fin du mois [Revelación o el fin de mes] de *Chambre 202, Hôtel du Pavot* [Habitación 202, Hôtel du Pavot], 1970-1973

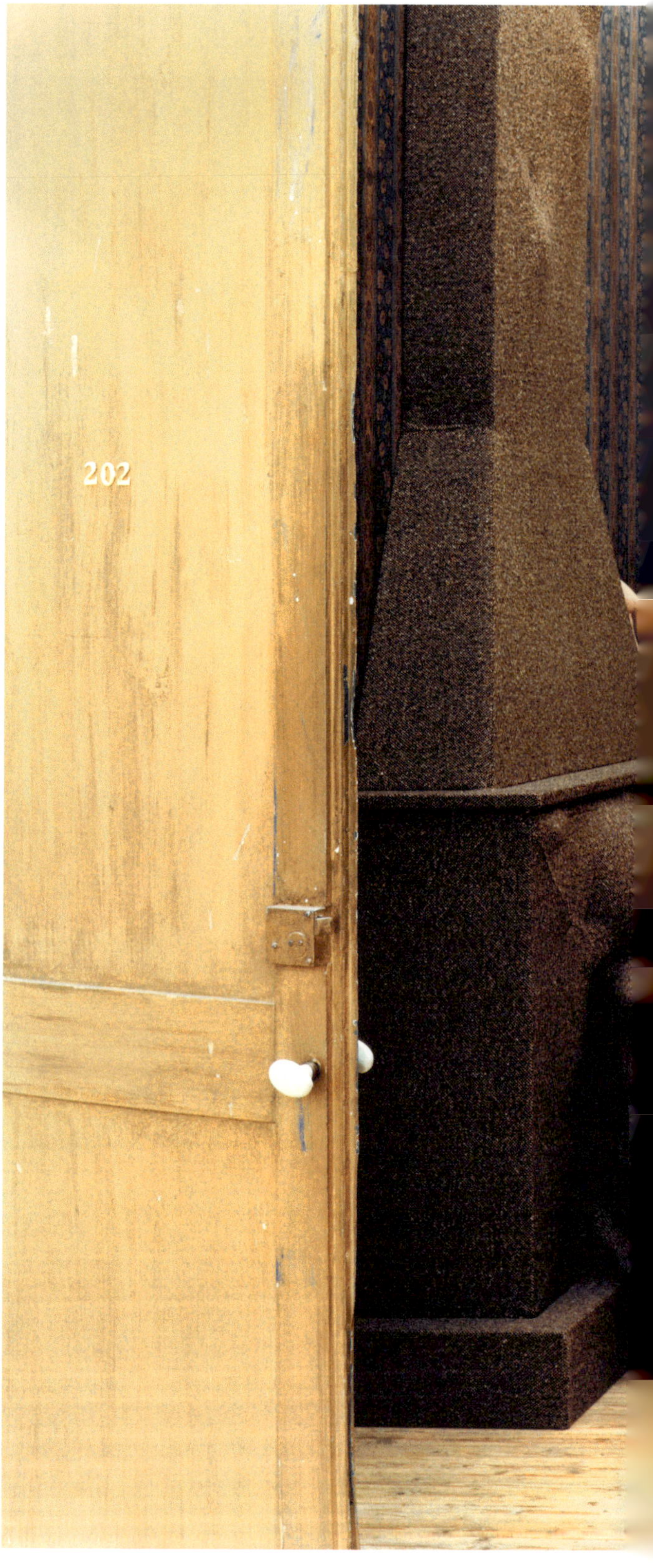
202

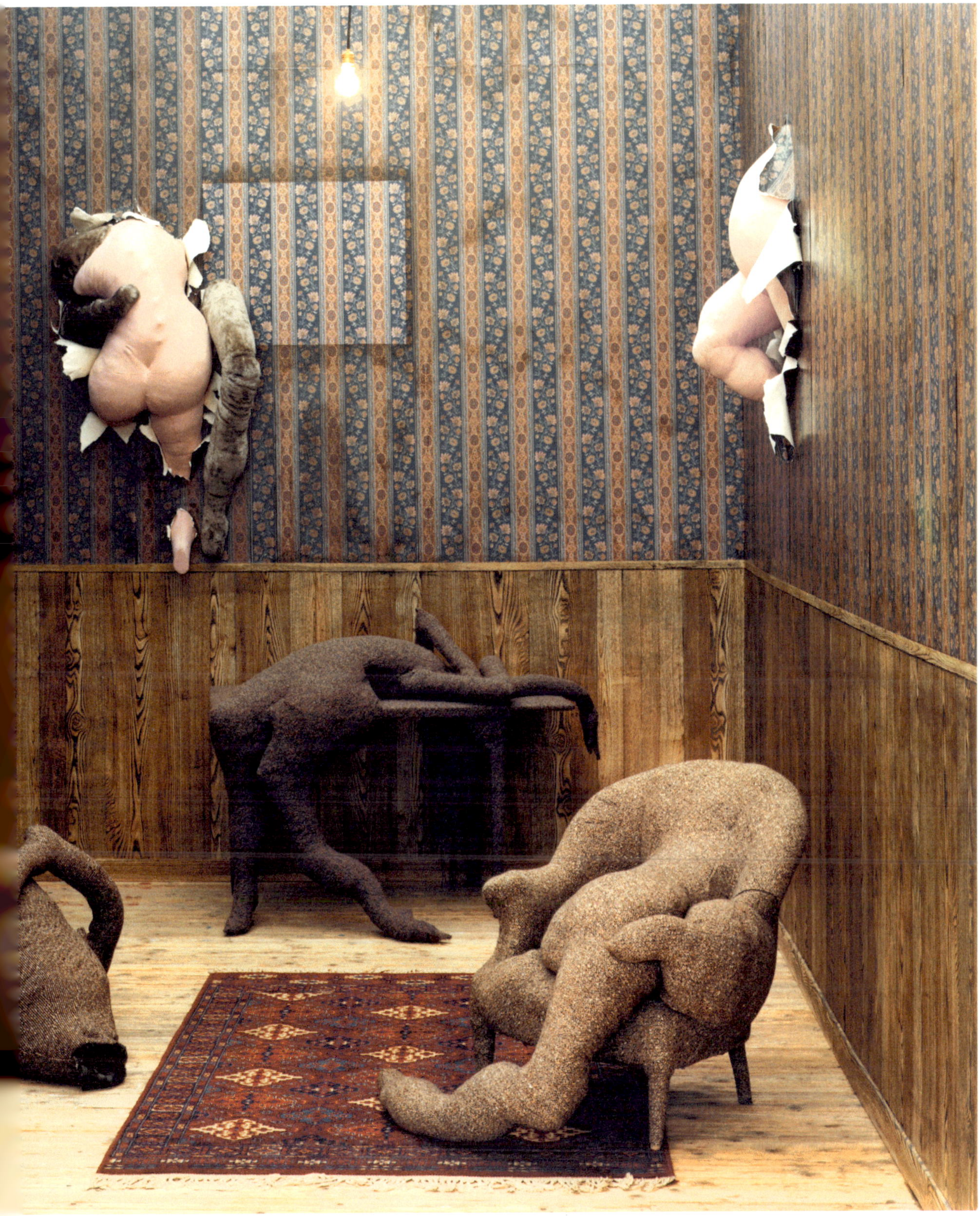

Chambre 202, Hôtel du Pavot [Habitación 202, Hôtel du Pavot], 1970-1973

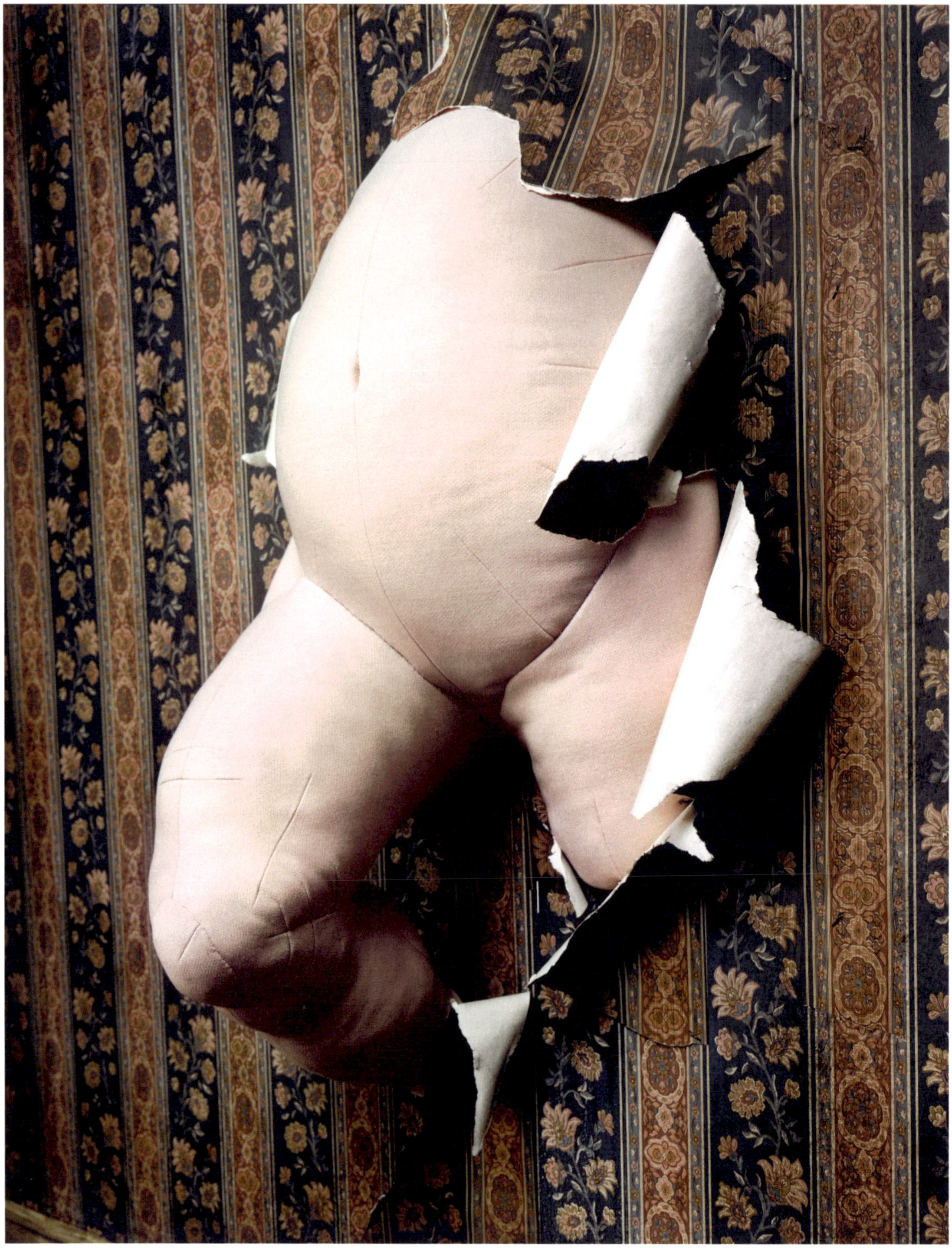

 Figura humana de *Chambre 202, Hôtel du Pavot* [Habitación 202, Hôtel du Pavot], 1970-1973

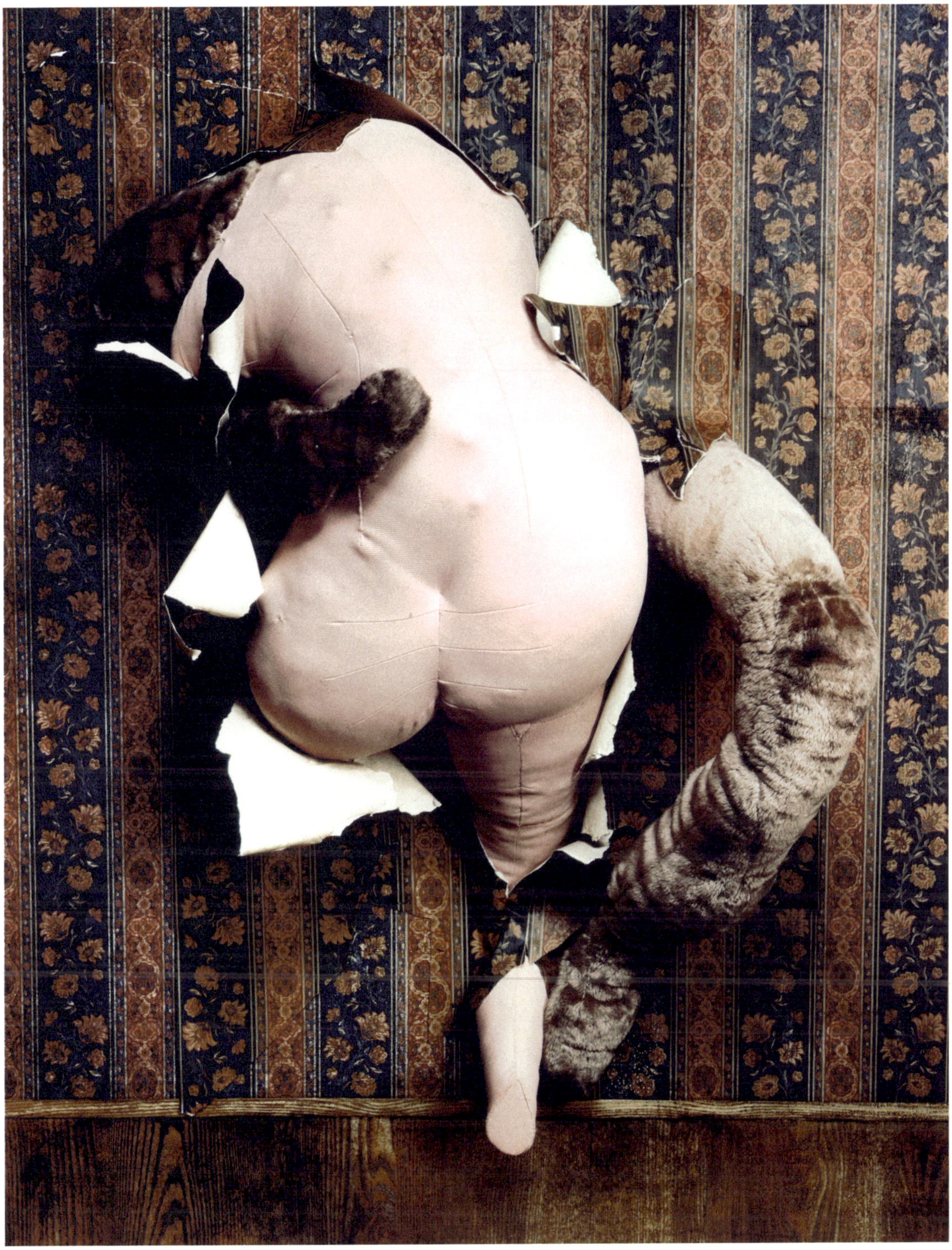

Figura humana de *Chambre 202, Hôtel du Pavot* [Habitación 202, Hôtel du Pavot], 1970-1973

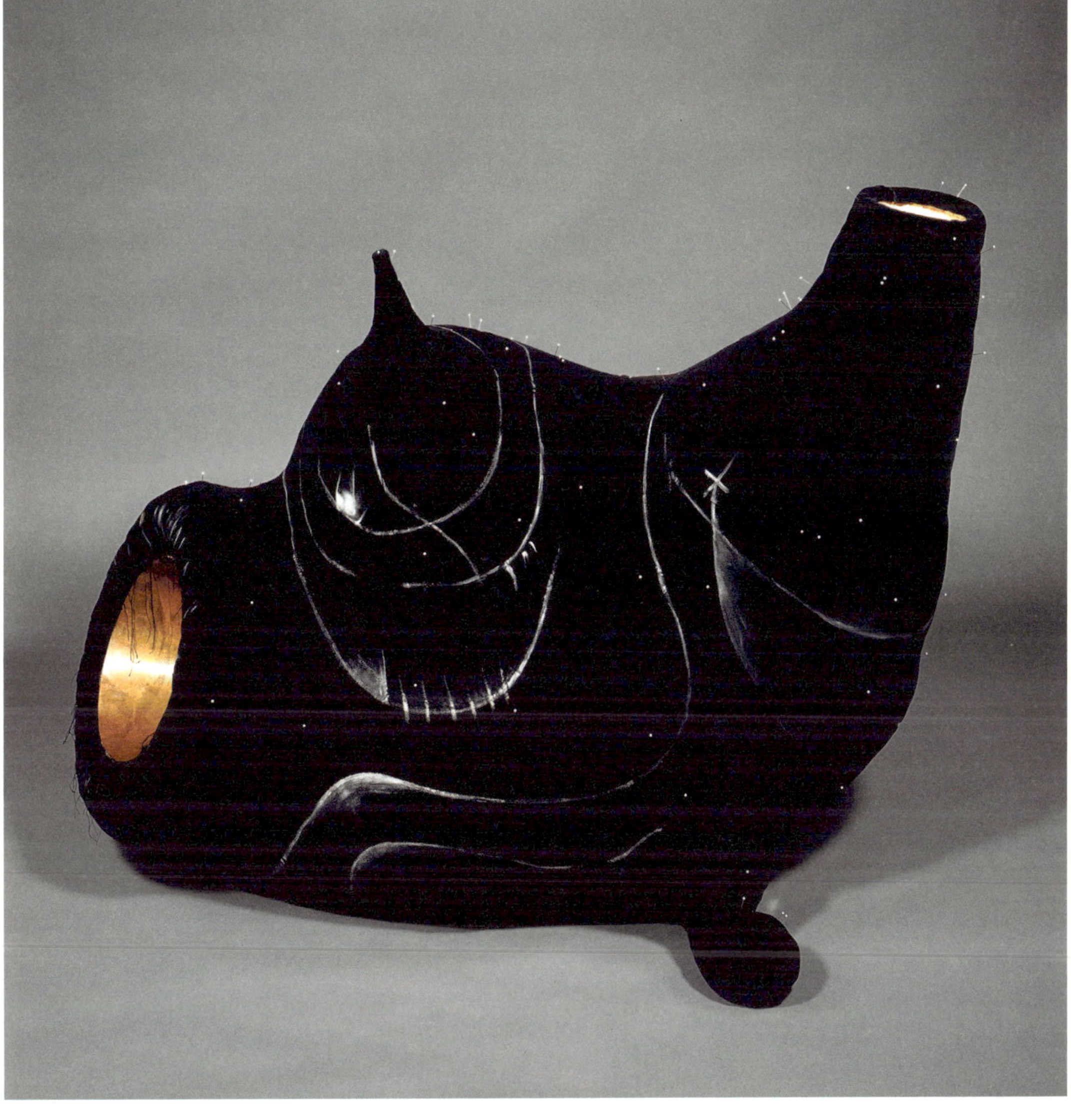

Pincushion to Serve as Fetish [Alfiletero que puede servir como fetiche] (versión grande), 1979

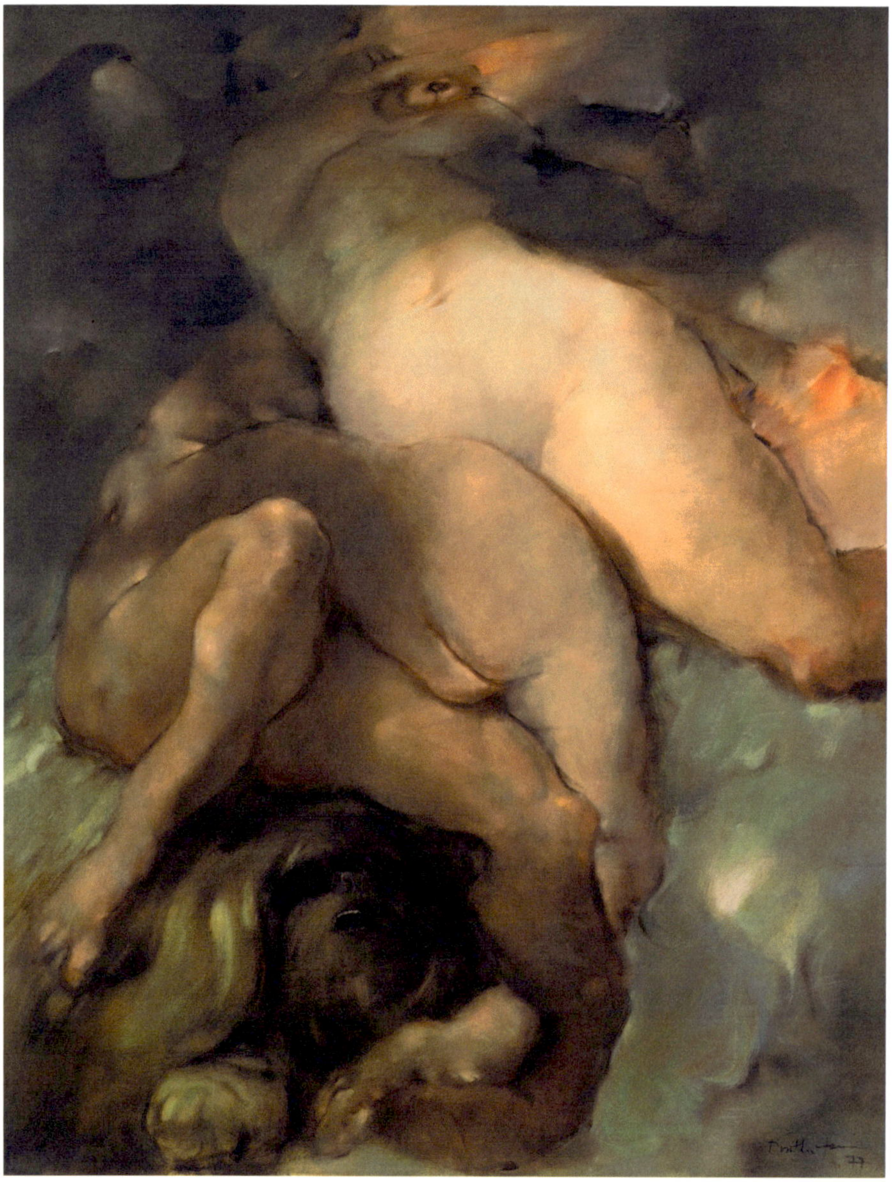

 Portrait de famille [Retrato de familia], 1977

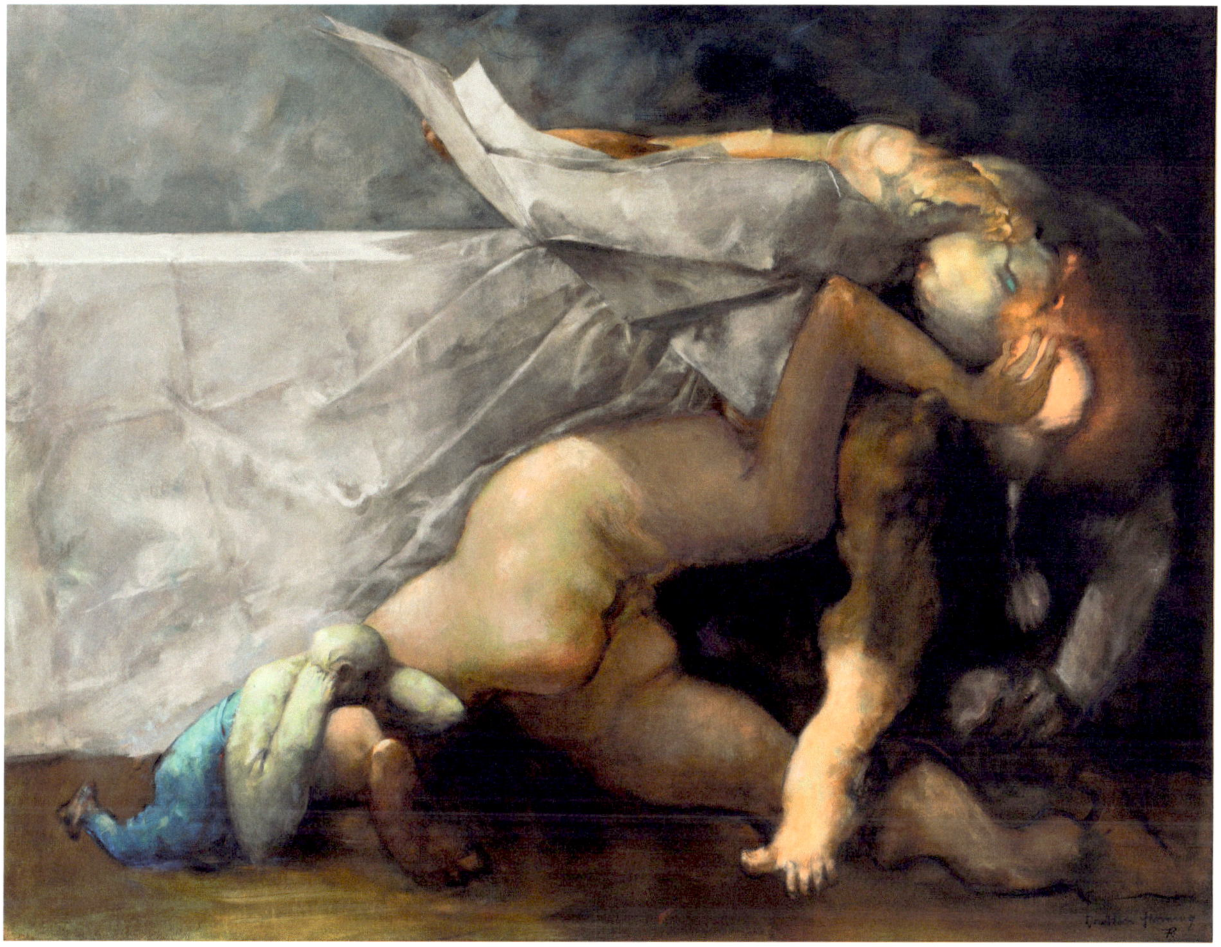

Notes for an Apocalypse [Notas para un apocalipsis], 1978

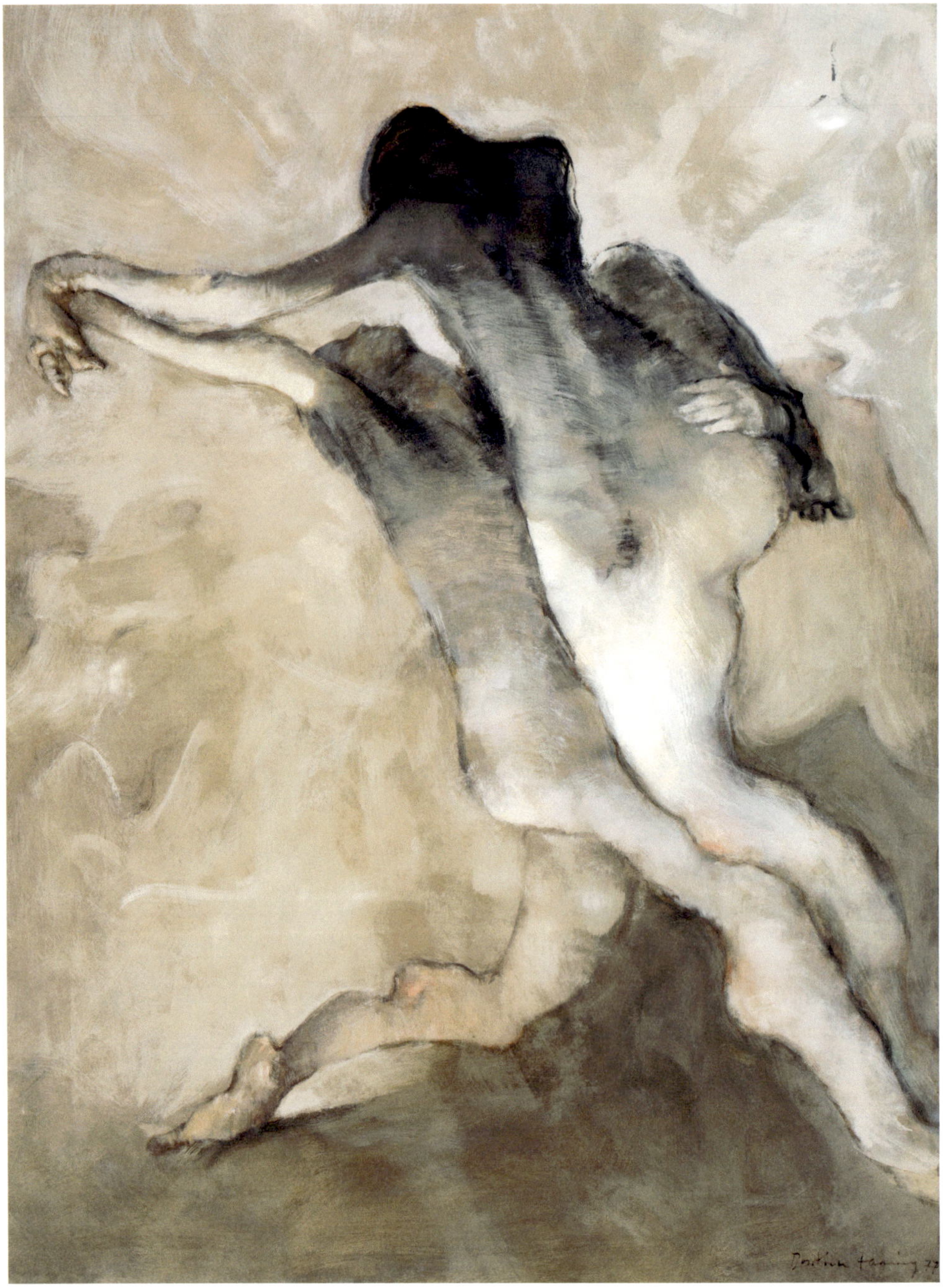

Tango Lives [El tango vive], 1977

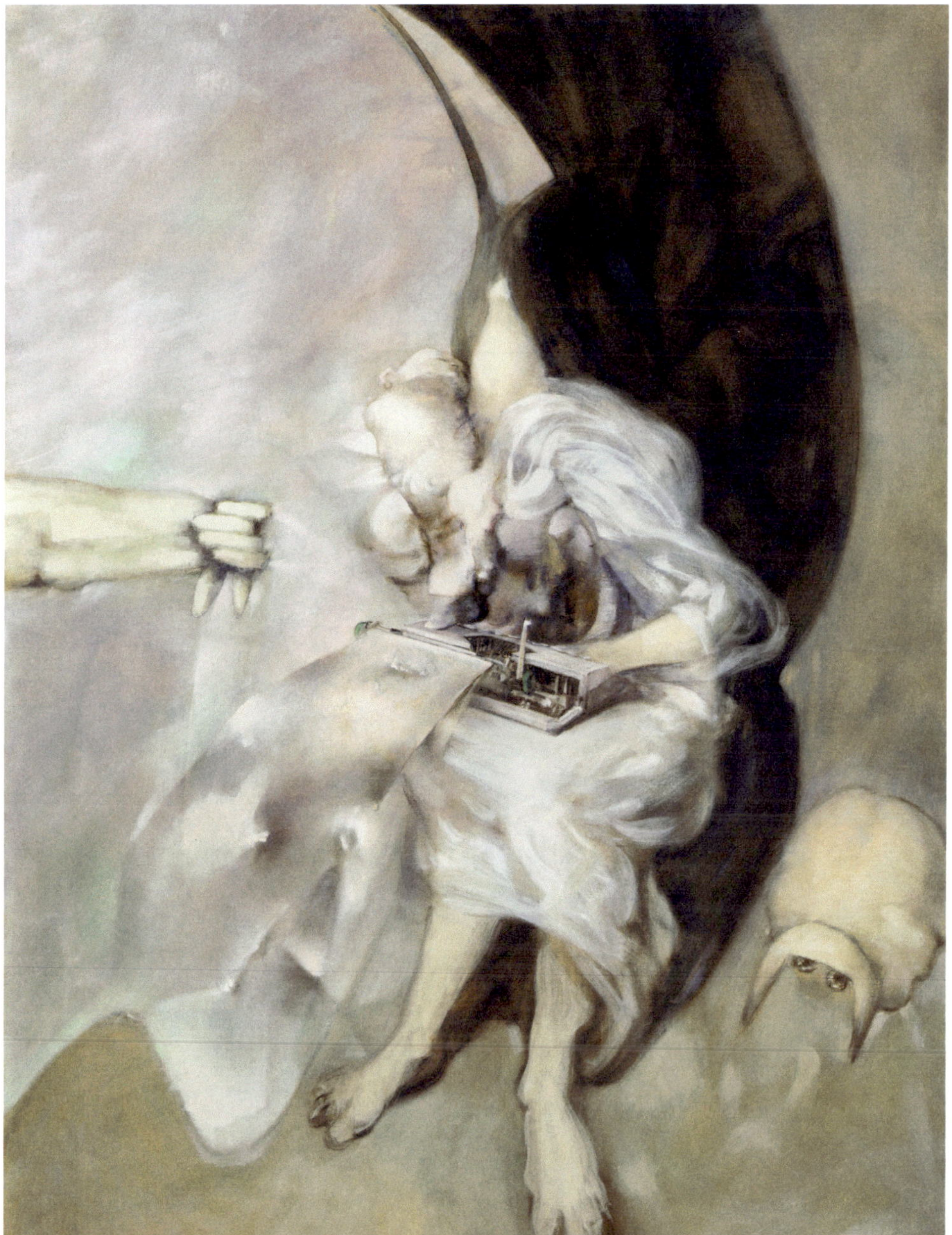

Stanza [Estrofa], 1978

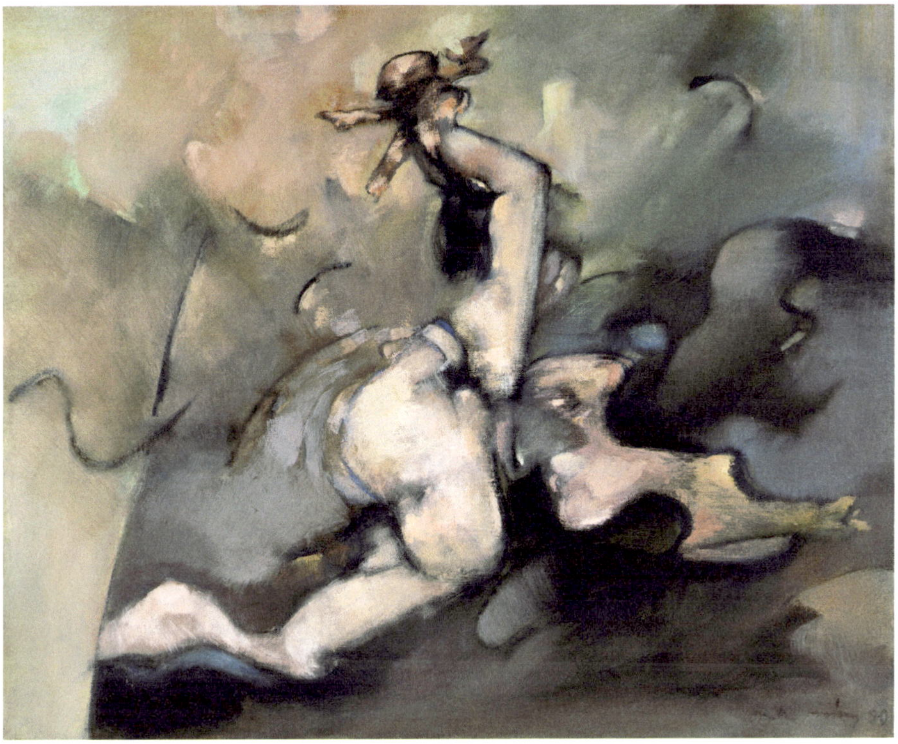

Maternity V [Maternidad V], 1980

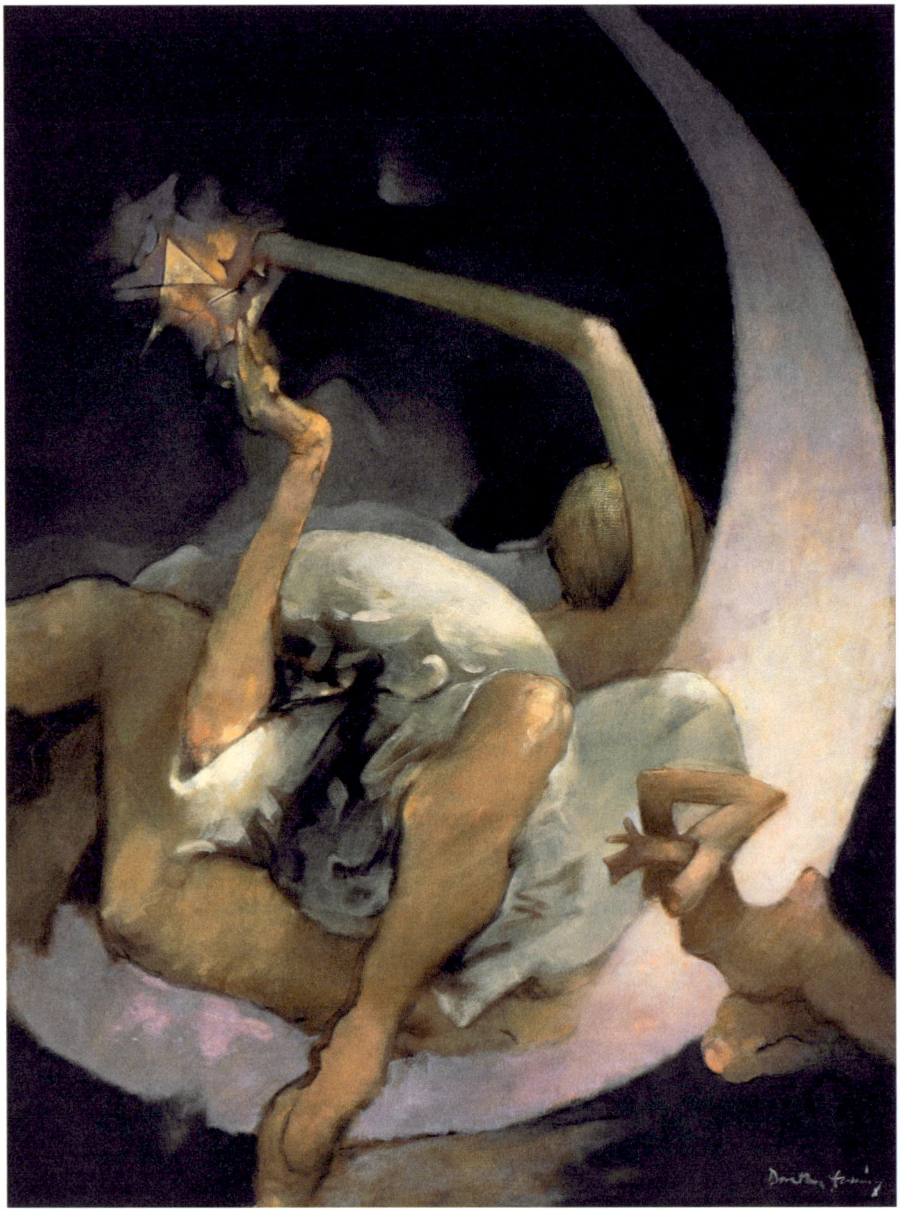

Mean Frequency (of Auroras) [Frecuencia media (de Auroras)], 1981

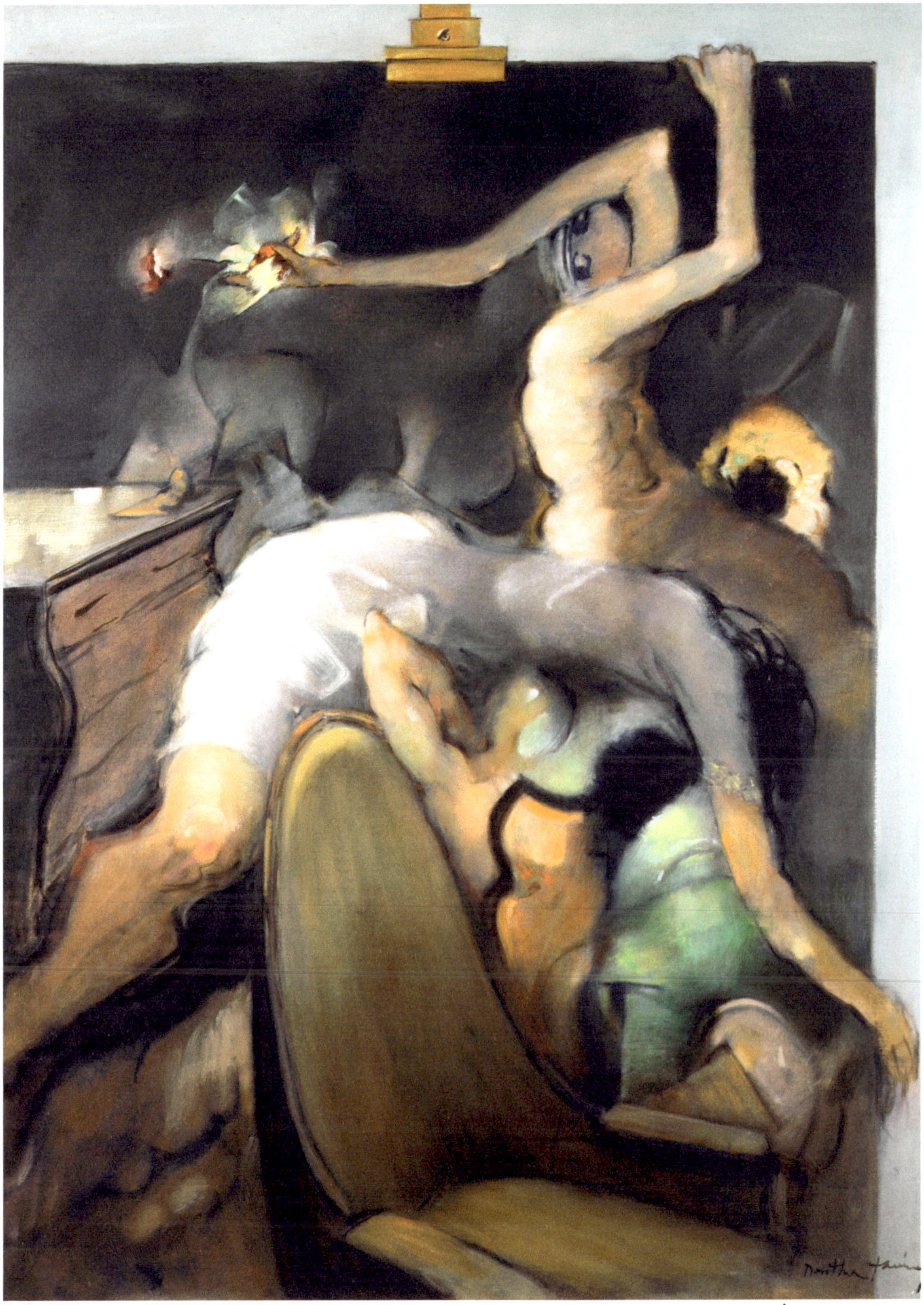

Daughters [Hijas], 1983

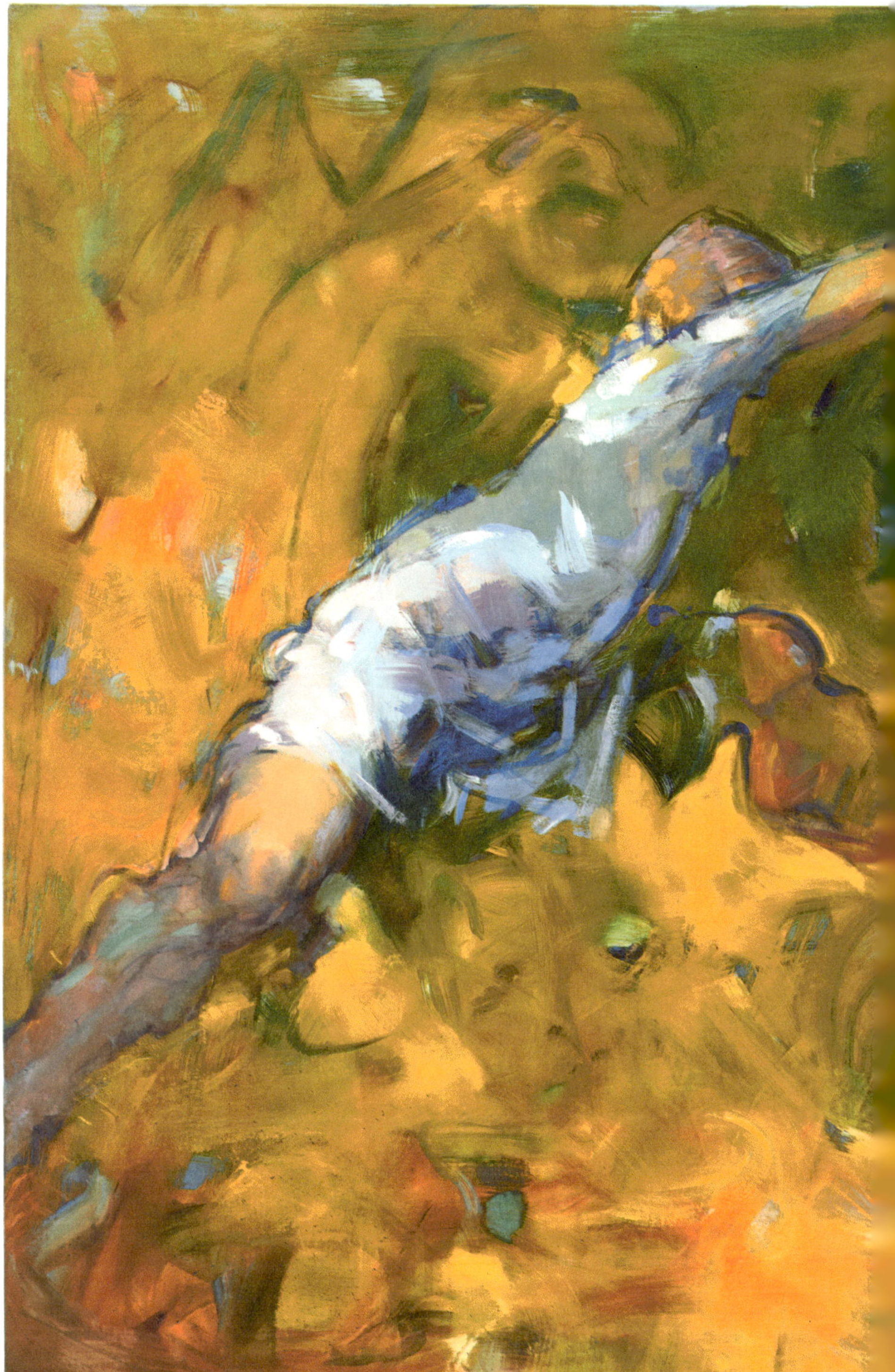

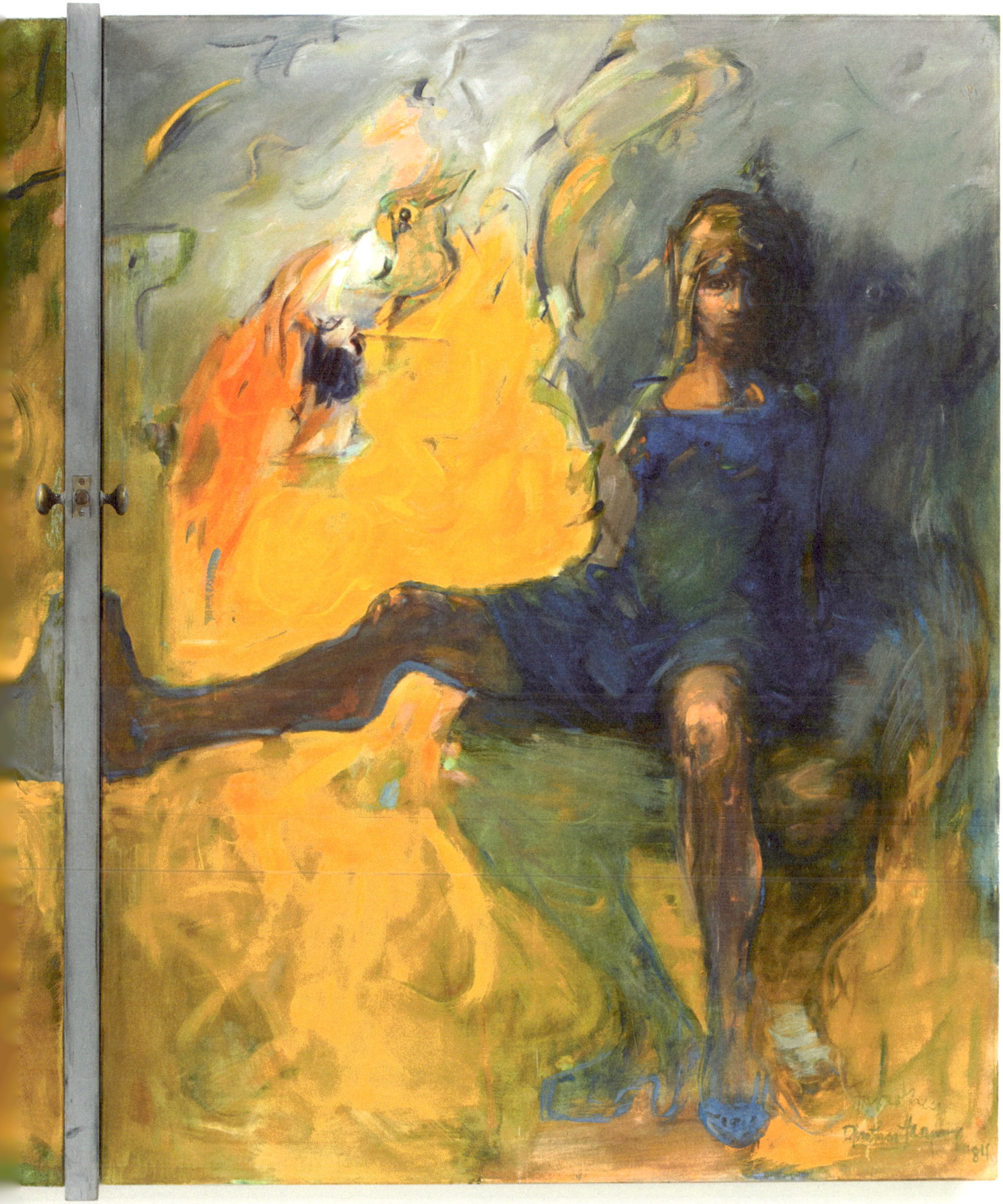

Door 84 [Puerta 84], 1984

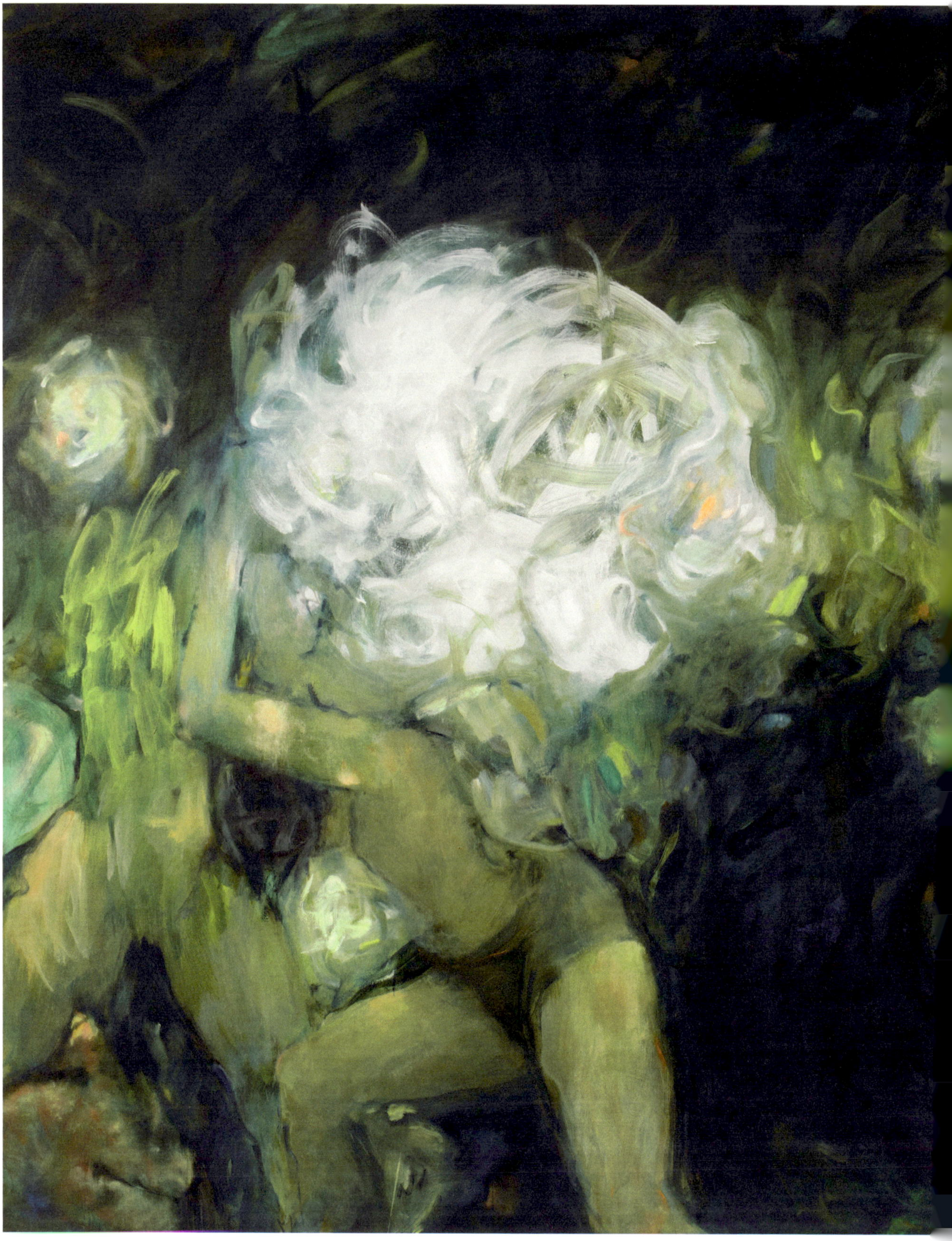

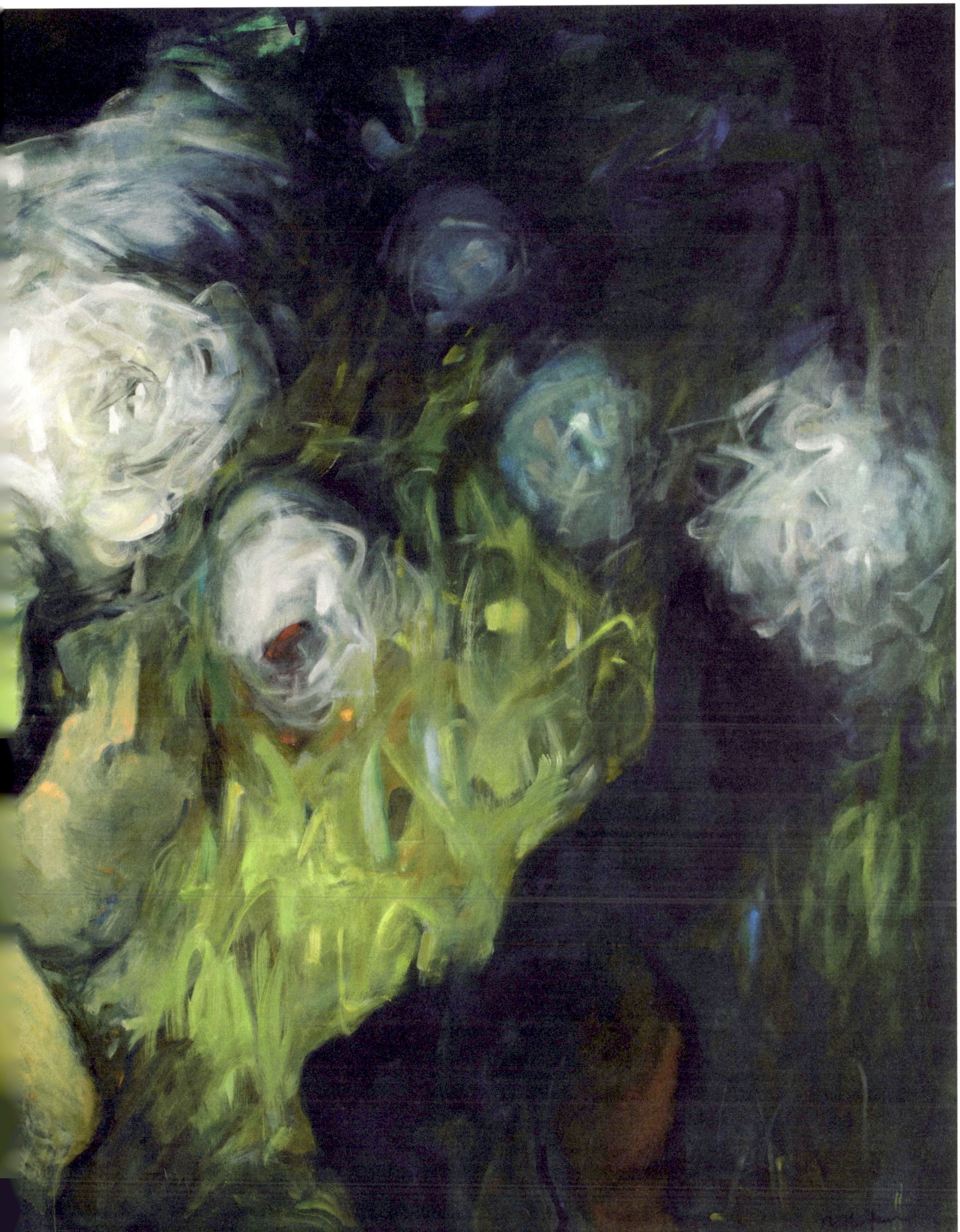

On Avalon [En Ávalon], 1987

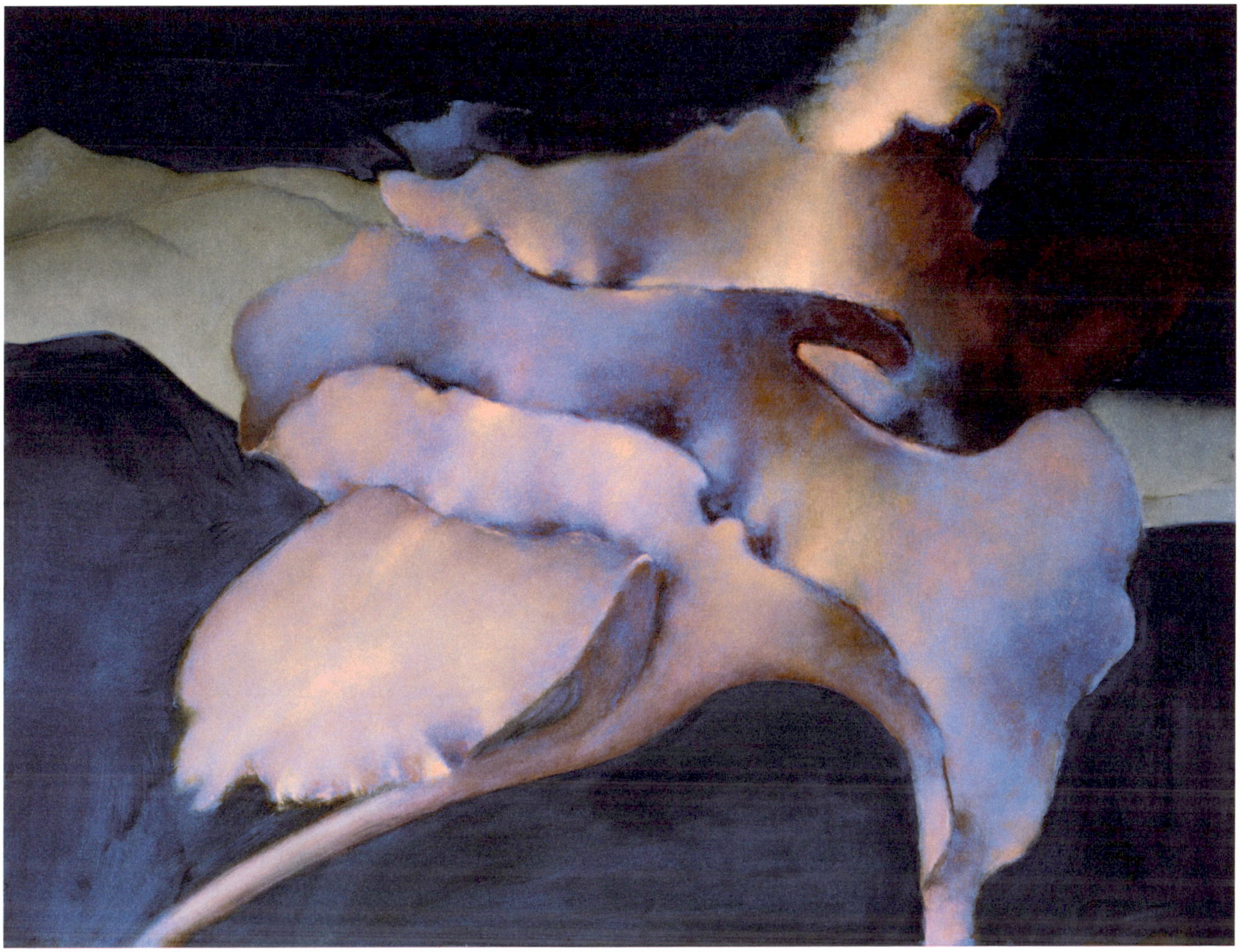

Crepuscula glacialis (var., Flos cuculi), 1997

Lista de obras

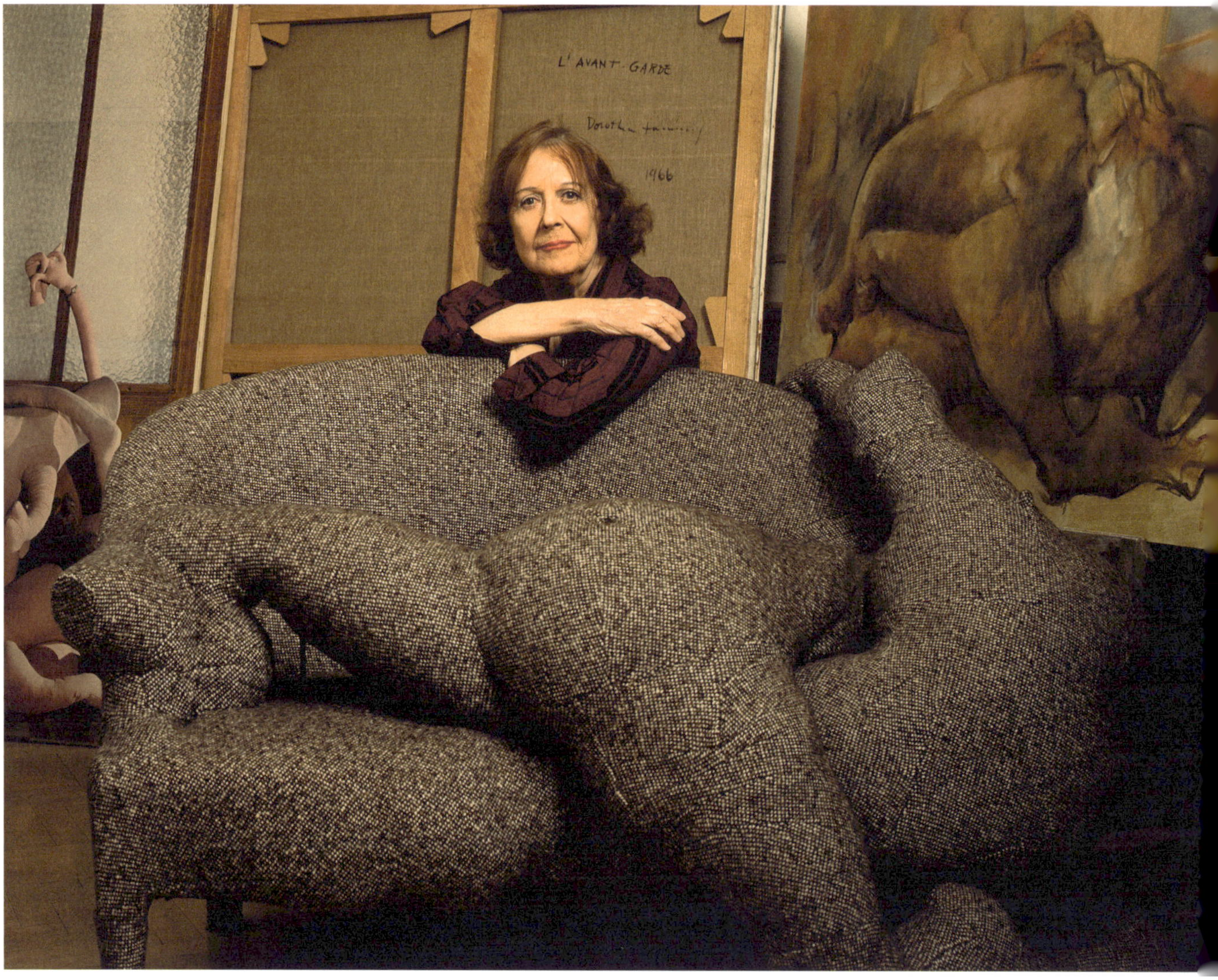

Dorothea Tanning fotografiada por Wolfgang Wesener, Nueva York, 1990

* Obras exhibidas solo en el Museo Nacional Centro de Arte Reina Sofía

** Obras exhibidas solo en la Tate Modern

Self-Portrait [Autorretrato],1936
Lápiz sobre papel
30,2 × 22,8 cm
The Destina Foundation, Nueva York
p. 82

Two Women (Blue) [Dos mujeres (azul)], 1939
Acuarela, gouache, pastel, lápiz, bolígrafo y tinta sobre papel
41 × 30,5 cm
Colección Byrd, Sedona, Arizona
p. 107

Tarantelle [Tarantelas], 1939
Tinta y acuarela sobre papel
38,1 × 29,53 cm
Colección Byrd, Sedona, Arizona
p. 106

Tango, 1939
Carboncillo y crayón conté sobre papel
48,4 × 34 cm
The Destina Foundation, Nueva York

Deirdre, 1940
Óleo sobre lienzo
53,5 × 43,3 cm
Colección particular
p. 109

The Magic Flower Game [El juego de la flor mágica], 1941
Óleo sobre lienzo
91,5 × 43,5 cm
Colección particular, Dakota del Sur
p. 108

Birthday [Cumpleaños], 1942
Óleo sobre lienzo
102,2 × 64,8 cm
Philadelphia Museum of Art. Adquisición en el 125 Aniversario. Compra con fondos de contribución, 1999-50-1
p. 14

Children's Games [Juegos de niños], 1942
Óleo sobre lienzo
28 × 18 cm
Colección particular
p. 111

Sin título, 1942
Grabado, prueba única
27 × 19 cm
Colección Mimi Johnson, Nueva York
p. 110
*

Eine Kleine Nachtmusik, 1943
Óleo sobre lienzo
40 × 61 cm
Tate: Adquisición con la ayuda del Art Fund y el American Fund for the Tate Gallery, 1997
pp. 112-113

A Mrs. Radcliffe Called Today [La señora Radcliffe llamó hoy], 1944
Óleo sobre lienzo
46 × 40 cm
Colección privada
p. 121

Endgame [Fin del juego], 1944
Óleo sobre lienzo
43 × 43 cm
Colección Harold (†) y Gertrud Parker
p. 120

Self-Portrait [Autorretrato], 1944
Óleo sobre lienzo
60,9 × 76,2 cm
San Francisco Museum of Modern Art. Adquisición, por intercambio, mediante donación parcial de Shirley Ross Davis
p. 115

Torneo de ajedrez en la Julien Levy Gallery, Nueva York, 6 de Enero de 1945, 1945
Collage con tres fotografías de Julien Levy
8 × 14 cm
The Destina Foundation, Nueva York

"El Poeta". Diseño de vestuario para *Night Shadow*, ballet de George Balanchine, 1945
Acuarela sobre papel
36,8 × 29,4 cm
Philadelphia Museum of Art. Donación de Judith Young-Mallin, 2015

"La Sonámbula". Diseño de vestuario para *Night Shadow*, ballet de George Balanchine, 1945
Acuarela encima de grafito sobre papel
36,5 × 25,4 cm
Philadelphia Museum of Art. Donación de Judith Young-Mallin, 2015
p. 117

"Una invitada". Diseño de vestuario para *Night Shadow*, ballet de George Balanchine, 1945
Acuarela y aguada sobre papel
35,3 × 25,1 cm
The Destina Foundation, Nueva York
p. 119

"Una invitada". Diseño de vestuario para *Night Shadow*, ballet de George Balanchine, 1945
Acuarela y aguada sobre papel
35,3 × 25,1 cm
The Destina Foundation, Nueva York
p. 119

Maternity [Maternidad], 1946-1947
Óleo sobre lienzo
142 × 121 cm
Colección particular
p. 125

Max in a Blue Boat [Max en un bote azul], 1947
Óleo sobre lienzo
60,8 × 50 cm
Max Ernst Museum Brühl des LVR, Kreissparkasse Köln
p. 123

Self-Portrait [Autorretrato], 1947
Lápiz sobre papel
19,2 × 12 cm
The Destina Foundation, Nueva York
p. 104

A Very Happy Picture [Un cuadro muy feliz], 1947
Óleo sobre lienzo
91 × 122 cm
Adquisición del Estado francés en 1968. Centre Pompidou, París. Musée national d'art moderne/ Centre de création industrielle AM 2009-65
p. 122

Lettre d'Amour [Carta de amor], 1948
Óleo y collage sobre lienzo
30,7 × 36 cm
Colección Kent Belenius, Estocolmo
p. 127

L'Auberge [La pensión], 1949
Lápiz y collage sobre papel
50 × 64 cm
Des Moines Art Center's Louise Noun Collection of Art by Women through Bequest, 2003.35.3
p. 126

Bâteau bleu (The Grotto) [Barco azul (La gruta)], 1950
Litografía
56,5 × 38,4 cm
The Destina Foundation, Nueva York

The Mirror [El espejo], 1950
Óleo sobre lienzo
30,5 × 46,4 cm
Colección particular
p. 135

Les 7 périls spectraux [Los 7 peligros espectrales], 1950
1ère péril [primer peligro]
2ème péril [segundo peligro]
3ème péril [tercer peligro]
*4*ème péril [cuarto peligro]
*5*ème péril [quinto peligro]
*6*ème péril [sexto peligro]
*7*ème péril [séptimo peligro]
7 Litografías
50,4 × 32,6 cm c. u.
The Destina Foundation, Nueva York
p. 128, 129, 130, 131, 132, 134, 133

Diseño de escenario para *The Witch*, ballet de John Cranko, 1950
Óleo sobre lienzo
46 × 61 cm
Colección Byrd. Cortesía Gallery Wendi Norris, San Francisco
p. 136

Sin título. Escenario para un ballet inacabado, ca. 1950
Lápiz, tinta y gouache sobre papel
25,4 × 35,6 cm
The Destina Foundation, Nueva York

"El Castillo de medianoche". Diseño de vestuario para *The Witch*, ballet de John Cranko, 1950
Gouache sobre papel azul marino
40,1 × 29,2 cm
The Destina Foundation, Nueva York
p. 118

"La Chica". Diseño de vestuario para *The Witch*, ballet de John Cranko, 1950
Gouache sobre papel azul marino
40,6 × 28,3 cm
The Destina Foundation, Nueva York
p. 118

Sin título. Escenario para un ballet inacabado, ca. 1950
Lápiz y tinta de color sobre dos hojas de papel superpuestas
25,4 × 35,6 cm
The Destina Foundation, Nueva York

The Guest Room [La habitación de invitados], 1950-1952
Óleo sobre lienzo
152 × 106 cm
Colección particular. Cortesía Malingue S. A., París
p. 141

"La Novia". Diseño de vestuario para *Bayou*, ballet de George Balanchine, 1951
Gouache en papel azul marino
32,4 × 24,8 cm
The Destina Foundation, Nueva York

"La Falda de la novia". Diseño de vestuario para *Bayou*, ballet de George Balanchine, 1951
Gouache sobre papel verde
31,8 × 23,8 cm
The Destina Foundation, Nueva York
p. 118

Sin título. Diseño de vestuario para *Bayou*, ballet de George Balanchine, 1951
Gouache sobre papel verde
31,2 × 22,9 cm
Cortesía Gallery Wendi Norris, San Francisco
p. 118
*

Sin título. Diseño de vestuario para *Bayou*, ballet de George Balanchine, 1951
Lápiz y gouache sobre papel verde
31,8 × 24,1 cm
The Destina Foundation, Nueva York

Musical Chairs [Sillas musicales], 1951
Óleo sobre lienzo
116,2 × 88,9 cm
Colección James J. Apostolakis
p. 138

Lumière du foyer [La luz del hogar], 1952
Óleo sobre lienzo
83 × 29 cm
The Israel Museum, Jerusalén. Colección Vera and Arturo Schwarz of Dada and Surrealist Art in the Israel Museum
p. 142

La Truite au bleu [La trucha hervida], 1952
Óleo sobre lienzo
40 × 55 cm
Colección Michael Wilkinson
p. 140

Some Roses and Their Phantoms [Algunas rosas y sus fantasmas], 1952
Óleo sobre lienzo
76,3 × 101,5 cm
Tate: presentada por el Tate Collectors Forum 2003
p. 137

The Philosophers [Los filósofos], 1952
Óleo sobre lienzo
73 × 89 cm
Colección particular
p. 139

Bayou, 1953
Óleo sobre cartón
38 × 51 cm
The Byrd Collection, Sedona, Arizona
**

Pincushion to Serve as Fetish (Pelote d'épingles pouvant servir de fétiche) [Alfiletero que puede servir como fetiche], 1965
Terciopelo, embudo de plástico, alfileres, serrín y madera
37,2 × 37 × 45,5 cm
Tate: Adquisición de 2003
**

Tango, 1953
Grabado
32,7 × 25 cm
The Destina Foundation, Nueva York
p. 206

Portrait de famille [Retrato de familia], 1954
Óleo sobre lienzo
91 × 76,5 cm
Adquisición del Estado francés en 1974. Centre Pompidou, París. Musée national d'art moderne/ Centre de création industrielle
AM 1975-8
p. 143

Insomnies [Insomnios], 1957
Óleo sobre lienzo
207 × 145 cm
Moderna Museet, Estocolmo. Aquisición de 2006 con fondos de The Barbro Osher Pro Suecia Foundation (The Second Museum of Our Wishes)
p. 145

Mêlées Nocturnes [Melés nocturnos], 1958
Óleo sobre lienzo
146 × 98 cm
Colección particular
p. 146

À Mi-Voix [En voz baja], 1958
Óleo sobre lienzo
130 x 97 cm
Tate: Propuesto por by William N. Copley
**

Tourists of Prague III [Turistas de Praga III], 1961
Óleo sobre lienzo
146,1 × 98,1 cm
The Menil Collection, Houston
p. 144

Assez causé [Queda claro], 1962
Óleo sobre lienzo
80 × 100 cm
Colección Kent Belenius, Estocolmo
p. 147

Chiens de Cythère [Perros de Citerea], 1963
Óleo sobre lienzo
197 × 297,2 cm
The Destina Foundation, Nueva York
pp. 148-149

Deux Mots [Dos palabras], 1963
Óleo sobre lienzo
130 × 97 cm
Colección Mimi Johnson, Nueva York

Far From [Lejos de], 1964
Óleo sobre lienzo
175,5 × 201 cm
The Destina Foundation, Nueva York
**

Mother and Child [Madre e hijo], ca. 1965
Acuarela sobre papel
18.5 × 15.9 cm
The Destina Foundation, Nueva York

Bonimenteurs [Aduladores], 1966
Óleo sobre lienzo
46 × 38 cm
Colección Kent Belenius, Estocolmo
p. 150

Même les jeunes filles [Incluso las niñas], 1966
Óleo sobre lienzo
165,5 × 204 cm
The Destina Foundation, Nueva York
p. 151

Poses dans une école d'art qui n'existe pas [Poses en una escuela de arte que no existe], 1967
Tinta en papel japonés
50,5 × 64,8 cm
The Destina Foundation, Nueva York

Maternités [Maternidades], 1968
Crayón y acuarela sobre papel japonés
12,7 × 66,7 cm
The Destina Foundation, Nueva York

Étreinte [Abrazo], 1969
Franela y piel falsa rellena de lana
93 × 118 × 60 cm
The Destina Foundation, Nueva York
p. 157

Inutile [Inútil], 1969
Óleo sobre lienzo
89 × 116 cm
The Destina Foundation, Nueva York

Philosophie en plein air [Filosofía al aire libre], 1969
Óleo sobre lienzo
133,4 × 165,7 cm
The Destina Foundation, Nueva York

Boceto para *De quel amour* [De qué amor], 1969
Tinta sobre papel
14,9 × 6 cm
Colección Suzanne Elisabeth Murphy
p. 158

Xmas [Navidad], 1969
Tela, metal y lana
177 × 50 × 52 cm
Los Angeles County Museum of Art
M.2010.36a-b
p. 156

Nue Couchée [Desnudo tumbado], 1969-1970
Tela de algodón, cartón, siete pelotas de tenis de mesa, lana e hilo
38,5 × 108,9 × 53,5 cm
Tate: Adquirido en 2003
p. 155

Verbe [Verbo], 1969-1970
Franela, lana, *tweed*, cartón, *polyfill*, acero forjado y piezas de madera de rompecabezas de *El estudio del artista* de Johannes Vermeer
50 × 47,6 × 62,8 cm
Yale University Art Gallery, Janet and Simeon Braguin Fund
2008.61.1
p. 162

Cousins [Primos], 1970
Piel sintética, lana y acero
152,4 × 63,5 × 53,3 cm
The Menil Collection, Houston
CA 7102
p. 164

De quel amour [De qué amor], 1970
Tweed, metal, lana, cadena y felpa
174 × 44,5 × 59 cm
Donación de Mme. Anne Gruner-Schulumberger en 1978.
Centre Pompidou, París. Musée national d'art moderne/ Centre de création industrielle
AM 1977-574
p. 159

Emma, 1970
Tela, lana y encaje
61 × 81,3 × 55,9 cm
The Nelson-Atkins Museum of Art, Kansas City, Missouri (Adquisición: comprado con la generosidad de la William T. Kemper Foundation-Commerce Bank, Trustees)
2006.27
p. 163

Boceto para *Ouvre-toi* [Ábrete Sésamo], 1970
Lápiz y pastel sobre papel
58 × 50,5 cm
Colección The Byrd, Sedona, Arizona
p. 152

Traffic Sign [Señal de tráfico], 1970
Tela, piel sintética, lana, metal y cartón
168,3 × 35,3 × 35,3 cm
The Destina Foundation, Nueva York
p. 161

Chambre 202, Hôtel du Pavot [Habitación 202, Hôtel du Pavot], 1970-1973
Madera, telas, lana, papel pintado, alfombra y bombilla
340,5 × 310 × 470 cm
Adquisición en 1977.
Centre Pompidou, París. Musée national d'art moderne/ Centre de création industrielle
AM 1977-204
pp. 54, 55, 57, 166, 167, 168, 169, 170, 171 y cubierta

Don Juan's Breakfast [El desayuno de Don Juan], 1972
Terciopelo, fieltro, lana, botones, metal y cartón
50 × 33 × 26 cm
Moderna Museet, Estocolmo. Donado en 2006 por la artista (The Second Museum of Our Wishes)
p. 160

Tweedy, 1973
Tweed, lana y metal
2 partes: 24,1 × 38,1 × 21,6 cm, y 1,4 × 7,6 × 1,9 cm
The Destina Foundation, Nueva York
p. 165

Murmurs [Susurros], 1976
Óleo sobre lienzo
130 × 97 cm
The Destina Foundation, Nueva York

Pour Gustave l'adoré [Para Gustave el adorado], 1974
Óleo sobre lienzo
116 × 89 cm
The Destina Foundation, Nueva York
**

Maternity [Maternidad], 1977
Pastel sobre papel gris
26 × 22 cm
The Destina Foundation, Nueva York

Portrait de famille [Retrato de familia], 1977
Óleo sobre lienzo
146 × 114 cm
The Destina Foundation, Nueva York
p. 174

Tango Lives [El tango vive], 1977
Óleo sobre lienzo
130 × 97 cm
Moderna Museet, Estocolmo
p. 176

Notes for an Apocalypse [Notas para un apocalipsis], 1978
Óleo sobre lienzo
127 × 157,5 cm
The Destina Foundation, Nueva York
p. 175

Stanza [Estrofa], 1978
Óleo sobre lienzo
130 × 97 cm
Colección Byrd, Sedona, Arizona
p. 177

Pincushion to Serve as Fetish (Pelote d'épingles pouvant servir de fétiche) [Alfiletero que puede servir como fetiche] (versión grande), 1979
Terciopelo negro, lana, metal, pintura y cobre
107,9 × 124,4 × 127 cm
Colección Deedie and Rusty Rose y el Dallas Museum of Art through the General Acquisitions Fund
2005.27
p. 173

Heartless [Cruel], 1980
Óleo sobre lienzo
146 × 114 cm
The Destina Foundation, Nueva York
**

Maternity V [Maternidad V], 1980
Óleo sobre lienzo
40,6 × 50,8 cm
Colección particular, Nueva York. Cortesía Alison Jacques Gallery, Londres
p. 179

Mean Frequency (of Auroras) [Frecuencia media (de Auroras)], 1981
Óleo sobre lienzo
116 × 88,9 cm
Colección Helen y Brian Heekin
p. 180

Daughters [Hijas], 1983
Óleo sobre lienzo
130 × 97 cm
Colección particular
p. 181

Door 84 [Puerta 84], 1984
Óleo sobre lienzo sobre puerta encontrada
162 × 264,2 × 13,3 cm
The Destina Foundation, Nueva York
pp. 182-183

Woman Artist, Nude, Standing [Mujer artista, desnuda, de pie], 1985-1987
Óleo sobre lienzo
162 × 130 cm
The Destina Foundation, Nueva York
p. 31
*

On Avalon [En Ávalon], 1987
Óleo sobre lienzo
197 × 330 cm
The Destina Foundation, Nueva York
pp. 184-185

To Climb a Ladder [Subir una escalera], 1987
Óleo sobre lienzo
120 × 105 cm
The Destina Foundation, Nueva York
**

Poppies [Amapolas],1987
Óleo sobre lienzo
130 × 97 cm
Colección Thomas y Kamala Buckner
p. 153

Hotel, 1988
Collage con fotocopia y acuarela sobre papel
49,5 × 64,8
The Destina Foundation, Nueva York

Mamababy, 1988
Acuarela sobre papel
27,9 × 43,2 cm
The Destina Foundation, Nueva York. Cortesía Alison Jacques Gallery, Londres
**

Tango, 1989
Carboncillo y pastel sobre papel
101,6 × 81,3 cm
Cortesía Alison Jacques Gallery, Londres
p. 199

Crepuscula glacialis (var., Flos cuculi), 1997
Óleo sobre lienzo
96 × 130 cm
Colección Thomas y Kamala Buckner
p. 187

Miscelánea

Women's Fraternities [Fraternidades de mujeres]
Anuario Knox College Yearbook, 1931
22 × 17 cm
The Destina Foundation, Nueva York

"Tales of the American Woods", anuncio para Macy's en *The New York Times*, 8 de septiembre de 1940
Impresión sobre papel
58,4 × 43,2 cm
The Destina Foundation, Nueva York

"Float in the aura of Forget-me-not", anuncio para Macy's en *The New York Times*, 24 de junio 1941
Impresión sobre papel
58,4 × 43,5 cm
The Destina Foundation, Nueva York

"Silhouettes for Wartime", anuncio para Galey & Lord Cottons en *Women's Wear Daily*, 31 de marzo de 1942
Impresión sobre papel
47 × 31,5 cm
The Destina Foundation, Nueva York

"Double Exposure", anuncio para Galey & Lord Cottons en *Women's Wear Daily*, 1 de mayo de 1942
Impresión sobre papel
47 × 31,5 cm
The Destina Foundation, Nueva York
p. 21

"Blind Date", 1943
VVV, n°s. 2-3, Marzo de 1943
29 × 22 × 2 cm
The Destina Foundation, Nueva York

Max Ernst
Ajedrez, 1944
Madera de arce y nogal
Medidas variables
Coleccion Mimi Johnson, Nueva York

Invitación para *Dorothea Tanning*, exposición individual en la Julien Levy Gallery, Nueva York, 1944
Impresión sobre papel
14 × 9 cm
The Destina Foundation, Nueva York
p. 116

Folleto de la exposición individual *Dorothea Tanning* en la Julien Levy Gallery, Nueva York, 1944
Impresión sobre papel
29,6 × 23,5 cm
The Destina Foundation, Nueva York

Robert Motherwell
Dorothea Tanning, Amagansett, Nueva York, 1945
Fotografía, copia nueva (2018)
The Destina Foundation, Nueva York
p. 68

Ballet Russe de Monte Carlo Temporada 1945-1946, 1945
Programa de mano
30,5 × 23 × 1 cm
The Destina Foundation, Nueva York
p. 36

Man Ray
Dorothea Tanning, ca. 1946
Fotografía, copia nueva (2018)
13,6 × 9 cm
The Skylark Foundation
p. 52

Max Ernst
Carta a Dorothea Tanning, ca. 28 de septiembre de 1946
Tinta y lápiz sobre papel
The Destina Foundation, Nueva York

Max Ernst
Carta a Dorothea Tanning,, ca. 17 de octubre de 1946
Tinta sobre papel
The Destina Foundation, Nueva York

Lee Miller
Dorothea Tanning, 1946
Fotografía, copia nueva (2018)
Lee Miller Archives, Inglaterra

Carta a Max Ernst
ca. 2 de octubre de 1946
Lápiz y tinta y lápiz sobre papel
The Destina Foundation, Nueva York

"Rêvez-le ou ne le lisez pas", *Les Quatre Vents*, nº 8, 1947, pp. 84-93
The Destina Foundation, Nueva York

Hans Richter
Dreams That Money Can Buy [Sueños que el dinero puede comprar], 1947
16 mm transferida a DVD
99'
Colección particular

Carta a Joseph Cornell, 3 de marzo de 1948
Lápiz y tinta sobre papel
27 × 19 cm
Archives of American Art, Smithsonian Institution

Le Surréalisme en 1947. Exposition Internationale de Surréalisme, Pierre à Feu/Maeght Éditeur, Paris, 1947
Centro de Documentación, Museo Nacional Centro de Arte Reina Sofía

John Kasnetsis
Dorothea Tanning y Max Ernst con su escultura *Capricorn*, 1947
Fotografía, copia nueva (2018)
The Destina Foundation, Nueva York

Joseph Cornell
Carta a Dorothea Tanning, 29 de diciembre de 1947
Collage y tinta sobre papel azul
53,5 × 37,6 × 4 cm
The Destina Foundation, Nueva York

Carta a Joseph Cornell, 29 de abril de 1947
Tinta sobre papel
28 × 22 cm
Archives of American Art,
Smithsonian Institution

Dorothea Tanning, Max Ernst y William N. Copley
Toy Theater [Teatro de juguete], 1948
Construcción en técnica mixta, con 3 rollos de papel
19 × 28 × 7,6 cm
Colección particular
p. 35

"Abyss" [Abismo], 1949
Zero: A Quarterly Review of Literature and Art, n°s 3-4 (otoño de 1949-invierno de 1950), pp. 138-150
Manuscrito
The Destina Foundation, Nueva York

Joseph Cornell
Carta a Dorothea Tanning, ca. 1952
Tinta sobre papel
27,9 × 21,6 cm
The Destina Foundation, Nueva York

Man Ray, Juliette Man Ray y Patrick Waldberg
Postal a Dorothea Tanning y Max Ernst, 1952
Tinta sobre papel
14 × 9 cm
The Destina Foundation, Nueva York

Max Ernst
En el río Colorado durante la filmación de *8 × 8* de Hans Richter, 1952
Fotografía, copia nueva (2018)
The Destina Foundation, Nueva York

Invitación a la exposición individual *Dorothea Tanning* en la Alexandre Iolas Gallery, Nueva York, 1953
27,4 × 8,9 cm
The Destina Foundation, Nueva York

Hans Richter
8 × 8: A Chess Sonata in 8 Movements [8 × 8: Sonata de ajedrez en 8 movimientos], 1957
Videoproyección en color
80'
Filmmakers Cooperative

Marcel y Teeny Duchamp
Postal, s. f.
9 × 14 cm
The Destina Foundation, Nueva York

Leonor Fini
Carta a Dorothea Tanning, ca.1960
Tinta sobre papel
29,6 × 21 cm
The Destina Foundation, Nueva York

Dorothea Tanning: Sculpture, Galerie Alexandre Iolas, Milán, 23 de febrero-18 de marzo, 1971
The Destina Foundation, Nueva York

Max Ernst
Dorothea Tanning en Seillans, Francia, 1973
Fotografía, copia nueva (2018)
The Destina Foundation, Nueva York

En Chair et en Or [En carne y oro], 1973
Estuche de porfolio
47,3 × 36,1 × 4 cm
The Destina Foundation, Nueva York

Max Ernst con traducciones de Dorothea Tanning
Oiseaux en péril [Pájaros en peligro], 1975
Porfolio
58 × 43,7 × 3,3 cm
The Destina Foundation, Nueva York

Cahiers d'art. Dorothea Tanning, a special edition of XXe Siècle, Editions XXe, París, 1977
Centro de Documentación, Museo Nacional Centro de Arte Reina Sofía

Cuaderno 12: *Abyss* [Abismo], 1977
Cuaderno escrito a mano
21,6 × 17,1 × 1 cm
The Destina Foundation, Nueva York

Birthday, The Lapis Press, Santa Monica, 1986
Centro de Documentación, Museo Nacional Centro de Arte Reina Sofía

Peter Schamoni
Dorothea Tanning – Insomnia, 1978
14'
Cortesía de The Film-Makers' Cooperative/The New American Cinema Group, Inc.

Notebook 19: *Chasm,* ca. 2000-2004
Cuaderno manuscrito
22,2 × 17,1 cm
The Destina Foundation, Nueva York

Between Lives, Northwestern University Press, Evanston, 2004
Centro de Documentación, Museo Nacional Centro de Arte Reina Sofía

Chasm: A Weekend: A Novel, Overlook Press, New York, 2004
Centro de Documentación, Museo Nacional Centro de Arte Reina Sofía

A Table of Content: Poems, Graywolf Press, New York, 2004
Centro de Documentación, Museo Nacional Centro de Arte Reina Sofía [trad. cast.: *Índice*, Vaso roto, Madrid, 2018

Coming to That: Poems, Graywolf Press, New York, 2011
Centro de Documentación, Museo Nacional Centro de Arte Reina Sofía

Otras obras reproducidas en el catálogo

Voltage [Voltaje], 1942
Óleo sobre lienzo
28,2 × 30,8 cm
Colección Ulla y Heiner Pietzsch, Berlín
p. 18

A Parisian Afternoon (Hôtel du Pavot) [Una tarde parisina (Hôtel du Pavot)], 1942
Óleo sobre lienzo
102,8 × 45 cm
Colección particular
p. 60

"Awaken her heart, it's Easter", anuncio para Macy's en *The New York Times*, 19 de marzo 1942
Impreso sobre papel
58,4 × 43,5 cm
The Destina Foundation, Nueva York
p. 19

Diseño de decorado para *Night Shadow*, ballet de George Balanchine, 1945
Acuarela sobre papel
25,4 × 35,6 cm
The Destina Foundation, Nueva York
p. 38

"Una invitada". Diseño de vestuario para *Night Shadow,* ballet de George Balanchine, 1945
Acuarela sobre papel
35,3 × 25,1 cm
The Destina Foundation, Nueva York
p. 41

"Un Monstruo". Diseño de vestuario para *The Witch*, ballet de John Cranko 1950
Gouache sobre papel azul oscuro
40,6 × 29,2 cm
Colección Mimi Johnson, Nueva York
p. 45

Interior with Sudden Joy [Interior con placer inesperado], 1951
Óleo sobre lienzo
61 × 90,8 cm
Colección particular, Nueva York
p. 62

Alberto Giacometti, *Femme égorgée* [La mujer degollada], 1932
Bronce (fundido en 1949)
20,3 × 87,6 × 63,5 cm
The Museum of Modern Art, Nueva York
Adquisición. Acc. n.: 696.1949
p. 58

Fotógrafo anónimo, Max Ernst, Dorothea Tanning, Muriel Streeter y Julien Levy jugando al ajedrez, *The Imagery of Chess* en la Julien Levy Gallery, Nueva York, 1945
Copia en gelatina de plata
16,5 × 14 cm
Philadelphia Museum of Art. Adquisión en el 125 Aniversario. The Lynne and Harold Honickman Gift of the Julien Levy Collection, 2001
p. 23

Francesca Woodman, Sin título (1976), de la serie *Space²*, Providence, Rhode Island, 1975-1978
Copia en gelatina de plata
11,9 × 11,8 cm
Cortesía de Charles Woodman y Victoria Miro, Londres/Venecia
p. 72

Louise Bourgeois, Sin título, 1946-1947
Óleo sobre lienzo
66 × 111,8 cm.
Colección Artist Rooms Foundation
p. 71

Lucy Gunning, *Climbing Around My Room* [Trepando por mi habitación], 1993
Vídeo monocanal en monitor CRT (color, sonido)
7'30". Dimensiones variables
Johnson Museum of Art
Adquirido gracias a la generosidad del Donors to the Contemporary Art Fund. 2002.181
Cortesía de la artista y de la Greene Naftali Gallery, Nueva York
p. 73

Marcel Duchamp, *Porte: 11, Rue Larrey* [Puerta: 11, Rue Larrey], 1927
Un doble sentido en tres dimensiones: una puerta que se abre y cierra al mismo tiempo, realizada por un carpintero siguiendo un diseño de Duchamp
220 × 62,7 cm
Colección Arman, Nueva York
Cortesía de Arturo Schwarz
p. 17

Rachel Goodyear, *An Apparition* [Una aparición], 2005
Lápiz y acuarela en papel
31 × 23 cm
Cortesía de la artista y Pippy Houldsworth Gallery, Londres
p. 78

Sarah Lucas, *Nud Cycladic 3*, 2010
Medias de nailon, fibra sintética, bloques de hormigón y cable de acero
185,7 × 43 × 43 cm
Tate: Adquisición de 2012
p. 75

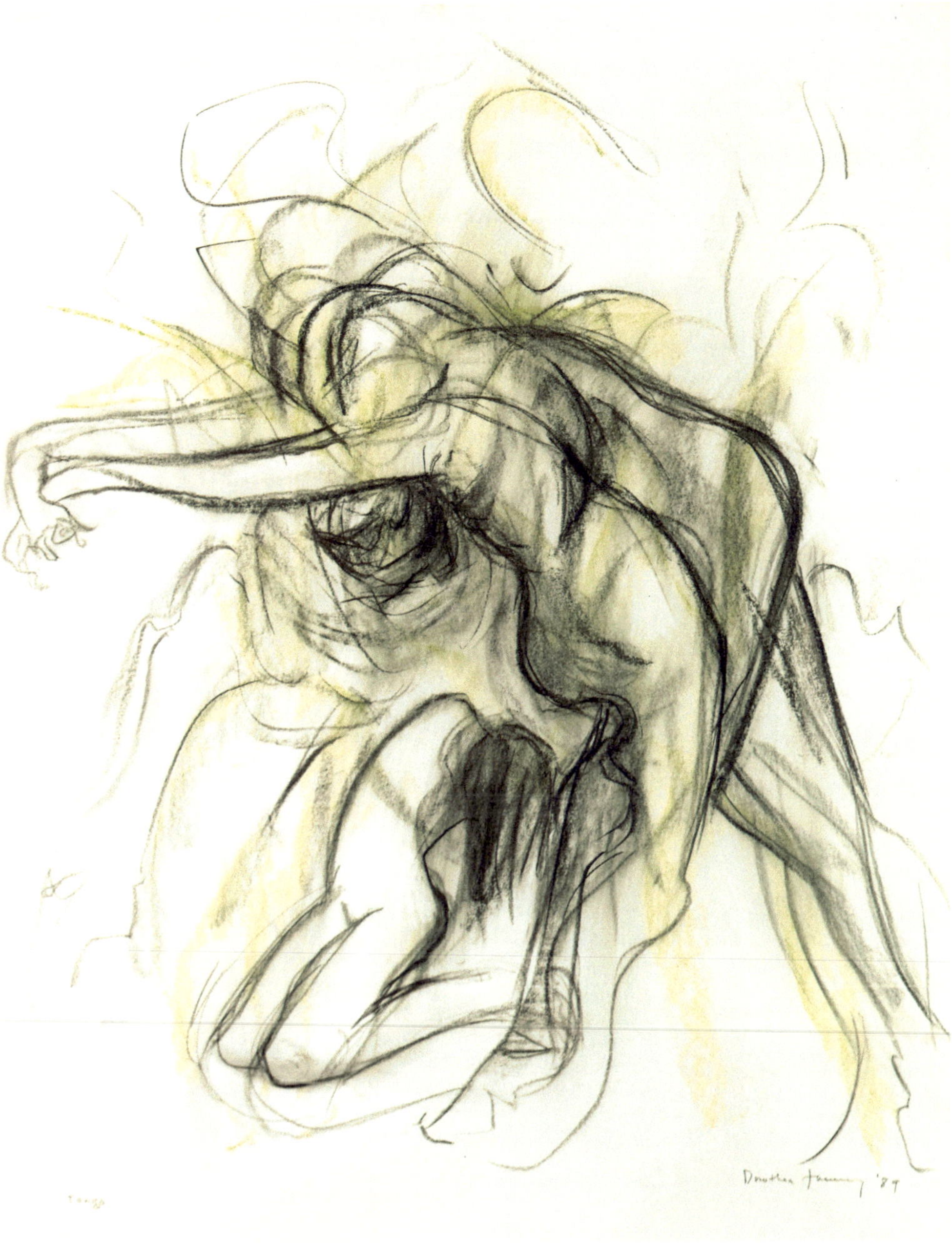

Tango, 1989

Este libro se publica con motivo de la exposición *Dorothea Tanning. Detrás de una puerta, invisible, otra puerta*

Museo Nacional Centro de Arte Reina Sofía, Madrid, 3 de octubre de 2018-7 de enero de 2019

Tate Modern, Londres, 26 de febrero-9 de junio de 2019

Exposición organizada por el Museo Nacional Centro de Arte Reina Sofía con la colaboración de la Tate Modern y el apoyo de The Destina Foundation y Fundación Museo Reina Sofía

Colabora

Comunidad de Madrid

EXPOSICIÓN

Comisaria
Alyce Mahon

Co-comisaria en la Tate Modern
Ann Coxon

MNCARS

Jefa del Área de Exposiciones
Teresa Velázquez

Coordinación de la Exposición
Ana Ara
Beatriz Jordana

Responsable Gestión de Exposiciones
Natalia Guaza

Registro
Clara Berástegui
Iliana Naranjo
David Ruiz

Restauración
Manuela Gómez (Restauradora responsable)
Margarita Brañas
Paloma Calopa
Begoña Juárez
Juan Antonio Sánchez

Seguros
Garantía del Estado

CATÁLOGO

Catálogo editado por Alyce Mahon y el departamento de Actividades Editoriales del MNCARS

Jefa de Actividades Editoriales
Alicia Pinteño

Coordinación editorial
Teresa Ochoa de Zabalegui

Traducciones
Del inglés al español, Jaime Blasco

Edición y corrección de textos
Teresa Ochoa de Zabalegui

Diseño gráfico
Florencia Grassi, El vivero

Gestión de la producción
Julio López

Fotomecánica
La Troupe

Impresión
Artes Gráficas Palermo

Encuadernación
Ramos

ISBN: 978-84-8026-574-4
NIPO: 036-17-036-6
L.D.: M-24324-2018

Catálogo de publicaciones oficiales:
http://publicacionesoficiales.boe.es

Distribución y venta:
https://sede.educacion.gob.es/publiventa/

Créditos fotográficos

Association Atelier André Breton (foto Henri Glaeser): 61

The Byrd Collection: 106, 107, 152, 204

The Destina Foundation:14, 18, 19, 21, 24, 31, 35, 36, 38, 41, 45, 54, 57, 60, 62, 65, 68, 82, 104, 114, 136, 137, 138, 139, 140, 141, 142, 143, 144, 145, 146, 147, 148, 149, 150, 151, 152, 153, 155, 156, 157, 158, 159, 160, 161, 162, 163, 164, 165, 166, 167, 168, 169, 170, 171, 173, 174, 175, 176, 177, 179, 180, 181, 183, 184, 185, 187, 199, 206

Paul B. Franklin (foto G. Heard Hamilton): 28

Estudio de Louise Bourgeois (foto Christopher Burke): 71

Matts Gallery, London y Lucy Gunning: 73

Museo Nacional Centro de Arte Reina Sofía (foto Joaquín Cortés y Román Lores): cubierta

The Museum of Modern Art, Nueva York/ Scala, Florencia: 58

The New York Public Library: 39, 42, 47

Pippy Houldsworth Gallery, Londres y Rachel Goodyear: 78

Philadelphia Museum of Art: 23

Tate, London, 2018: 75, 112-13

The Skylark Foundation: 52

Wolfgang Wesener: 190

Charles Woodman y Victoria Miro, Londres/Venecia: 72

David Zwirner, New York: 77

AGRADECIMIENTOS

El Museo Nacional Centro de Arte Reina Sofia Reina Sofía desea expresar su más sincero agradecimiento a la comisaria de la exposición Alyce Mahon, así como a la The Destina Foundation por su apoyo al proyecto.

Extendemos nuestro agradecimiento a todas aquellas personas e instituciones sin cuya generosidad esta exposición no hubiera sido posible:

The Byrd Collection
Centre Pompidou, París. Musée national d'art moderne/ Centre de creation industrielle
Centro de Documentación, Museo Nacional Centro de Arte Reina Sofía, Madrid
Dallas Museum of Art
Des Moines Art Center
The Destina Foundation, Nueva York
Harold and Gertrud Parker Collection
Helen and Brian Heekin Collection
The Israel Museum, Jerusalén
James J. Apostolakis Collection
Kent Belenius Collection, Estocolmo
Los Angeles County Museum of Art
Max Ernst Museum Brühl des LVR, Kreissparkasse Köln
The Menil Collection, Houston
Michael Wilkinson Collection
Mimi Johnson Collection, Nueva York
Moderna Museet, Estocolmo
The Nelson-Atkins Museum of Art, Kansas City
Philadephia Museum of Art
San Francisco Museum of Modern Art
Smithsonian Institution. Archives of American Art
Suzanne Elisabeth Murphy Collection
Tate
Thomas and Kamala Buckner Collection
Yale University Art Gallery

Queremos asimismo agradecer la especial colaboración de:

Alison Jacques Gallery, Londres
Elisabeth Bouchard
Diego Calvo
Cristina Cámara
Katherine Conley
Marianne Eggler-Gerozissis
Amy Ernst
The Film-Makers' Cooperative
Paul B. Franklin
Gallery Wendi Norris, San Francisco
Hans Richter Estate
Erin Hestvik, New York City Ballet Archives
Konrad Hirsch
Pamela S. Johnson
Rena Labod
Jean-Jacques Lebel
Lee Miller Archives
Evelyn Mahon
Malingue S.A., París
Michael Rosenfeld Gallery, Nueva York
Mignon Nixon
Richard Overstreet
Schamoni Films
Scottish National Gallery of Modern Art Library
Mark, Anouk & Adam Shiel
The Skylark Foundation
Marion von Hofacker

Finalmente agradecemos a Ann Coxon e Idoia Murga por sus ensayos

Así como a todas las personas que han preferido mantenerse en el anonimato

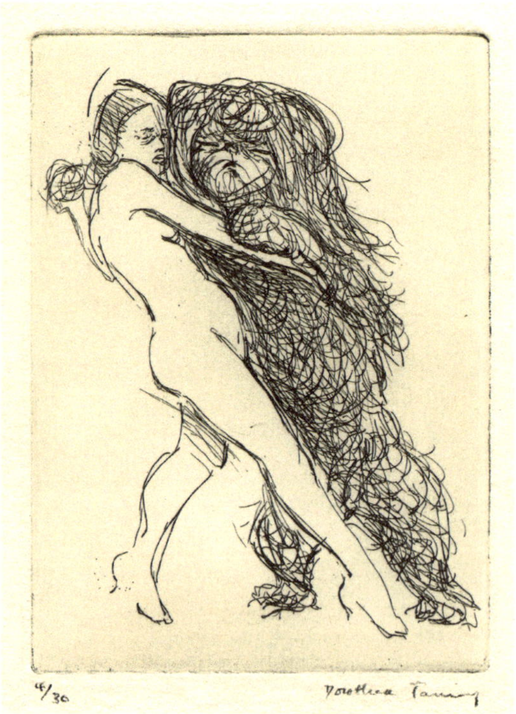

Tango, 1953